木屋町「おそめ」の店内。おそらく東京進出前の、昭和二十年代後半頃に撮られたもの。棚に並んだ酒瓶を見上げる眼差しが優しい。

昭和十一、二年頃、東京・新橋での見習い時代。後ろに見えるのは銀座の柳か。

昭和元年頃。中央・母よしゑ、右・ひとつ違いの妹・掬子、左・秀。
生家は木屋町の裕福な石炭問屋だった。

祇園の芸妓時代。売れっ妓だった。白い肌と豊かな黒髪は羨望の的で、すれ違う人々を振り返らせた。

舞台で地唄「雪」を舞った際の一枚。十代の後半であろう。
後に秀は尾上流名取りとなる。

昭和二十三年、京都・木屋町仏光寺の自宅でバー「おそめ」を始める。少しずつ改装して広げたが、どこまでも木のぬくもりの感じられる素朴な店だった。

昭和三十年七月、東京・銀座に進出。銀座三丁目「おそめ」の店内。右より、丹羽文雄、秀。丹羽文雄も秀の東京進出を後押ししたひとりである。

「おそめ」で節分の仮装をした際の一枚。左・秀、右・長塚マサ子。長塚は「おそめ」で女給として働いた後、独立して「眉」を開き、成功を収めた。

右上、「おそめ」のライバルと囃された「エスポワール」のマダム、川辺るみ子。秀とは対照的な個性の持ち主だった。

右端・秀。銀座と京都、ふたつの「おそめ」を行き来するために飛行機を利用した。昭和三十年代前半、もっとも飛行機を利用した女性客だった。「空飛ぶマダム」、「飛行機マダム」と呼ばれていた頃。

昭和三十二年大晦日。除夜の鐘を京都で聞く川端康成と秀。川端康成や大佛次郎ら、京都を描く作家たちの取材を秀は助けた。川端は、この大晦日の体験を小説『美しさと哀しみと』の冒頭に生かす。

右よりふたりおいて大佛次郎、秀、小津安二郎。里見弴邸にて。秀が遊びに行くと鎌倉在住の文士たちが集った。

里見弴邸の庭。右端・里見弴。左端・秀。里見が自宅でパーティーを開く際、秀は店の女給たちを連れて手伝った。

前列、右・白洲次郎、左・秀。白洲次郎は最後まで「おそめ」の常連客であった。

「おそめ」店内での一枚。左・俊藤浩滋、右・秀。
昭和三十年代前半、ふたりが手を携えて「おそめ」の経営に当たっていた頃のもの。
俊藤は、この後、映画界に進出してプロデューサーとして名を成す。
平成十三年、八十四歳で俊藤が亡くなった際、葬儀の席で「五十七年間連れ添えて幸せでした」と秀は語った。

新潮文庫

おそめ

伝説の銀座マダム

石井妙子著

新潮社版

8667

おそめ*目次

第三章　木屋町「おそめ」の灯　137

第五章　凋落の始まり　273

第六章　俊藤浩滋の妻として　339

おそめ——伝説の銀座マダム

序章　出会い

その女《ひと》の名は、上羽秀《うえばひで》という。

しかし、おそめ、という通り名のほうが人に知られているかもしれない。

教えられた家はすぐにわかったものの、それはあまりに豪壮な屋敷で私はすっかり気《け》圧《お》されてしまった。平安神宮に向かい、疏水《そすい》沿いに右へと曲がる。高級住宅地として知られる界隈《かいわい》でも、ひときわ目をひく四階建ての豪邸だった。

クリーム色の外壁に、青銅の屋根が陽を受けてまぶしい。高い鉄柵《てつさく》に覆《おお》われた建物は、個人の家というより、まるで瀟洒《しょうしゃ》な美術館のようだった。

伝え聞く老女の噂《うわさ》から、昔話にあるような侘《わ》びた住まいを勝手に思い描いていた私は、建物の豪奢《ごうしゃ》さにまず気を呑《の》まれながら、それでも高い塀の一角、「かふぇ　うえば」と書かれた看板に向かって歩んでいった。あれは、もう今から何年前のことになるのだろう。暑い夏の、昼下がりだったと記憶している。

思えば、その女《ひと》の名をはじめて聞いたのも夜の京都だった。

花街にあるカウンターだけの気楽な店で、久しぶりに会う友と近況を語り合った折のこと、彼女の口から、ふと、その名を聞いたのがすべての始まりだった。

友は、祇園町《ぎおんまち》のバーで見かけたという美しい老女の話を、私に語ってくれていた。その老女は、色が抜けるように白く、上品な身なりで静かにウイスキーのグラスを傾けていたという。なんでも昔は有名なクラブのママで、京都ばかりか銀座にも店を持ち、飛行機で往復して「空飛ぶマダム」と呼ばれた人だという話だった。

「おそめさん、っていう人なのよ。それでね、お店の人に聞いたんやけど『夜の蝶《ちょう》』のモデルなんやって。小説で、映画にもなった、いう」

夜の蝶——。

そんな言い方があることは知っていた。酒場やバーに勤める女性たちの俗称として。しかし、私は、その言葉が生まれた背景に一編の小説があることも、ましてや、その小説に実在のモデルがあるということも、そのときまで、まるで知らないでいた。

友は少し興奮した様子で、老女について語り続けていた。老女の美しさを褒めそやして、

「血の通った人間というより、何かの精のようだった」

とまで言う。私は思わず吹き出し、

「雪女でも見たんじゃないの」

と友をからかった。だが、その一方で、往年に嬌名《きょうめい》を謳《うた》われた女《ひと》が、今はひっそりと古都に暮らしているという話に軽い興味を覚えた。いかにも物語めいた話である。まるで謡曲の山姥《やまんば》か西鶴の物語のよう、京都らしい話ではないか、と。振り返ってみれば、この頃からすでに、私は、おそめ、と呼ばれる女に絡《から》め取られていたのかもしれない。

その後、東京へ帰ってから、私は思いがけず、その女《ひと》の名を再び聞いた。場所は人に連れられて行った銀座のバーで、女主人が問わず語りに昔話を始めたときのこと、「おそめ」という名が耳に飛び込んできたのである。

「銀座の文壇バーといったら、昔は『おそめ』という店があって、ママは生粋の京女で月見草のような人でした。当時、もう一軒、『エスポワール』という店があってね、こちらは川辺さんという人がママでした。この人は、向日葵《ひまわり》みたいな人、豪快で押し出しがよくて。おそめさんと川辺のママは好敵手で張り合って、ふたりをモデルにして書かれたのが『夜の蝶』……」

おそめが銀座から姿を消して、もう何十年も経《た》つという。しかし、今でもこうして人々の記憶にかすかに残り、作品そのものを離れて、酒場勤めの女たちを指し「夜の蝶」という言葉が生き続けている。私は、「おそめ」と呼ばれる女の、静かな影響力を改めて感じた。まるで不思議な都市伝説のようにも思われ、私の中で次第に、おそめ、と呼ばれる女への関心が強くなっていったのだった。

その頃、再び京都を訪れる機会があった。

友は私の興味を知っていて、おそめ、について調べてくれていた。なんでも岡崎に住まいがある、最近、自宅の一階を改装して喫茶店を始めたらしい、ということまで。その話に私は喜んだ。それなら、ふらりと訪ねて名高き老女の姿を垣間見る《かいまみ》こともできよう。私はさっそく岡崎にあるという、その店を訪ねてみることにした。友が書いてくれた地図を握り締めて。皆が騒ぐ噂の主を見てみたいという単純な好奇心に突き動かされていた。

私が訪れたその日、「かふぇ　うえば」に客はそう多くなかった。カウンターには、なじみらしい男客がひとり、テーブルには女たちのグループが手にガイドブックを持って話し込んでいた。

カウンターの中では中年の女性がひとり、客の注文に応じて立ち働いていた。おそめの近親者か、それとも雇われた人であろうか。私は様子を窺い《うかが》ながら、アイスコーヒーを注文した。ずいぶんとゆっくり飲んだと思う。だが、期待に反して、店の様子はそう変わらず、いつまでたっても、それらしい老女の姿は現れなかった。カウンターの中の人に尋ねてみようか、とも思った。だが、なんと切り出していいのかわからなかった。

次の機会に――。

それは、そう思い定めて腰を浮かしかけたときのことだった。私は、柔らかな風が突如、通り抜けるのを感じ、反射的に道路沿いのドアを振り返った。そして、思わず小さく声を上げそうになった。

そこに、老女がいたのである。

両手を押し開けた扉につけたまま、いかにもドアが重たかったと言いたげに身体《からだ》をわずかに預けて、ただ立っている。しかし、その立ち姿には隙《すき》がなく、しかも、人を誘い込むような柔らかさがあった。

茄子紺《なすこん》の薄絹がやさしい線を描いて、ほっそりとした姿態を包んでいた。襟元は深く合わされ、襟を詰めて少しも着崩れたところがない。透けるように白い顔、昔はさぞやと思わせるつややかな髪は、左右にきっちりと分けられ後ろで小さく髷《まげ》にされていた。顔は能面のように表情がなかったが、不思議と冷たさは感じさせない。

おそめ、その人に違いなかった。

それにしても、なんと小柄で可憐《かれん》であることか。いや、何より私を強く捉《とら》えたのは彼女の全身に漂う透明な空気だった。少女のよう、という言い方では不満が残る。友が言った「何かの精のよう」という言葉が、まざまざと思い出された。

家庭に生きる人の中にも、あるいは花柳界の住人の中にも、私はこんな人を見たことがなかった。まるで澱《よど》んだものが感じられない、すべてが洗い流された先の無の姿とでも言うべきものか。それは無心な花のように、ちっぽけな自我など少しも感じさせぬ姿であった。

この女《ひと》が、その昔、京都と銀座を往復して派手に商売をした人であるのか。夜の街に君臨し、「夜の蝶」という呼び名まで与えられた女《ひと》なのか。そう思うと、なおさら不思議に思えてならなかった。

彼女は誰にともなく室内に向かって小さく頭を下げると、やがて、うつむき、ゆっくりと歩み始めた。両足をはがいにし、裾《すそ》を少しも乱さず静かに進む。私は、ただその姿を目で追っていたが、目前を白い横顔が通りすぎようとした瞬間、なにか突き上げるような衝動に駆られて、思わず立ち上がってしまった。

「あの……」

老女が歩を止め、静かに私を振り返った。音に反応して振り向いたという様子だった。顔には、わずかに怪訝《けげん》そうな表情が浮かんでいた。

「あの、失礼ですが、おそめさん、おそめのママさんでいらっしゃいますか」

上ずる声に、まず自分自身が驚かされた。一方、その女《ひと》も見知らぬ若い女に「おそめ」の名を呼ばれて不審に思ったのだろう。顔に不安そうな影が浮かんだが、それは一瞬で消え、

「へえ」

と、柔らかな微笑を浮かべて小さく腰をかがめた。声は掻《か》き消えそうに小さく、それでいて鈴の音のような張りが感じられた。

後のことはよく覚えていない。ただ、私は「夜の蝶」のモデルといわれる女性の噂を聞き、お会いしたいと思ったこと、祇園のバーで友人が一緒になり、この喫茶店の話を知ったこと、など取りとめもなく話したのだと思う。

おそめは終始、柔らかな微笑を浮かべていた。どこか懐《なつ》かしいものを見るような、少し憂《うれ》いを含んだ表情だった。カウンターの中にいた女性が私たちのところへやってきた。紹介されると、おそめの一人娘にあたる高子《たかこ》さん、という方だった。

あの瞬間から、おそめと呼ばれる女《ひと》の風姿が私の中の何かに呼応したのだと思う。それがなければ、私はいくら銀座を銀座たらしめた人、小説のモデルになった人、時代を代表する著名人と交際のあった人と並べられたところで、彼女への興味を持続させることはなかったろうと思う。ましてや彼女のことを調べ、書き記したいと考えることなど。

はじめての出会いから、折に触れて私は、「かふぇ　うえば」を訪ねるようになった。おそめには、会えることもあれば、会えないこともあった。美しい、﨟《ろう》たけた、その姿が、ひと目でも見られれば私は嬉《うれ》しかった。

どれほど経った頃からか。私は、おそめの体調が日増しに悪くなっていくのを感じるようになった。会えないことも多くなった。気力の衰えが、おそめの肉体を蝕《むしば》み始めていた。生涯をかけて尽くしぬいた伴侶《はんりょ》を失い、気持ちの張りを失ったおそめは、もはや、この世に未練はないというように、記憶ばかりでなく、命そのものさえも、やすやすと手放そうとしているように思えてならなかった。

私は、次第に彼女に会うためだけに京都に出かけるようになった。

昔話を聞かせてほしいとせがむようになったのも、この頃からだ。私自身の興味でもあったが、同時にそれが、この人の魂をこの世に少しでも長くとどめておく手段になるのではないかと、おこがましくも思う気持ちがあった。

彼女は体調さえよければ、いつでも私との短い世間話に応じてくれた。だが、同時に徹底して自分を語らぬ人だった。自分について、それ以上に自分とかかわりのあった人々に関して、話すことを好まぬ人であった。

たとえ話しても、二言、三言で終わってしまう。それは病による記憶の薄れというより、持って生まれた彼女の性分であるように思えた。あまりしつこく尋ねると、

「もう昔のことで、忘れてしまいました」

と、いつでも遠く懐かしむような眼をして、静かな笑みを浮かべる。

「だって、ここが」

こめかみのあたりを押さえて、

「だいぶ悪うなってしまいましたもの」

柔らかな拒絶にあうこともあった。


さらに時が流れた。

おそめの一家は、急遽《きゅうきょ》、岡崎の大邸宅を売り払うことになった。事情があり、もっと小体《こてい》な家に移るのだという。だが、この家を終《つい》の住処《すみか》と思い定めていたおそめにとって、それは辛《つら》い出来事だった。精神に受けた打撃から、老いの症状が一挙に進んだ。

秋には引っ越すという間際《まぎわ》の夏、私はそれまでになく足繁《あししげ》く岡崎の家に通った。喫茶店はすでに店じまいをしていたが、おそめはカウンターの中に入ると、たどたどしい手つきで水割りを作り私を迎えてくれた。

引っ越しに向けて、上羽家は皆が慌《あわ》ただしく立ち働いていた。その中で、おそめだけが何も手をつけず荷造りにも取りかかろうとしないのだと、高子さんはこぼしていた。それでいて、誰かが手伝おうとすると激しく拒むのだという。

おそらくは家を移るという現実を直視したくないという思いからだろう。その夏、いつになくおそめは私に時間を割いてくれた。時には、昔の思い出を口にすることもあった。

そんなある日のこと。いつものように並んで水割りを飲んでいると、おそめは何も言わずに立ち上がり、やがて、両手に古びた箱を抱いてよろめきながら戻ってきた。

「これ」

と、ひとこと言い、私の胸元に黙って差し出す。その箱は、歳暮か中元の品でも入っていたような、何の変哲もない、ただの箱だった。

私は埃《ほこり》をはらって蓋《ふた》を開けた。そして、思わず息を呑《の》んだ。

中に入っていたもの、それは、無数の写真だったのである。年代もバラバラに、ただ無造作に放り込まれていた。古いものが多かった。その一枚一枚におそめがいた。日本髪を結い扇子を手にしたおそめ。客と見つめあい、笑い転げ、お澄ましをする、おそめ。華やかな全盛の記録、どの写真の中でも彼女の瞳《ひとみ》は、黒曜石のように輝いていた。

「これは……」

傍らを振り返ると、彼女は私に箱を渡したことも忘れたように、ただ背中を丸めて、水割りのグラスを口に運ぼうとしているところだった。グラスの重みに耐えるのが辛そうな、ゆっくりとした手の動き。その瞬間、ふいに高子さんから聞かされた話が思い出された。最近、おそめは幻覚と幻聴がひどいのだという。夜中にひとりでぶつぶつと呟《つぶや》いていることがある。歩み寄って問いただすと、「そこに皆さん集まっていはるやないの」と、誰もいない室内を指差して答えることがある。深夜にいくつも水割りを作って、テーブルを回っていることもあるのだ、と。

私は、改めて膝《ひざ》の上に目を落とした。

粗末な箱に整理もされずに詰め込まれた写真たちは、過去に何のこだわりも持たずに静かに終わりの時を迎えようとする、おそめの心境を物語っているように思えた。だが、同時にここに収められた一枚一枚は、確実に彼女の全盛の姿を伝え、何かを強く訴えてくる。

この箱は棺《ひつぎ》だった。中には、おそめ、と謳《うた》われた女の亡骸《なきがら》がいっぱいに詰まっている。

私は、いったい、どう弔えばいいのだろう。

私は、傍らの女《ひと》に問いたかった。

あなたの生の痕跡《こんせき》をめぐる旅に出ることを許してもらえるか、と。あなたの知らぬこと、知りえぬこと、あなたの手放した記憶にいたるまで。それはあなたの望まぬことであるかもしれないけれど、どうか私に許してほしい。

いつのまにか私は、心の中で、強くそう乞《こ》うていたのだった。

第一章　高瀬川のほとり

生家は石炭問屋

「昔の思い出というたら、小さいときに泥遊びして手え汚して……。いや、どうしましょう。見つからんように手え、きれいにしよう思うて、高瀬川に行きましたんやけど、川に手えつけよう思うたら落ちてしもうて。あれえ、いうて流されてしもうて、せやけど親切なお人が救いあげてくださりましたのです。そうでなかったらどこまで流されて、今頃どうなっておりましたでしょうか」（上羽秀の回想より）

大正十二年一月十五日、上羽秀は高瀬川に架かる三条小橋近く、京都木屋町大黒町に生まれた。

家のほとりを流れる高瀬川は、慶長年間に角倉了以《すみのくらりょうい》という豪商によって切り開かれた、いわば人工の水路だった。二条通りの脇《わき》から鴨川《かもがわ》の流れを引き入れ、京の街を通り抜け、伏見、さらには宇治川に合流し大阪へと続く。

秀の生まれるわずか数年前までは、高瀬舟といわれる小舟が材木や炭、酒樽《さかだる》などを荷として頻繁に往《ゆ》き来《き》をした水の道である。それゆえ高瀬川沿いの木屋町と呼ばれる町筋には、自然と材木や炭などを商う大きな商家や旅籠屋《はたごや》が軒を連ね、栄えることになった。秀の生家もそうした木屋町らしい商家のひとつ、屋号を浪速組《なにわぐみ》と名乗る石炭問屋だった。三条小橋から高瀬川沿いに下り、ひとつ目の橋を西に入った二軒目、そこに浪速組はあった。

界隈《かいわい》はまた、新選組と勤皇の志士が死闘を繰り返した場としても知られている。新選組の討ち入りで有名な池田屋は秀の生家から三条通りを挟んだ向かいにあり、また、坂本龍馬ら海援隊の隊士を匿《かくま》った材木商の酢屋は、浪速組の並び、数軒先にあった。

今は酢屋のほかに、当時を偲《しの》ぶ建物は何も残っていない。あたりには若者向けの飲食店がひしめき、高瀬川の川面《かわも》も夜になれば色とりどりのネオンを映し出す。だが、秀が生まれた大正末期、界隈はまだ幕末の頃とさして変わらず、夜になれば川のせせらぎが耳に響くばかりであったことだろう。

三条小橋を渡ってほんの少し進めば、鴨川に架かる三条大橋へといたる。言うまでもなく東海道の終着点、言い換えるならば江戸へと続く陸路の始まりである。

京都から他所へと続く東海道と高瀬川、東と西の浪士たちがそれぞれの思想をかけて白刃《はくじん》を交えた地に、上羽秀は生まれたのである。

京都と銀座、二都を往復して活躍し、「空飛ぶマダム」と囃《はや》される女の出生地として、これほどふさわしい場所もまた、ほかにないように思う。

美貌《びぼう》の母

父の名は角田《すみだ》元義《もとよし》、母はよしゑ、という。

元義は石炭問屋・浪速組の総領息子だった。しかし、秀が生まれた頃、家長として実際に家を支配していたのは、元義ではなく、その父・元三郎《もとさぶろう》であった。

角田の家は、もともとが滋賀県の出身。それが親類数人で大阪に出て石炭屋を始め、財を築いた。本家の跡継ぎは、代々、角田儀兵衛《ぎへえ》の名を受け継いでいる。だが、秀の祖父・元三郎は次男だった。そのため暖簾《のれん》分けされて大阪から京都へと移り住む。商才に恵まれた元三郎は、京都木屋町大黒町の店を一代で大きくした。

石炭屋は荷の運搬に大勢の仲仕と言われる男たちを必要とする。彼らを束ねる元三郎もまた、俠客《きょうかく》肌の男であった。気が短く、大声を上げては、すぐに拳《こぶし》を振り上げる。機嫌を損じると、妻の糸でも丸髷《まるまげ》の根を摑《つか》まれ、所かまわず引き倒された。

秀の人生を語る上で、この祖父・元三郎の話は避けて通ることができない。

話はしばし、秀が生まれる前へと遡《さかのぼ》る。

気が荒く短気な一方、商売はやり手であった父の元三郎に比べて、総領息子の元義は、親に似ぬ優男《やさおとこ》であった。生まれたときから木屋町の若旦那《わかだんな》である。商売には不熱心な一方、芸事や遊びにばかり熱中した。外見もすらりとした美丈夫だった。

やがて、この元義が、嫁を取る年頃を迎える。

なかなか商売に腰の据わらぬ長男をなんとか落ち着かせるためにも、賢く、つつましい嫁を迎える必要があった。ところが、器量好みで口うるさい道楽息子は、どんな見合話が持ち込まれても、なかなか相手を気に入ることがない。元義の母、糸よりも、父である元三郎がやっきになった。息子の嫁に相応《ふさわ》しい娘をと捜し続け、たびたび、茶会に出席しては年頃の娘を物色し、針の稽古《けいこ》場《ば》なども覗《のぞ》いて歩いた。

そんなことをしばらく続けたある日のこと、元三郎と元義の親子は、連れ立って出かけた茶の湯の席でひとりの娘に目を奪われる。

着飾った若い娘たちの中でも、とりわけ目立つ清楚《せいそ》な美貌の持ち主だった。どことなく愁《うれ》いに満ちた表情、その儚《はかな》げな風姿に、遊びなれた元義の心はいっぺんで鷲掴《わしづか》みにされた。父の元三郎もまた、一目でこの娘を気に入った。娘の名は、上羽よしゑ。西陣に古くから続く織屋・上羽家の娘だった。

元三郎は、さっそく人を立てて話を進めようとした。だが、意に反して、ことはうまく進まなかった。よしゑには、すでに別の縁談がまとまっていたからである。

その事実が、かえって男の恋情をあおった。元義は気も狂わんばかりに乱れ、しまいには「あの娘と結婚できないのならば死ぬ」とまで言い出すようになる。

息子の様子に驚いた両親は、再び上羽家へと出向いた。当主の元三郎も必死だった。自分たちの申し出が断られたことに、この親も少なからず意地になっていた。ごり押しを繰り返した挙句、息子の元義が自殺すると騒いでいることを訴え、「どうか人ひとり助けるのだと思うて」と頭を下げた。木屋町に手広く商売をし、それなりに自負心も強かった元三郎にして、それは、かなり異例なことであった。

この必死な訴えに、結局、よしゑの両親たちが根負けをする。親戚筋《しんせきすじ》にあたる織屋との結婚話が撤回され、よしゑは急遽《きゆうきよ》、嫁入り先を変えさせられた。この時代の例にもれず、すべては親の決めたことであった。

大正十年十二月末、よしゑは西陣から木屋町大黒町の浪速組・角田元義のもとへ嫁入りした。数えで二十歳。木屋町の石炭問屋の若旦那にきつく執心されての嫁入りは、西陣小町と小さな頃から褒めそやされたよしゑに、いかにも相応しいと近所の人々は噂《うわさ》した。

角田家は使用人の数も多く、出入りする仲仕たちの威勢に戸惑うこともあったが、よしゑは嫁ぎ先に次第に馴染《なじ》んでいった。気の荒い舅《しゆうと》の元三郎も、よしゑのことだけは「よし、よし」と呼んで格別に可愛《かわい》がった。

間もなくよしゑは身ごもる。大正十二年一月十五日、長女を出産。これが、後に、おそめ、の名で知られることになる秀である。

跡取りの男子ではなく女児の誕生、にもかかわらず祖父の元三郎は狂喜した。古い商家の習いで、すぐに生まれた子の運勢が占われると、その結果がまた元三郎を有頂天にさせた。

「まれに見る吉相。この子はやがて広く世に名をなし、家の宝となりますやろ」

占い師の言葉を元三郎は会う人ごとに吹聴《ふいちょう》し、自慢した。

名前も、元三郎の一言によって決まった。

「この子の名は、秀や。ええか巖秀《いわひで》の秀や」

元三郎は自分の家系に強い自負を抱いていた。滋賀県の村に伝わる家系図によれば、角田家の祖は佐々木《ささき》巖秀《いわひで》となっている。だから、この初孫は巖秀にちなんで秀と名づけるのだと元三郎は主張したのだった。この命名の一事を見ても、祖父の初孫に対する思い入れの強さが偲《しの》ばれよう。実際、元三郎はこの初孫を目の中に入れても痛くないほどに溺愛《できあい》した。その光景は、ほほえましさを通り越し、傍目には不気味に感じられるほどだった。使用人たちは、この孫に粗相でもしてはと震え上がった。

秀は、こうして生まれると同時に家中における絶対権力者の愛情を無条件で獲得したのだった。祇園で後年、芸妓《げいこ》になり、バーのマダムとなって、秀は多くの客を魅了する。

そこでよく耳にしたのは、「気難しい客が秀にだけはやさしかった」という証言の数々だ。ほかの人間では勤まらない神経質な、激情肌の、あるいは口やかましい男客を上手に相手し、好かれ、贔屓《ひいき》に与《あず》かる。その萌芽《ほうが》は、すでに生まれ落ちたときから備わっていたのだと、元三郎のエピソードは教えてくれるようである。

秀を生んだ翌年に、よしゑは次女を出産する。同じように愛くるしい女児であった。にもかかわらず、元三郎は、秀のときとはうってかわって冷淡だった。

「石炭屋に女はふたりもいらんで」

次は巖秀にちなんで巖《いわお》と名づけるんじゃ、そう公言し男児の誕生を強く望んでいただけに失望が大きかったのだろうか。よしゑは産床にうなだれて、舅の言葉を聞いた。

生まれたばかりの子が不憫《ふびん》に思われてならなかった。次女は、やがて掬子《きくこ》と呼ばれるようになる。秀とは年子の姉妹だった。

義父の情欲

月日は穏やかに過ぎていった。

よしゑは嫁いだ先の角田家で小さな幸せを嚙《か》み締めていた。子どもを得た喜びは何よりも大きかった。というのも、よしゑ自身が幼い頃、養女として上羽家に引き取られた身の上だったからである。上羽家は西陣の古い織屋だった。だが、どういう因縁か、代々実子に恵まれなかった。よしゑも、縁あって子どもの頃に養女として他家から上羽家に入った。養父母のもと、やはり養子として、この家に引き取られた血の繋《つな》がらぬ兄弟たちと育ち、それなりの苦労もした。だからこそ、よしゑにとって、血を分けた存在を得たことは、とりわけ喜びが深かったのである。子どもを産み、よしゑの心は満ち足りた。小さな頃から憧《あこが》れ続けた「家族」を得た喜びに、前にもまして、よしゑは朝から晩まで女中たちに入り混じってよく働いた。角田の家にとって、良い嫁でありたいと心から願った。だが、よしゑの小さな幸せは、そう長くは続かなかった。ある出来事を境として脆《もろ》くも崩れていくのである。

それは、夫の元義が家を留守にした夜に起こった。

よしゑは、夜半、押し殺した男の声におののく。夫の留守を狙《ねら》って、よしゑの寝所に男が忍び込んだのである。しかも、誰あろうそれは、舅《しゆうと》の元三郎だった。

「よし、よしゑや、静かにしいや」

甘い声を出して、抱きすくめようとする元三郎の手を、よしゑは必死になって振り払った。無我夢中で逃げた。何が起こったのかわからなかった。よしゑは、もつれる足で、玄関から外に飛び出した。後ろから、なおも元三郎が追って来るように思えて、気づくと向かい家の戸口を叩《たた》き、中に転がり込んでいた。角田家の向かいは、松竹創業者一族、白井家の大邸宅で、よしゑは日ごろから、この家の女中たちと心安くつき合っていた。

「よしゑはん、どないしましたんや」

木戸から転がり込んできた、向かい家の嫁を見て女中は驚きながらも、そっと、庭の植え込みの陰に匿《かくま》い、優しく背中をさすってくれた。よしゑは、乱れた姿で、ガタガタと震え続けていた。だが、背中に女中の温かい手を感じた途端に緊張の糸がぷつりと切れ、泣き崩れた。その間も女中は、ただ背中をさすり続けてくれる。

「よしゑはん、大丈夫や……。よしゑはん……」

ようやく、よしゑは少し落ち着きを取り戻すと涙を拭《ぬぐ》って、女中に頼んだ。

「どうか、お屋敷を通り抜けさせておくれやす。河原町から、そこから人力に……うちを人力に乗せておくれやす」

白井家の大屋敷は、高瀬川の脇《わき》から河原町通りまで続いている。

素足に、寝間着姿、髪も乱れたよしゑを見て、ただならぬことを察したのだろう。女中は何も聞かずに、よしゑの背にそっと手を回すと、広い屋敷の中庭を先導して通り抜けさせてくれた。河原町通りに面した裏木戸から送り出されて、よしゑは、人力車を拾うと女中に礼を言いながら飛び乗った。

向かう先は西陣の実家より他にない。

しかし、ようやくの思いで逃げ帰った実家は想像以上に冷たかった。よしゑは土間から座敷にあがることも許されず、養父母にまず嫁いだ女としての不心得をなじられた。

ただうなだれて泣く娘に養母は理由を尋ねたが、よしゑはどうしても、おぞましい真実を語ることができない。「夫が留守で……」と言いかけてうなだれると、「それでさびしゅうて出てきたいうんか」という養母の蔑《さげす》んだ叱責《しっせき》が飛んだ。よしゑは、なさぬ仲の冷たさを改めて知った。

結局、養母に付き添われて、再びよしゑは人力に乗せられた。角田の家に戻ると舅の元三郎が玄関に控えていた。土間に正座した女ふたりを見据えて、よしゑが何も語れなかったことを元三郎はすぐに悟った。

「いったい、なんの不満があってこないなことしてくれたんやっ」

大声で一喝すると、女たちを威圧した。

「こないに甘い舅もおらんやろ、周りに言われてるほど可愛がってきたんやっ。それをなんの不満があって、こないなことしてくれたんやっ」

養母は、元三郎の怒りにもっともだと口を合わせながら、取りすがるようにしてよしゑの傍らで詫《わ》び続けた。

「ほんまにこないなことは二度とさせまへんさかい。今度、こないなことしでかしたら、どないにでも折檻《せっかん》してくださいい」

養母が必死で取りすがる。その様子を見て、よしゑは泣き伏した。しかし、よしゑが心の底からの恐怖を感じるのは、頭上に続く元三郎の次の一言を聞いてからのことである。

「しゃあない。そこまでいわはるんやったら、今回だけはおさめましょう」

元三郎は、よしゑの母にそう素っ気なく告げると、今度は、口調を改め、よしゑに向かって、こう言い放ったのだった。

「せやけど、かわいそうやな、これからは針の筵《むしろ》となるやろう」

なめるような元三郎の視線、どこまでも冷たく響く声、よしゑの全身に鳥肌が立った。

実際、元三郎の言葉に嘘《うそ》はなかった。翌日から、よしゑは寝る時間を削られ、休む間もなく下女にもやらせぬ仕事にと追い立てられた。しかも、何かにつけて元三郎の叱責が飛んでくる。

角田の家で元三郎に異を唱えられるものは誰もいない。下手に同情を寄せると、被害をともにこうむってしまいかねないからだ。誰も救いの手を伸べることはできずに、ただ遠巻きにして、気の毒そうによしゑの様子を窺《うかが》っていた。

よしゑは、日々をやり過ごした。どんなに辛《つら》い目に遭おうとも我慢するよりほかにないことを、ほかの誰よりもよしゑ自身が悟っていた。西陣の実家は頼れない。逃げ場はないのだ。生きてゆくには、ただひたすら耐えるしかない。娘たちの成長だけが、よしゑの心の支えとなっていった。

姉妹の成長

揃《そろ》いの服を着て、並ぶふたりの少女——。写真の中の姉妹は、ずいぶんとおめかしをしている。揃いの服は、中国服であったり、襟や袖口《そでぐち》に白いボアの毛皮がつくものであったり、あるいは絞りの着物であったり。いずれも豪奢《ごうしゃ》なものだ。月に一度、祖父の元三郎は孫娘に洋服を誂《あつら》えては写真館に行き、帰りしな洋食屋に立ち寄るのを楽しみにしていたという。写真からは裕福な商家の暮らしぶりが伝わってくる。

幼い姉妹とともに、母のよしゑが写っているものもある。悩みなく過ごしていた頃のものか、それとも忌《い》まわしい出来事があってからのものか。地味な縞《しま》ものの着物を着ているが、それがかえって、よしゑの若さを引き立てている。嫁入りの日の写真に比べて、ずいぶんと面やつれしているが、それもまた彼女の風姿を際立《きわだ》たせ、匂《にお》うような風情《ふぜい》である。

母のおかれた辛《つら》い状況を、幼い姉妹たちはもとより知る由《よし》もなかった。ふたりは木屋町の家で、無邪気な子ども時代を送っていた。

昭和のはじめ、すでに物資の運搬に高瀬舟と呼ばれた小舟が使われることはなくなり、川岸には役目を終えた舟が朽ちるにまかせて繋《つな》がれてあった。幼いふたりにとって、それは恰好《かっこう》の遊び場所だった。春には、小舟におたまじゃくしを捕りに出かけた。姉の秀は舟底にびっしりと生えた苔《こけ》に足を滑らせてばかりいて、なかなか、おたまじゃくしを捕まえることができない。滑ってころんでは照れ笑いを浮かべて搦子を振り返った。そんな姉と違って妹の搦子は足も取られずに、両手で器用におたまじゃくしを捕まえた。秀は妹の傍らにそろそろと進みよると、手のひらを覗《のぞ》き込んで「大きいなあ」と、のんびりした口調で呟《つぶや》き、小首を愛らしく傾けるのだった。

時おり、川岸からひとりの少年が、そんなふたりをうらやましそうに見つめていることがあった。向かい家の白井家の少年、つまりは、よしゑが深夜に助けを求めて飛び込んだ松竹創業者一族の「坊ちゃん」だった。

少年は川岸から朽ちた舟の上で遊ぶふたりの様子をじっと見ていた。だが、川まで降りてくることは一度としてなかった。いつもピカピカの三輪車にまたがっていた。少年の後ろには、必ず女中が二、三人ほど控えており、たまにひとりで現れても、すぐに、

「お坊ちゃまー」

という叫び声とともに、血相を変えた女中たちが屋敷から飛び出してきた。そんなとき、少年はうるさそうに一瞬、後ろを振り返ると、三輪車を猛然とこいで逃走しようとした。その後を、襷《たすき》がけした女中たちが、ぞろぞろと追って歩く。秀と搦子は高瀬舟から並んで、その騒動をぼんやりと眺めていた。

やがて小学校に上がると、秀はこの少年と机を並べることになる。そのうち毎日、学校へ連れ立って通うようになった。秀は後に、この少年の父親と、深く辛い縁を結ぶことになるのだが、もちろん、そんなことなど知る由もない少女時代だった。

秀と掬子は、外で遊んでいると、よく双子に間違えられた。いつも揃いの服を着ていたし、掬子の発育が早かったせいもある。

しかし、実際にはふたりはまるで違う個性の持ち主だった。秀はどこまでもおっとりとしていて、愛くるしかった。思わずかばってやりたくなるような弱々しさがあり、人の目をひきつけずにおかない風情を幼い頃から湛《たた》えていた。一方、妹の掬子は小さな頃からしっかり者と周囲に評された。着替えでも片付けでも、およそ大人の手を煩《わずら》わせるということがない。

それは姉ばかりがかまわれる角田の家で、掬子が自然に身につけた処世であったかもしれない。もしくは褒められたい一心で、あるいは大人たちに注目されたい一心でやってのけていただけなのかもしれなかった。だが、子どものいじらしい本心を察する人はおらず、しっかり者と評された掬子は、ますます大人たちからかまわれなくなっていった。そして、その分、頼りなげな姉の秀ばかりが皆の情愛を集めるのだった。

祖父の元三郎にいたっては「秀は子どもらしゅうて可愛らしい。掬子はこざかしうて憎らしい」といってはばからなかった。家長の好みは使用人にまで反映される。元三郎のお気に入りである秀のことは、女中にいたるまでが機嫌を取る一方、覚えめでたくない掬子は、どことなく軽んじられるところがあった。

そんな掬子のことを陰ながら誰よりも不憫《ふびん》に思って目をかけてくれたのは、祖母の糸である。元三郎の妻であるこの祖母はいつでもふたりの孫娘を分け隔てなく扱い、何かと姉の陰になってしまう掬子のことを気にかけて可愛がった。

元三郎は銀閣寺近くに隠居所を持っており、気が向くとふたりの孫と糸とを連れて出かけた。だが、そうした折でも、孫への扱いには極端な差が生じるのだった。

隠居所につくなり、

「秀、秀、この上に座りや」

と、自分の座布団《ざぶとん》を外して秀に座らせて一服すると、

「秀、これから動物園行こうな。秀、なんぞほしいもの買ってやるしな。何がほしい」

と、秀の機嫌を取りながら、その手を引いて出て行ってしまう。

そんなとき、糸はひとり残された掬子の頭に手を乗せて、いつでもこう言い聞かせるのだった。

「掬子、お前はな、ほんまに賢い、ええ子やな。せやさかい、我慢できるな。おばあさんと一緒にお留守番しような。動物園は今度、おばあさんが連れて行ってあげるさかい。ほんに賢い、掬子、お前はええ子やなあ……」

女にしては少し厚く大きな、糸の手。その手から、じんわりとした温かみが伝わってくる。掬子は必死に涙をこらえた。

祖母の糸は、大地のような慈愛を湛えた女だった。荒くれものの夫、元三郎とは対照的な、やさしく穏やかな気性の持ち主だった。どんなに理不尽な目に遭っても一言の抗弁もせず、じっと耐えてやり過ごす明治生まれの女だった。

糸は孫娘たちを寝かしつけるとき、いつも同じ台詞《せりふ》を口にした。

「大きいなったら何になりたいの」と。

孫娘たちの答えはいつも変わらなかった。秀はおっとりとした口調で、こう告げる。

「うちはね、大きいなったら女優さんか、舞妓《まいこ》さんになりたいの、おばあさん」

糸は、その答えに目を細めて、

「そうか、そうか」

と嬉《うれ》しそうに頷《うなず》き、続いて掬子にも同じことを尋ねる。

「掬子、掬子、お前は大きいなったらなんになるの」

掬子は待ってましたとばかりに、声を張り上げる。

「飛行機乗りやっ。飛行機の運転手はんに、うちはなるんやっ」

同じように糸は目を細めて、そうか、そうか、と、やはり嬉しそうに頷くのだった。

糸は毎日、あきもせずに同じことを尋ね、娘たちの答えもまた変わらなかった。

「大きいなったら、何になるの」

夫に忍従するしかなかった時代の女は、孫娘たちに、ただひたすら、そう問い続けた。糸が尋ね続けなければ、幼い姉妹は自分の将来の夢を考えることもなく、また、その夢を果たす人生を歩むこともなかった、そう考えるのは穿《うが》ちすぎであろうか。

孫娘たちはふたりとも、「お嫁さんになる」とは言わなかった。実際、平凡な家庭の主婦にはならなかった。その将来を知ったなら、糸はどう思うことだろう。ただ、やはり「そうか、そうか」と穏やかに目を細めたであろうか。

夫に仕え、夫の横暴に耐え、なおかつ一言も愚痴めいたことを漏らさなかった糸。彼女は、この数年後、元三郎に死なれると息子の元義にも裏切られて住処《すみか》を失い、親戚《しんせき》の家に身を寄せ、そこで静かに息を引き取っている。

生き地獄

母のよしゑは元三郎との一件の後、相変わらず角田の家で、厳しい労働に追い立てられていた。朝から晩まで休むことなく立ち働かされ、食事も家族とは別に台所の片隅で済ませた。それでも、よしゑはひたすらに耐えた。養家で周囲に気を使いながら育った不幸な生い立ちが、よしゑを我慢強い女にしていたのだった。だが、そんななかで、恐れていたことが再び起こる。夫の留守を狙《ねら》って舅《しゅうと》の元三郎がまたしても、よしゑの元へと忍び込んだのである。

昼間の様子と打って変わった猫なで声で言いくるめようとする元三郎を見て、よしゑは前とは異なり恐怖ではなく、激しい憎悪《ぞうお》を感じた。よしゑは力いっぱい元三郎を撥《は》ね除《の》けると、静まりかえる夜の町へと飛び出した。よしゑは夢中で走った。でも、どこに向かえばいいのかわからなかった。西陣の家にはもう戻れない。行くあてがなかった。道に倒れて泣き伏していると、見回りの巡査に呼び止められた。

夜更《よふ》けの交番で、よしゑは今まで誰にも打ち明けられなかったことを、泣きながら語った。巡査は、よしゑの境遇に深く同情してくれた。

翌日、交番に夫の元義が呼ばれた。巡査は、よしゑの語ったことを元義に説明し、最後に念を押してこう注意した。

「ええか、この話はあんたの胸だけにおさめとかなあかんことや。家に帰って皆に言うたら、それこそ、この嫁はんがいづろうなる。あんたが、何も知らんふりしながら、ようよう注意して守ってやるのが一番や」

しかし、思いもかけぬ話を聞かされた夫の元義は巡査の忠告どおりには、とても行動できなかった。根が苦労知らずの総領息子である。怒りに任せて家に駆け込むと、普段は頭の上がらぬ父親に、このときばかりは大声を張り上げた。

「おやじ、いったい、だっ、だれの、だれの嫁じゃと思うとるんやっ」

ふたりの騒動から、災難の原因を家中の誰もが知ることになった。好奇の目がよしゑに向けられた。よしゑの立場は前よりもいっそう悪くなった。

それこそ針の筵《むしろ》というものだろう。

もともと、子どもが手に入れたおもちゃに飽きる素早さで、夫の元義は、結婚できなければ死ぬ、とまで公言した嫁に、興味を失っていた。そこに、この出来事が拍車をかけた。その日を境によしゑを遠ざけると、元義はおおっぴらに遊び始めた。自分に非のある父の元三郎はそれを注意することができない。それどころか元義の機嫌を取り結ぶように、紅灯の巷《ちまた》へと息子を機嫌よく送り出すのだった。

いつのまにか、よしゑひとりが罪人となっていた。非は、よしゑにあったとすることで、元三郎と元義親子の関係は修復されたのである。それこそ、血のつながりの強さというものであろう。

元義の遊びは止まらなかった。外で遊ぶだけでは飽きたらず、ついには家に情婦を引き入れた。もとは女優というその女を元三郎も歓迎して、よしゑの前で新しい嫁のように扱った。元義と女は、上座敷で夫婦として生活を送り始めた。女は元三郎や元義らとともに食事の膳《ぜん》につき、よしゑは盆を下げて、その給仕にあたらされた。

異様な日常だった。だが、よしゑは、どんな仕打ちを受けても、もはや心に何も感じなかった。度重なる出来事に、悲しみも怒りも身のうちから消え去っていた。心に打ち込まれた苦しみの楔《くさび》が、よしゑから感情を奪っていたのである。ただ心を空虚にしてやり過ごす。それが、いつのまにかよしゑの生きる術《すべ》となっていた。

しかし、何重にも封をして殺したはずの心が大きく揺さぶられる出来事が、よしゑの目の前で起こった。

よしゑが給仕に上がった夕食の席でのことだった。元三郎がふたりの孫を膝元《ひざもと》に呼び寄せると、鯛《たい》の刺身をそれぞれの口に放り込んだのである。その途端に、掬子だけがつんざくような悲鳴を上げて座敷の上を転げ回った。元三郎が、わさびの塊を掬子の口に入れたのだった。

泣き叫ぶ掬子を見て、皆が笑っていた。笑いが渦巻く座敷から、気がつくと、よしゑは娘を横抱きにして飛び出していた。廊下で、掬子の背をさすり、口の中に手を入れて吐かせようとしたとき、よしゑは全身が、憎しみに震えるのを感じた。よしゑは泣いた。久しぶりの涙だった。その間も、座敷からは笑い声が響き続けた。

翌朝、朝もやの中、よしゑは家の前の通りにいた。娘たちの手を引き角田家の庇《ひさし》を見上げる。痩《や》せ衰えた身体《からだ》に満身の怒りと憎しみを込めて、よしゑは庇を強く睨《にら》んだ。自分はなぜ、この家に来たのか。自分が望んだわけではない。望まれて来たのではなかったか。

よしゑは万感の思いをこめて、心の中で叫んだ。

「呪《のろ》うてやる」

幽鬼のように痩せた身体に、ありったけの思いを込めて、よしゑは天に向かい、声にならぬ思いを叫び続けた。

「呪ってやる……、呪ってやる……、たとえわが身と引き換えにしても、この家を三年と持たせるものかっ」

豊かな髪が零《こぼ》れて、痩せ衰えたよしゑの肩に落ちた。人が見たなら、おそらく狂女と映ったことだろう。よしゑは、よろめきながら娘たちの手を引くと、角田の家に背を向け歩き出した。もう、何も怖くなかった。何をしても生き抜く覚悟があった。

後年、よしゑは孫娘の高子にこの話を聞かせるとき、最後に必ず、こう付け加えたという。

「高子、人の恨みいうのは怖いもんや。せやからな、人の恨みだけは絶対に買わんように生きなあかんのえ」

よしゑの呪いは実現した。庇を見上げて呪った日から、事実、角田の家は、その後三年と持たなかったのである。

角田秀から上羽秀へ

　娘ふたりの手を引いてよしゑがまず向かった先は、仲人《なこうど》である茶の湯の師匠の家だった。よしゑは、すべての経緯を話すと、決してあの家に戻る気はないと告げた。角田家もまた、わだかまりの種であったよしゑが去ることに異議はなかった。そんな中で、ただひとつ問題となったのが、秀の処遇だった。秀だけはよしゑに渡せないと、角田家の人々は主張した。しかし、もちろん、よしゑにも娘を手放す気持ちは露ほどもない。人を介したやりとりが続いた。

　娘ふたりを抱えて生きていく苦労は並大抵でない。先方もあれだけ言うのだから、やはりひとりは預けたらどうか、そう忠告する人もあった。そのほうが秀にとっても何不自由なく暮らせて幸せだと言う人もいた。だが、よしゑは、まったく聞き入れず半狂乱になって拒み続けた。一方、角田家もまた、譲らなかった。いつまで経《た》っても、話は平行線をたどり続け、いっそ秀に意向を聞いてみてはどうか、という話になった。

「それで秀が、向こうの家がええ、言うたら、あんた、あきらめなあかんえ」

　周囲は、よしゑにそう言い聞かせた。

　こうして幼い秀は角田家の人々が居並ぶ評定の席に引っ張り出された。秀は、久しぶりに会う父や祖父を見て嬉《うれ》しかった。しかしながら、肝心の意見を聞かれると何の躊躇《ためらい》も見せずに、きっぱりと答えた。「うちはお母ちゃんといる」。

角田の人々は面食らった。いつもどおりのおっとりとした口調。ところが、周囲が何を言っても秀は同じ言葉を繰り返し続けた。あれほど可愛《かわい》がった秀の、その抵抗が角田の人々には意外だった。人形のような秀の外見に隠された強情な性質を、皆はこのとき、はじめて知ったのだった。

評定の席から秀が戻り、娘が自らの意思で自分のもとにいることを選んでくれたと知り、よしゑは泣き崩れた。この子は自分を選んでくれた、そう思うと、いとおしさが身体《からだ》を突き抜けていく。秀に対するよしゑの並外れた愛情は、思えば、この頃から芽生えたのかもしれない。

娘ふたりを手元に得て、よしゑはようやく安堵《あんど》した。けれど、それもつかの間、次によしゑは、母子三人、どうやって口に糊《のり》していくかという問題に直面させられることになった。どんなことをしても生き抜く覚悟はあった。とはいえ、昭和のはじめ、女手ひとつで母子三人暮らしていくのはそう簡単な話ではなかった。

西陣の上羽家は代替わりして、よしゑの義兄夫婦が家督を継いでいた。母子三人が身を寄せられる環境ではなく、また、頼るつもりもなかった。だが、どうした因縁だろう。上羽の家を継いだ義兄夫婦は、よしゑの養父母同様やはり実子に恵まれていなかった。

すでにふたり、養子を取っていたが、もうひとり、よしゑの子ならもらい受けたいという。それは、ちょうど住み込みの仲居という働き口がよしゑに舞い込んだときでもあった。どんなに頼んでも「子どもはひとりまで」と雇い主に厳しく言い渡されていた。

よしゑは悩んだ。その結果、やはり自分が養女として育てられた家に、自分の娘を連れて行くことにした。連れられて行ったのは妹の掬子だった。

「お母ちゃん、すぐに帰ってくるしな。この家でいい子にして待っときや」

西陣の家に着くなり、上ずる声で掬子にそう告げると、よしゑは格子戸《こうしど》を閉めて姿を消した。駆け去る下駄の音を聞いたとき、掬子は幼いながらも、もう二度と母が迎えに来ないであろうことを悟った。

「お母ちゃんは、お姉ちゃんだけいたらええんやもの。うちはいらんのやもの」

掬子は、涙を必死にこらえた。

母に捨てられた、母は姉を選んだ——。その少女の頃の悲しみは、八十に手の届く歳《とし》になった今でも掬子の胸に鮮烈に思い起こされるという。

ふたりの娘のうち掬子を里子に出したのは、少しでも幼いほうが新しい環境に順応しやすいと考えてのことであったかもしれない。しっかり者で身体も丈夫な掬子のほうが心配がない、と判断してのことかもしれない。もしくは角田の家とあれほど争った末に手元に置くことになった秀を、養女に出すわけにはいかないと考えてのことであったろうか。

いずれにしても子どもを手放す悲しみはよしゑに深かったはずである。だが、里子に出された幼い掬子自身は、とてもそうは思えなかった。ひたすら「うちは親に捨てられたんや。うちは可愛くなかったさかい、いらんかったたんや。姉ちゃんだけでよかったんや」と、実母への思慕と恨みを増幅させ、姉にも同様の感情と、かすかな嫉妬《しっと》を抱きながら成長することになる。

よしゑの手元には、こうして秀だけが残された。この瞬間から、よしゑの関心と情愛のすべてが、秀だけに向けられることになる。自分の血を分けた娘、角田家が甘言で釣ろうとしても、きっぱりと母を選んだ娘、婚家から追われ、苦境の中に生きることになったよしゑにとって、手元に残った娘は、何にも代えがたい、この世に唯一《ゆいいつ》の存在となっていった。よしゑは、盲目的な愛情を秀に注ぎ、娘を崇拝する母となっていく。女手ひとつで育てただけに、男親のような感情も、ときに混じった。

秀は、角田秀から、母方の姓を名乗り上羽秀となった。よしゑに連れられて木屋町の生家を出たのは尋常小学校三年生のときのこと。向かい家の友達、白井少年に別れの挨《あい》拶《さつ》もろくにできぬままに転校させられたことが、何よりも淋《さび》しかった。

そんなある日、秀が転校先の尋常小学校で授業を受けていると「家の人が来た」と先生に告げられた。教室を出て校門に向かうと、そこにいたのは、父の元義だった。

「秀、秀、変わりないか。辛《つら》いことないか」

元義は秀を抱きしめた。久しぶりに父の顔を見て、秀は嬉しかった。

それからというもの、たびたび元義は学校にやってくるようになった。賢い秀は、元義に言われるまでもなく母には黙っていた。だが、よしゑはどういうわけか、それを察知したらしい。今度は、よしゑまでも学校へ押しかけてくるようになった。

「あんた、ここにお父ちゃん来てるのと違うかっ、今日も来たのと違うか。あんた、会ってるのと違うか。会わんときよし、会ったらあかん、会ったらあかんえ」

よしゑは秀の肩を両手で強く揺すると声を荒げた。自分が目を離した隙《すき》に、元義が秀を攫《さら》うのではないかと、よしゑは気が気でないのだった。

同じ日に父と母が入れ違いにやってくることもあった。秀は教師や級友の手前、恥ずかしく、また父と母の間にあって、どう振る舞うべきかに胸を痛めた。ところが、そんな悩みもじきに終わった。父の元義が、ぴたりと姿を現さなくなったからである。

なぜ、元義がやってこなくなったのか。その理由を秀が知るのはずっと後のことになる。

実は、その頃、角田の家にもさまざまなことが起こっていた。

よしゑが万感の思いを込めて庇《ひさし》を睨《にら》んだ日から、石炭問屋・浪速組は確実に衰退していった。まず、あれほど権勢を振るった舅《しゆうと》の元三郎が急死する。それが崩壊の始まりだった。

跡を継いだ元義は、店の金を持ち出しては、高瀬川に架かる小橋を渡って目と鼻の先にある先斗町《ぽんとちよう》に入り浸った。元義は憑《つ》かれたように遊んだ。家が傾くのに、そう時間はかからなかった。

ついに有り金が尽きると元義は家屋敷を勝手に売り払い、その金を摑《つか》んで先斗町の芸妓とふたり満洲《まんしゆう》に駆け落ちした。家は差し押さえられ、ひとり残された糸は、やむなく元義の弟の家に引き取られた。すべては、よしゑが家を出てから三年とかからぬうちに生じた出来事だった。

元義が秀の小学校にやってきたのは、満洲への高飛びを決行する直前のことだったのだろう。

木屋町大黒町にあった石炭問屋・浪速組は家長の出奔により、跡形もなく潰《つい》え、以来、満洲に渡ったという元義の行方も、杳《よう》として知れなくなる。

だが、角田の家が潰《つぶ》れて数年が過ぎた頃、よしゑは一度だけ街角で元義に良く似た男に出会ったという。場所は河原町四条の交差点だった。

歩道を渡ろうとした際、「煙草《たばこ》一本くれへんやろか」と、よしゑに手を差し出す男があった。

男のあまりの薄汚さに袂《たもと》を摑まれまいと、よしゑは顔をしかめ、箱ごと煙草を投げようとした。

が、その瞬間、よしゑの手は止まった。垢《あか》にまみれた顔にボロ布をまとっていても、見間違えられぬ顔が、そこにはあった。

よしゑは思わず、煙草の箱を握り潰した。

「あんたなんかに、あんたなんかにやる煙草、一本もありまへんわっ」

そう言い捨てると、人ごみの中を走りぬけた。一度も後ろを振り返らなかった。

この話を聞かされた孫娘の高子は、祖母に尋ねたという。

「本当におじいちゃんだったの」

孫娘の問いに、よしゑは深く頷《うなず》き、答えた。

「人違いと違う。あれは、ほんまに、あの人やった。うちは見間違えたりせえへん。せやから、あの人も、うちとわかってて声かけたんやろう」

再会の日

秀が角田秀から上羽秀となって、新しい尋常小学校に通う頃、西陣の家に引き取られた掬子は織屋である上羽家で養父母とともに過ごしていた。こちらも姓は、角田から上羽になった。母の義兄にあたる夫婦のもとへ養子に入ったため、よしゑとは戸籍上、親子ではなく、叔母と姪《めい》という関係になっていた。

当時、西陣の上羽家にとって掬子は三人目の養子だった。上にはおとなしい義姉と義兄がいた。

身体《からだ》も大きく、負けん気の強い掬子は三人の子どもの中で一番扱いにくい子どもだった。養父が怒ると、上のふたりはびくびくと震えたが、掬子はときに反発心を目にたぎらせてじっと相手を見返すことがあった。

「可愛げのないやっちゃ」

と、よく言われた。それでも、掬子はへっちゃらだった。角田の家にいるときから、大人たちにはあまり可愛がられたことがない。もともとが甘え下手だった上に、養子に出されてから、いっそう人を頼るまいとする気持ちが強くなっていた。

母のよしゑがそうであったように、掬子もこの家では幼いながらに、まず労働力として見なされた。戸籍上、親子であるだけに使用人よりも扱いは厳しかった。

今でも思い出すのは遠足の日のことである。級友たちが親に持たせてもらった弁当を広げるなかで、神棚に飾る丸餅《まるもち》を持たされただけの掬子は、皆と少し離れたところで包みをあけた。級友の弁当をうらやましく思う心がないわけではない。しかし、さっさと餅を食べ終わると、今度は誇らしげにキャラメルの箱を取り出した。家の手伝いで、あちこちに届け物をさせられる。すると、先々で駄賃を握らせてくれることがあった。それを使わずにためて買ったキャラメルだった。自分で買ったキャラメルを見つめていると寂しさが少し消えるような気がした。

学校にいる間は楽しかった。

身体も大きく、運動神経も発達した掬子はガキ大将だった。しかし、学校帰りに思う存分遊ぶ自由は掬子になかった。家の手伝いに追われていたからである。

ある日、先生に呼び止められ、家に帰るのが少しだけ遅くなった。すると家に駆け込んだ途端に、玄関先の土間で養父に頰を張られた。

「こないな時間まで何やってたんやっ」

掬子は、土間に叩《たた》きつけられた身体を起こしながら、

「先生に残されたんやないか」

と、養父を上目遣いに見上げて言い返した。その態度に、養父はますます激高した。

「そない学校が大事やったら、学校にメシ食わしてもろうたらどうやっ」

その日、掬子は夕食の膳《ぜん》につかせてもらえなかった。襖越《ふすまご》しに皆が食事を取る音を聞きながら、

「うちは絶対に大きいなったら、食べるもんと寝るとこだけは他人《ひと》さんの世話にならへん」

そう胸の中で何度も呟《つぶや》いた。木屋町の家で祖母に「飛行機乗りになる」と目を輝かせて将来の夢を語った少女はもういなかった。小学校を卒業したら家出をしよう。それで女中さんでもええ、とにかく人の世話にならんで生きるんや。それが掬子の新しく抱いた将来の夢だった。


ともに上羽という姓を名乗りながら、引き裂かれた姉妹、親子は、その後、長く再会することなく過ごす。よしゑもまた、養女に出した掬子のもとを訪れることはなかった。秀は、よしゑのもとで、掬子は西陣の家でそれぞれに尋常小学校を卒業した。

だが、歳月は引き裂かれた三人の女たちを再び取り結ぶ。

それは掬子が尋常小学校を卒業し、二、三年の月日が過ぎた頃のことであった。家の手伝いに明け暮れる生活を送っていた掬子は、ある日、胸に抱き続けたことを実行する。つまりは、家出をしたのだった。向かった先は、西陣から程近い、北大路新町。実母のよしゑがそこに住んでいると養父母の会話を盗み聞いて知っていた。

家の玄関先に突然現れたわが子を見て、母・よしゑは声を失った。掬子もまたよしゑを見てしばし呆然《ぼうぜん》とした。ふたりとも探るように見つめあった。

よしゑは華やかな着物に身を包み、綺麗《きれい》に化粧をほどこしていた。何年も時が流れているはずなのに、記憶の中にある母よりも、かえって若く、艶《あで》やかだった。

「どうしたんや、あんたいったい……」

ようやく母は娘に声をかけた。

「出てきたんや。うち、あの家はもう辛抱できへんさかいに」

掬子は母の顔から視線をそむけて切り出した。それが再会した親子の最初の会話だった。

「出てきたて、せやけど、あんた、ここには置かれへんえ」

母のその一言が掬子の胸に深く刺さった。掬子は思わず声高に言い返した。

「置いてもらおう思うて来たのと違います。うちは上羽の家だけはかなわんのです。あの家だけはいやや。うちは働くつもりです。女中さんになって働きたいさかい、どこかいいとこ紹介してもらおう、そう思うて来ただけのことです」

娘の強い口調に、今度はよしゑが押し黙った。

「そうか、あんたも、あん家で辛《つら》い思いしてたんか……」

娘に対する、それがよしゑの詫《わ》びの言葉だった。上羽家から血相を変えて養父が乗り込んできたが、さすがに、よしゑは掬子を引き渡そうとはしなかった。

「育ててもろうた恩も忘れよって」

養父は捨て台詞《ぜりふ》を残して去っていった。その後ろ姿を見送って、格子戸《こうしど》を閉めると、よしゑは掬子に後ろ姿を見せたまま呟いた。

「あんたを、こん家においてあげたいけど、そうはいかへんのや」

華やかな母の様子を見れば、子どもながらに自分を置けない事情が察せられるような気がした。

「せやから女中さんの口を……」

訴えかけた搦子の言葉を、よしゑが突然に遮った。

「そうや、あんた、明日から姉ちゃんのところに行きよし」

驚く搦子に、よしゑは続けた。顔が明るく輝いている。

「秀のところに行きよし。それがええ、ちょうど人手がいる、言うてたとこや」

「姉ちゃんのとこって、姉ちゃん、ここにいてへんの。今、何してはるの」

よしゑは、搦子を見つめて微笑《ほほえ》んだ。

「今、秀は祇園町《ぎおんまち》にいてるのや。一力はんのそばに住んではるのえ」

「姉ちゃんが？」

よしゑは、大きく頷《うなず》いた。

「そうや、秀はな、祇園町の芸妓《げいこ》さんにならはったんや」

搦子の脳裏に「舞妓さんになりたい」と呟く、切り下げ髪の少女の姿が蘇《よみがえ》った。

搦子が西陣に引き取られて暮らす間、よしゑと秀の身の上にもさまざまな変化が起っていた。

子連れで働きに出たよしゑは、いやおうなく世間の荒波にもまれることになった。苦労もそれなりにした。だが、むしろ、よしゑが知りえたことは誰にも気兼ねせずに暮らす自由と、金を稼ぐ喜びだった。堅い商家の娘として育ち、嫁入りしたよしゑである。上羽家や角田家にいた頃は、女にもこんな生き方があるとは知りもしなかった。よしゑは住み込みの仲居として働きに出て、はじめて給金というものを手にし、たとえ女でも働けば金を得られるのだという単純な事実に驚いた。わずかな給金でも嬉《うれ》しかった。それは誰にも気兼ねする必要のない、自分の金だったからだ。自分が稼いで得た金、自分が何に使っても許される金、自分が自由にできる金。よしゑはそれまで、そんな金を一銭たりとも手にしたことはなかった。

よしゑが、まだ若く美しかったことも幸いした。仲居から、次によしゑは人に勧められて当時、京都でもはやり始めたカフェの女給となった。少し前なら、堅い商家に育った自分が、水商売に身を染めるなど考えられぬことだった。しかし、勧めてみて、よしゑは仕事の辛さよりも喜びを感じた。店ではあっという間に人気を集めてナンバーワンになった。収入も増えた。自分が働くことによって給金がもらえる。それによって自分と娘が生活していけるのだ。誰の顔色も窺《うかが》わなくていい。養母や養父、夫や舅《しゅうと》に気兼ねし、理不尽な目に遭わされながら身を小さくして暮らした頃を考えると、すべてが嘘《うそ》のように気ままであった。

思えば、育てられた上羽の家でも嫁ぎ先の角田家でも、朝早くから晩まで、女たちは休む間もなく立ち働いていた。しかし、それは労働として評価されることはなく、あくまでも女は家に従属する身と見なされていた。しかし、「世間」は違ったのだ。外に出れば台所仕事であろうと、たとえ宴席にはべることであろうと、それらはすべて賃金が伴う労働となる。男の情欲でさえ、家庭の外に出れば女たちには生活の術《すべ》となる。その単純な事実に、よしゑは驚いた。

よしゑは変わった。生活も、ものの考え方も、着るものにいたるまで。それまで、よしゑは自分の意思で物事を決めたことは一度としてなかった。結婚相手から袖《そで》を通すものまで、すべては周りによって決められ、よしゑはただ静かに受け入れることだけを望まれてきた。だが、よしゑは、はじめて、自分にも好みや意思、心というものがあることに気づく。

よしゑは、それまで質素な縞《しま》ものばかりをまとっていた。しかし、家を出て、勤めるようになってから、ずっと派手な色合いの着物に袖を通すようになった。それが自分の好みだと気づいたからである。家を出なければそんなことにも一生気づかなかったかもしれない。着物ばかりでない、よしゑは次第に自分の好みを貫いた生き方をするようになっていった。結婚は、もう二度としたくはなかった。庇護《ひご》を申し出てくれる男たちもいたが、男に自分の人生をそのまま預けるような真似《まね》はすまいと、固く心に誓っていた。それほど結婚生活がよしゑに与えた傷は深かったのである。

人間が生きていく上で何よりも大切なのは金だと、よしゑはつくづく思うようになっていた。他人の顔色を見ずに自分らしい生き方を貫くには、まず何よりも金を稼げなければならない。自分で自分の口を糊《のり》している限り、誰にも心を踏みにじられることはないのだと、よしゑは思った。たとえどんな悪口や陰口を叩かれようとも、それだけのことではないか。

よしゑの変化、それは人が見れば、苦労の挙句の堕落と映ったかもしれない。悲しい零落と見た人もいるかもしれない。しかし、よしゑ自身は、まったくそうは思わなかった。むしろ人々が羨《うらや》んだ大店《おおだな》への嫁入りこそ、振り返ってみれば地獄であった。男たちが、女たちが、ときに蔑《さげす》むカフェの女給のほうがどれほど自分にとって尊い生活をもたらしてくれるものか。誰にわからなくてもいい、自分が納得していればと、よしゑは思った。

やがて秀が尋常小学校を卒業する歳《とし》になった。万事におっとりとした秀であったが、勉強は何でもよくでき、女の子でも級長を任されるほど賢かった。担任の教師は優秀な成績の秀を尋常小学校で終わらせるのは惜しいと、母のよしゑに告げた。よしゑにも、そのぐらいのことは叶《かな》えられるだけの蓄えがあった。しかし、秀に意向を聞いてみると、娘はかぶりを振った。

「うちは学校はもうええ」

秀はよしゑの顔を見ながら、おっとりした口調で続けた。

「うちは舞妓さんになりたい」

小さな頃からの夢をまだ繰り返す。担任の教師や、よしゑがいくら説得しようとしても、秀は言を変えなかった。穏やかに静かな笑みを浮かべながら、母に訴え続ける。

木屋町の裕福な商家に育つ角田秀のままであったなら、おそらく、その夢が叶えられることはなかったであろう。また、よしゑ自身がカフェの女給などを体験して、それを肯定的に捉《とら》える心を育《はぐく》んでいなければ、娘を妓籍に置くことに、躊躇《ちゆうちよ》もあったに違いない。

よしゑは、結局、娘の願いを叶えてやることにした。ついては、どの花街《かがい》から出すかが問題となる。祇園、先斗町《ぽんとちよう》、上七軒……。京都にも名だたる花街がある。だが、よしゑが選んだのは、そのどこでもなかった。

東京の新橋花柳界、秀は小学校を卒業すると、ひとり上京したのだった。

新橋で芸者修業

はじめて出会ったときから、私には不思議に思われてならないことがあった。

上羽秀という女性が私の目には純粋な京都の女に見えなかったのである。私がそれまでに見た京都の女性たち、わけても花街の水をくぐった女たちと、秀の間には何か大きな差異があるように感じられてならなかった。

今では地方色など年々と薄らぐばかり。とはいえ、東と西では葱《ねぎ》の色合いが違うように女たちの風貌《ふうぼう》もずいぶんと異なる。まず、なにより京都の女たちは小柄である。だからこそ、あのぽっくりを履いた舞妓《まいこ》姿が絵になるのだ。頭に花かんざしを揺らし、だらりの帯を締めて、ぽっくりを履く。装飾過剰ともいえるあの姿は、小柄な京女だからこそ似合うのであって大女では暑苦しくて絵にもならない。

何もかも、小作りで小さくまとまっているのも京女の特徴だろう。昔の祇園芸妓たちの古い写真などを見ると、その全体的な特色がよくわかる。小柄で品よく愛らしい。故に、東京人の目から見れば、いささか野暮な格好をしてもはんなりとして、美しく様になるのである。

身体《からだ》の特徴は好みにも現れる。祇園や先斗町の芸妓たちを見ると座敷着はもとより、普段着にいたるまで色目の薄く明るいもの、柄も花柄などの優しい図柄を好んで着ている。一方、東京の女たちは京都に比べると、ずっと地味好みだ。色も柄も、関西と東京ではだいぶ異なる。

秀のいでたちは、明らかに東京の好みだった。着物は若い頃から紺か黒と決めている。

それも無地や地味な小紋などで、同じような色、同じような柄行きの着物を何枚も持っている。小物や草履はもっと徹底しており、草履など、まったく同じものを何足も揃《そろ》えている。だから、結果として、いつも秀は、同じような格好をしているように見えるのだった。

持ち物は実際、東京で誂《あつら》えたものが多い。帯締めは「道明《どうみょう》」、草履は銀座の「ぜん屋」、バッグは「和光」の黒革のものといった具合に。とにかく渋好みである。

確かに瓜実顔《うりざね》で、腰の位置も高くスラリとした秀の風情《ふぜい》には、京風ものよりも少し江戸前のさらりと粋《いき》なもののほうが合うのかもしれない。

私とおそらくは同じような思いを抱いたのだろう。銀座マダムとして秀の後を追う形で一時代を築く「姫」のマダム、後に作詞家、小説家としても活躍する山口洋子はエッセイの中で、はじめて上羽秀を見たときの印象を、こう書いている。

「おそめのマダムは京都出身の方で、京人形のようだと形容されるべきなのかもしれないが、私にはむしろ、すっきりともの哀《がな》しげな博多人形にみえた」と。

秀の関東風であるところは何も外見や身なりだけにとどまらない。たとえば、宵越しの銭は持たないといった金銭感覚、また、言葉遣いなどにもそれは現れている。秀は、こってりとした京言葉を用いない。私と向き合うときは、気を遣ってくれるのか必ず標準語である。それもイントネーションや言い回しに、ひょっこりと京都らしさが混じるような「標準語」だ。

だから、私は彼女から「おおきにぃ」と言われた記憶がない。彼女は必ず「有難うございます」という。ところが、その「有難うございます」には、どこかにやはり東京の人間とは違う響きがあって、ことさらな京都訛《なま》りを聞かされるよりもずっと、私の耳に深く心地よく響くのだった。

言葉は気質に通じるともいう。私は、秀が流暢《りゅうちょう》に、はんなりとした京言葉でお腹《なか》と違うことを言う人であったなら、それほど惹《ひ》かれはしなかったと思う。よく言われる、いわゆる「京都人」、生粋の京都人らしい話しぶりの人であったなら。

それはまた私だけではなく、ほかの多くの東京の男たちが感じたところではなかったか。秀がいかにも京女らしい京女であったなら、あれほど東京の文化人たちに愛されることもなく、また銀座に店を出して成功することもなかったのではないだろうか。

京女の雅《みやび》と優美さだけに東男《あずまおとこ》たちは惹かれたわけではないだろう。自分たちと親しい、なにか一脈通じるさばさばとした剛毅《ごうき》な気質、それが秀にあったからこそ、この人は東京で受け入れられたのではなかったか。

秀のこうした気質や好みは、どうやって作られたものか。もちろん、持って生まれた部分もあろう。だが、私は秀が小学校を卒業してからの三年間を東京で過ごしたという事実を知り、ようやく謎《なぞ》が解けたように思った。十代の半ばという人間形成の大事な時期に東京で暮らした。この経験が彼女に与えた影響は小さくなかったはずである。

上京し、秀が過ごしたのは当時、全盛を誇った東京・新橋花柳界だった。銀座に隣接する、この花街《かがい》で、秀は芸者になるための修業の日々を過ごした。

それにしてもなぜ新橋だったのか。祇園、先斗町、上七軒……と、京都にいくらでも花街はあるのに、なぜ、わざわざ東京の花柳界を選んだのか。秀によれば新橋に遠縁にあたる女性がいて置屋を営んでおり、そこに預けられたのだという。しかし、娘の高子、妹の掬子をはじめ、秀の親戚《しんせき》に聞いてみたが誰も心当たりの人物がいないという。親戚、ではないまでも親戚のように気安くつき合える人がいたということなのだろうか。それとも京都では知り合いも多く、遠く離れたしがらみのない街のほうがいいと考えてのことだったのか。

よしゑが亡《な》くなってしまった今となっては、その真意を知る術《すべ》もない。だが、秀はともかくも、この地で芸者となるための見習いに入ったのだった。

置屋に暮らし、踊りや三味線などの稽古《けいこ》に通い、姉芸者たちの挙措を間近に見て自然とその世界に馴染《なじ》んでいくようにしつけられていく。

仮に、秀に踊りの素養がすでにあったのなら、わずかな修業期間で半玉《はんぎょく》、つまりは京都でいうところの舞妓として座敷に出ることが可能であったろう。戦前の花柳界であれば尋常小学校を卒業した年齢であれば、半玉として座敷に出てもおかしくない年頃である。しかし、芸事を何も修めていなかった秀は、新橋ですぐに座敷に出るわけにはいかず、見習いとして置屋に入り、藤間流の師匠について、まずは踊りの稽古に勤《いそ》しむことになったのだった。当時の写真が幾枚か残っているが、秀は髪を二つ分けの三つ編みにして、袖《そで》の長い着物を身にまとっている。

東京での生活は秀にとって楽しいものだった。

親と離れて他人の家に暮らす苦労に、泣きぬれるようなことはまるでなかった。秀は皆に可愛《かわい》がられ、何の不満も不安もなく新しい生活に溶け込んでいった。どんな環境でも必ず人に愛される、それが秀の持って生まれた徳であり、また秀の容貌《ようぼう》や気質がそうさせる部分もあった。ましてや花街である。目の肥えた女たちは、一目でまだか細い子どもとはいえ、秀の女としての魅力を見抜いたに違いない。花街において、女はどこまでも商品である。秀が成長したあかつきの価値を予想もし、女たちは眼を細めて秀の成長を見守った。同じ頃、妹の掬子が母の実家である上羽家で孤立し家出ばかりを願って暮らしていたことを考えると、ふたりはともに他家に過ごしながら、その取り巻く状況と境遇はずいぶんと異なっていた。

見習い生活を送るようになって、秀が何よりも嬉《うれ》しく感じたのは、袂《たもと》の長い綺麗《きれい》な着物に袖を通せたことだった。美しいものに目がない性質である。秀は島田に結った姉芸者の艶な姿をまじかに見る毎日を送り、自分も早くああなりたいと、願わずにはいられなかった。

その上、この頃から秀は、早くも酒の味を覚えている。はじめからいける口だったのは遺伝であろう。角田の父も祖父も木屋町の旦那衆《だんなしゆう》が集まる猩々会《しようじようかい》で番付一番になるほどだったという。また、母のよしゑも、角田の家を出るまではまったく嗜《たしな》まなかったにもかかわらず、やはり一升は軽いという酒豪であった。どの血を受け継いでもいい目が出るはずである。秀は子ども時分から酒に縁の深い花街でも、周囲に驚かれるほど強かった。

置屋から歩いてすぐのところに酒屋があり、ぐい呑《の》みで店先でも飲ませてくれる。秀はひょいと立ち寄っては、景気よく一杯あおった。芸者は飲めぬでは勤まらない。秀の飲みっぷりはますます家の女たちを喜ばせた。鹿《か》の子《こ》の振袖を翻《ひるがえ》して秀は酒屋に飛び込んでは、子どもが駄菓子を買う調子で、ひっかけた。少女の飲みっぷりに店にいる男たちが驚いて目を丸くする。「それが面白うて」と、秀は今でも目を細めて思い出を語る。

置屋の女将《おかみ》をはじめ、出入りする姉芸者たちは、秀を見て芸者になるべくして生まれたような子だと思った。容姿に恵まれ、芸事の筋もよく、酒も強い。何よりも心持がいかにも色街の住人にふさわしかった。口数が少なくおっとりとした秀の内側に潜む、剛毅で張りの強い派手好きな性質を、この街の女たちはいち早く見抜いた。

芸者向きの気質というものがある。特に戦前は、いわゆる玄人《くろうと》と素人《しろうと》の間に隔たる壁は高かった。世間の日常を感じさせぬ女になるように、素人くさくならぬように、芸者らしい張りと意気地を持った女になるようにと、秀は手塩にかけて育てられた。

秀の生涯を貫くことになる独特の金銭感覚も、この頃に育《はぐく》まれたものだろうと思う。

昔の芸者は、物の値段を知らぬように育てられた。支払いはすべて周りでしてくれる。落語の「雛鍔《ひなつば》」ではないが、「金」というものの存在さえ知らぬように育てられ、育ってしまう。高いも安いもない。物に値段があることさえ、知らないで育つのだった。

一流の芸者になるよう、躾《しつ》けられれば躾けられるほど金に疎《うと》くなる。長じて金を使うときは、思い切って惜しみなく使えるように育てられる。「昔、売れっ妓だった人ほど後生がよくない」と、しばしば、この世界で語られるのは、そのためである。売れず苦労した芸者などは、案外、金を残しもする。それに比べて、人気を博した妓ほど、金銭感覚の欠如から晩年に金を残すことがないという。

秀は、そうした花柳界の中で、芸者らしく生きるように育てられ、それがまた、持ち前の気質に合った。秀の撒《ま》き癖は有名だ。自分より目下の人、若い人、縁もゆかりもない人にまで、片端からチップを配って歩く。その金銭感覚は、この頃から芽生えたものと考えていいだろう。

周囲の期待を背負い、誰よりも秀自身が一日も早く、髪を結い、黒の引き着をまとう日を待ち望みながら、新橋での日々は過ぎていった。順調に、ことは進んでいたのである。

ところが、日々、新橋での生活に順応していく秀に相反して、子離れのできぬのが母のよしゑであった。よしゑはいったん秀を手放したにもかかわらず、月に一度は必ず娘の顔を見るために夜汽車で東京までやってきた。ぐんぐんと背が伸び、美しさに磨きがかかるわが子の姿を見て、目を見張って喜ぶと同時に悲しんだ。秀が新橋の生活にすっかり溶け込んでいるのを知り、安心すると同時に物足りなさを感じた。秀が次第に京都の言葉を忘れて、はっきりとした東京風の言葉遣いをするようになる。そんなひとつひとつの変化に母は動揺し、泣きながら京都に帰っていくのだった。

東京に来て三年の歳月が流れた。秀は十五になった。芸者として売り出すのに申し分のない時期を迎え、披露目の時期をいつにするかが話し合われるようになった。ところが、ここにいたって思わぬ障害が生じた。母のよしゑが秀をどうしても京都に連れ帰りたい、このまま離れ離れに暮らすのは耐えられないと、強く言い出したのである。

涙ながらに主張する母親と、置屋の間で、いったいどのような話がついたのかわからない。置屋としても三年も投資した少女である。おいそれと話は進まなかったことだろうが、最終的にはこの母の意向がまかり通ることになった。

「ほんまは新橋から出るはずやったんですけど……。せやけど、どうしても、お母ちゃんが寂しいさかい京都に戻ってきてくれ言いまして」

　人の運命とはわからぬものだ。もし、あのまま秀が新橋から披露目をして芸者になっていたならば、まるで違った人生を送ることになったであろう。

　新橋での懐《なつ》かしい日々の記憶、その地で披露目を果たせなかったという小さな挫折感《ざせつかん》は秀の中でくすぶり続けた。東京への熱い想《おも》い、それはやがて新橋花柳界に隣接する夜の銀座へ「おそめ」を進出させる動機のひとつになったのではないかと、私は想像する。

祇園芸妓おそめ

　東京・新橋で芸者になれなかった秀であるが、京都に連れ戻されると、すぐに祇園町の屋形へ預けられることになった。屋形とは、東京で言うところの芸者置屋にあたる。つまり秀は新橋から祇園へと鞍替《くらが》えをしたのだった。全ては、よしゑの意向が通された結果であった。秀は、すでに十五歳。もはや舞妓で出られる年齢ではなく、また井上流の舞《まい》も修めていなかったことから、芸妓として売り出された。

　新橋で三年ほど見習いとして過ごしたとはいえ、新橋と祇園ではまた流儀が異なる。特に秀が苦労したのは踊りだった。新橋では、藤間流の踊りを習っていたが、祇園から出るとなれば井上流の舞を修めなければならない。秀は急遽《きゅうきょ》、井上流の舞を習ったが身体《からだ》の基本に藤間の動き、つまりは東京の踊りが馴染《なじ》んでおり難儀した。

秀が身を寄せた屋形は「小勝」という家で、白川と新橋通りが交差する辰巳《たつみ》大明神の北側にあった。

見習い茶屋も決まった。見習い茶屋とは文字通り芸妓としての見習いをさせてもらう茶屋を言う。見習い茶屋と芸妓は特別に縁を強く結ぶ。芸妓は見習い茶屋に義理をたて、見習い茶屋は芸妓の面倒を見る。芸妓にとって屋形と見習い茶屋は自分の所属する家であり、プロダクションのようなものである。ゆえに、どの屋形、どの茶屋と縁を結ぶかが芸妓としての一生を大きく左右しもする。秀の見習い茶屋は、屋形「小勝」から西の並びにある「玉川家」であった。

「玉川家」は、その昔から祇園町において「一力」や「富美代」に続く格式を誇る茶屋である。新橋からの鞍替えというめずらしい経歴を持つ秀だが、中途からこの閉鎖的な廓《くるわ》に入ったものとしては、まず申し分のない好条件に恵まれたと言っていい。それはまた、秀にそれだけの価値が認められ、期待も寄せられていたという証《あかし》でもあろう。

祇園でわずかな修業期間を経て、秀はついに「見世出し」、つまりは披露目の日を迎えることになった。

時代は昭和十三年、秀は満で十五歳になっていた。艶《つや》やかな黒髪を島田に結い、黒紋付の引き着をまとって屋形の玄関へ立った。あこがれ続けた芸妓の正装である。秀は鏡の中に映る自分の姿に満足した。それはまた、祖母の糸に問われて、「うちは大きいなったら舞妓さんになる」と答え続けた少女が夢を叶《かな》えた瞬間でもあった。

秀に与えられた祇園での名は、「そめ」。本来なら、見世出しの日には、本人のほかに姉芸妓と男衆《おとこし》がついて三人で回る。だが、この街に長く暮らしたわけでもない秀には、妹分にしてくれる姉芸妓はなく、男衆に付き添われてふたりきりの道中であった。

男衆に先導されて茶屋を一軒ずつ回る。

格子戸《こうしど》が引かれて清められた玄関先に招き入れられると茶屋の女将《おかみ》をはじめとする人々が祝いを口にしながら、すばやく妓の値踏みをした。

見習い茶屋の「玉川家」では、秀の緊張をほぐしてやろうと女将が酒を振る舞ってくれた。

「いっぱい飲んでおいきやす」

女将は秀の晴れ姿に目を細めると、ぐい呑《の》みで酒を勧めた。秀が一気に飲み干すと、

「もう一杯、お飲みや」

と、再び注いでくれた。さっぱりとした気性の女将は、秀のことを一目見たときから気に入っていたが、今日の晴れ姿を見て、自分の目に狂いはなかったと確信した。この妓は絶対に、頭角を現すに違いない。この器量、この物腰、加えて、この飲みっぷりはどうだろう。

秀は白いのどを見せて二杯目も飲み干すと、男衆に従って「玉川家」を後にした。

秀に与えられた名は祇園芸妓「そめ」。しかし、誰もが語呂《ごろ》よく「おそめ、おそめ」と呼ぶようになる。

第二章　祇園芸妓《ぎおんげいこ》おそめの誕生

「おそめ見る会」

祇園芸妓そめの写真がある。秀は、まだ肩上げの似合いそうなか細い身体《からだ》に座敷着をまとっている。微笑《ほほえ》むと、豊かな頬にえくぼができる。全体にあどけない。ただ、白くすっきりと伸びた首の襟元にある黒子《ほくろ》が、唯一《ゆいいつ》、なまめかしい。

写真の中の秀は、どれも日本人形のようだ。「都をどり」に出た際のスナップもある。人気力士・双葉山を朋輩《ほうばい》や客と取り囲んだ写真もあった。だが、何よりも目を惹《ひ》くのは彼女ひとりを写したブロマイドのような写真の数々である。中には「祇園そめ」とサインを施したものもあった。

当時の彼女を知る人たちは、「とにかく売れてはった」と口々に言う。

秀と歳《とし》も近い祇園町の女《ひと》が語る。

「お茶屋のおかあさんたち皆、言うてました。おそめさんに任せといたら安心や。難しいお客はんのときは、おそめはんや。それやったら間違いないいて」

秀が所有する古い写真の中に、週刊誌の切抜きを見つけた。

残念ながら掲載誌がわからないのだが、〈美女交游録《こうゆうろく》〉という小見出しに続いて、「上羽秀の巻」とある。筆者は、演劇評論家の武智鉄二《たけちてつじ》。書かれたのは、文面から察するに昭和三十六、七年頃であろう。そこには祇園芸妓だった頃のおそめの思い出が語られている。

昭和十年代の半ば、京都大学の学生であった武智たちは徒党を組んで茶屋に遊んだという。しかし、茶屋に上がっても芸妓のことはお酌をするロボットとしか思わず、彼女たちの人格を無視して皆で銘々、勝手な議論をするのが常だった。そんな学生たちの宴席は芸妓たちに好かれるわけもなく、早々に彼女たちは引き上げてしまう。

「そんなとき、唯《ただ》ひとり、じっと坐《すわ》って、退屈なお酌をくりかえし、たまにはさされる盃《さかずき》を干して、いつまでもつきあってくれるのは、おそめさんだけだった。おそめさんは名うての酒豪であるが、そのころから酒は強かった。くだらない学生大ぜいの面倒を見て、夜明けまで付き合って、膝《ひざ》もくずさない酒豪ぶりは、あざやかなたたずまいであった」

「（筆者注・おそめは）物静かな態度で、勧められれば絶対に断らないサービス精神を発揮して、ひきうけひきうけ、杯を干して行く。（中略）夜明けの五時になって、お銚子《ちょうし》をとりに下へ降りたまま、座敷に入って来ない。どうしたのかと思って、廊下へ出てみると、階段を上りきったところで、お酒の入ったお銚子を右手にささげ、左手をひたいのところにしなよく当てて横坐りをして居眠りしている。おそめさんが横坐りしたのを見たのは、あとにも先にもこのときだけであった」

祇園芸妓おそめの人となりと、座敷での勤めぶりが伝わってくる。

秀は実際、見世出しと同時に売れっ妓になった。

当時、この花街には八百人からの芸妓がひしめいていたが、秀は「玉川家」を筆頭に連日いくつもの座敷を掛け持ちした。品のいい物腰と柔らかな気性、廓《くるわ》育ちの芸妓にはない独特の雰囲気が、遊びなれた酔客の目を、いち早くひきつけていた。

秀は座敷が楽しかった。美しく装《よそお》い、宴席にはべれば派手やかな場に心が浮き立った。座敷の華やいだ空気が心地よくてならない。小さな頃から美しいものを好いた少女は、鏡に映る自分の姿に満足した。男たちが、自分の器量を褒め、女たちが嫉妬《しっと》の入り混じった視線を向ける。秀にとって、それは何物にも替えがたい快楽であった。

見習い茶屋の「玉川家」は金融関係に強いと言われ、京都の古い商家から銀行、役人を主な客筋としていた。ほかに呼ばれる茶屋や座敷も、秀の場合は祇園町の一流どころで、おのずから接する客の層が決まり、それはそのまま祇園芸妓おそめの格となった。

男たちは争って秀を呼んだ。秀は座敷を回りきれず、ひとつところにゆっくりととどまっていることもできなかった。客は客で、長く待たされた上に、すぐに座を立って次の座敷へと向かう秀に不満を抱いた。もう少しゆっくりと話がしたい、もう少し長く顔を見ていたいと思う。そんな要望が高まり、始まったのが「おそめ見る会」だった。秀を贔屓《ひいき》にする客たちが、宴席を一緒に持つ、つまりは、秀が客の座敷を回るのではなく、客が秀の元へ一堂に会するという趣向である。贔屓筋を代表して、京都西川の社長らがまとめ役を引き受けて、この「おそめ見る会」は定期的に続けられた。賛同者は京都でいずれも名を知られた実業家ばかりだった。

これだけでもすでに嫉妬を買うには十分である。しかも秀は祇園に長く修業したわけでもなく舞妓から出た身でもない、いわば中途入学者だったのである。この街で生まれ、この街で育ち、小さな頃から舞妓、芸妓になるべく修業を積んできた女たちの眼に、おそめの人気は妬《ねた》ましかった。井上流の舞もろくに修めていない。それでいて座敷での人気は誰よりも高い。加えて、秀が新橋で修業していたという点も女たちからすれば癪《しゃく》に障《さわ》った。東京で暮らしていたという事実が秀に箔《はく》をつける部分もある。妍《けん》を競う立場にある女たちは秀をことさらに敵視した。

廓《くるわ》のいじめ

祇園の客は、財界人、政治家、当代一流の歌舞伎役者や芸能人たち、それに皇族までと多岐にわたるが、芸妓《げいこ》たちにとって何より気をそそられる客は、今も昔も役者である。

とりわけ芸に目の肥えた人を相手にする場合には、張り合いもあると同時に緊張も走った。

あるとき、新派の花柳章太郎が祇園で宴席をもうけることになり、芸妓たちが集められた。呼ばれた芸妓たちは、それぞれに舞を披露することになり、その日に向けて準備に勤《いそ》しんでいた。秀も、宴席で短い小唄《こうたぶ》振りをひとつ舞うことになった。

当日、宴が始まり姉芸妓たちが大勢控えるなかで秀は屏風《びょうぶ》の前に進み出た。地方《じかた》の芸妓が、三味線を弾く。ところが酔いも回った秀は、早々に振りがわからなくなってしまった。はじめは適当にごまかそうとした。しかし、もはやどうにもならない。秀は三味の音が続く中で、所在無くペタリと座り込むと、正客の花柳に向かって頭を下げた。一瞬、座敷が静まりかえった。

「すんまへん。うち、なんやわからんなってしもうて」

秀は悪びれもせず花柳に詫《わ》びた。取り繕わぬ率直なもの言いに、花柳章太郎は人声を上げて楽しそうに笑うと、秀に隣に来るように言った。

「もう舞はいいよ。それより一杯いこう」

秀は並み居る先輩芸妓の射るような視線の中を、言われるままに裾《すそ》を引いて花柳の前に進み出て杯を受けた。花柳はすっかり秀を気に入り、横にずっとはべらせた。姉芸妓たちは唇を噛《か》んで、その様子を見つめた。

大体において、秀は言葉の裏を読もうとしない性質《たち》である。言われれば言われるままに受け取ってしまう。客がこちらにおいでと言えば、周りの思惑など気にもせずに進み出た。仲間たちの言葉にそのまま従って、後から手痛い非難を受けることは、しばしばだった。京都人特有の口とお腹《なか》の違いを、東京に暮らしたせいであるのか、秀はよく理解できずにいた。

人の忠告に従ったつもりが大きな落とし穴であることも多い。言われるままに、勧められるままにしたことが、「遠慮もせんと」、「失礼なこっちゃ」と姉芸妓たちから、後で猛烈な攻撃を受けることになる。人気に比例して周囲からの風当たりは強くなっていった。座敷で秀が舞う番になると地方《じかた》たちが全員、三味線を膝《ひざ》から下ろしてしまうことさえあった。

「おそめはんの地《じ》は、ようつとめられまへんさかい」

三味線がなくては舞が舞えない。秀は座敷で立ちつくして途方にくれた。

酔って姉芸妓に「ねえさん、ねえさん」と気さくに呼びかけて、客の前もはばからぬ叱責《しっせき》を受けたことも一度や二度ではなかった。

ある宮家を正客にした宴席では主客に手招きされ、遠慮もなく姉芸妓の前を横切って上座に座り、座敷が終わった後で大勢に取り囲まれて痛烈に非難された。

「ほんまに、よういじめられてはった」

秀と同世代の元祇園芸妓は、当時を振り返ってそう語る。

しかし、どんな目に遭っても、秀は涙を見せるということがなかった。座敷で怒られれば、照れたような笑みを浮かべて「すんまへん」と頭《こうべ》を垂れる。いつでも笑って受け流す、それがまた相手には余計に腹立たしいのだった。

もちろん、秀が愚鈍な性質《たち》で何も感じなかったわけではない。人前で見せぬ分、思いは内へと溜《た》まっていく。西陣の上羽家を出てから秀のそばで暮らすようになった妹の掬子は、その頃の秀が抱いた懊悩《おうのう》のすさまじさを知る唯一《ゆいいつ》の証人であるかもしれない。

「実際、あん頃の姉いうたら、ほんまによう売れてました。せやさかい、まあ、ほんまに、たいへんでしたわ。祇園町の、女のへんねし、どないなものか」

彼女の記憶は、はるか昔へと遡《さかのぼ》る。


「ごめんやす」

格子戸《こうしど》の開く音がして、深夜、駆け込んできたのは茶屋の女中である。

「すんまへん。おそめはんがえろうきつく酔わはって、送ってきたんどすけど、そこんとこにおいでやして……」

掬子はそれを聞いて、「ああ、またか」と思う。夜もとうに十二時を過ぎ、深夜である。座敷をいくつも掛け持って、姉の秀がようやく「一力茶屋」の近くにあるこの自宅に帰り着くのは二時、三時。その上、帰ってくれば帰ってきたで、一騒動あるのが常だった。女中の後から通りに出ると、道端にぼうっと白くかすむ花のような姉の姿があった。電信柱にしがみついたまま動かないでいる。

「姉ちゃん、何してはるの。うち、そこやないかっ」

手を引っ張ろうとするが、秀は頭をふって頑《かたく》なに動こうとしない。おろおろする女中を横目に掬子が無理やり引きずって連れ帰ろうとすると、今度は突然、立ち上がり、酔いつぶれた人とは思えぬ素早さで、駆け出すのだった。

「何してんの、姉ちゃんっ」

掬子が捕まえようとするが、秀は身をかわして走っていく。

「からかうのやめといて、何時やと思ってはんのっ」

掬子が追いかけると、秀はキャッキャと嬉《うれ》しそうに逃げ回る。深夜の鬼ごっこだった。必死になって捕まえようとすればするほど、秀もムキになる。草履を投げ出して白足袋のまま、華やかな裾模様の引き着を引きずって駆け出した。高価な着物が台無しになるのを見て掬子は気が遠くなった。

深夜の二時、三時という時間、島田に結った座敷帰りの芸妓が白足袋のまま四条通りを走っていく。その後ろから若い女が「姉ちゃんっ、姉ちゃんっ」と叫びながら追う。事情を知る人は「かわいそうに、また妹はん追いかけっこさせられてはる」と苦笑したが、何も知らぬ酔客たちは、仰天して振り返った。

あるときは、姉を追いかけているうちに八坂神社を抜けて円山公園にまで至ってしまった。ふたりともすっかりムキになり、肩で息をするほど呼吸を乱していた。掬子はようやく姉を公園の池の際《きわ》に追い詰めた。いい加減に、腹が立っていた。

「もう逃がさへんで、姉ちゃん」

そう告げて、荒い息を整えながら、一歩ずつ姉に近づいていった。

着物の裾をどろどろにして、島田の根も緩んで髪をほつれさせた秀はそんな掬子を見ても、ただ、にんまりと笑っている。

掬子は息を止めて姉に飛びかかった。だが、その瞬間、大きな水音がして姉の姿が消えた。なんと、背後の池に飛び込んだのだった。池の中で、水をバシャバシャと両手で跳ね上げ嬉しそうに身をよじって笑う秀を見て、掬子は思わず叫んだ。

「姉ちゃんっ、滅茶苦茶《めちゃくちゃ》や。あんた、あんまり滅茶苦茶やっ」

掬子は、このおとなしい姉の中にある無軌道な性質にほとほと手を焼かされていた。

鬼ごっこは、それでもまだよかった。よほど辛《つら》いことがあった日には、座敷から帰り着くなり家の中で狂ったように暴れまわる。手当たり次第にものを投げ、家中の障子や襖《ふすま》を破いて歩いた。

「姉ちゃん、やめて、やめて……」

揥子は後ろから自分より小さな姉を羽交い締めにしようとするが、そんなときの秀は、小柄な身体《からだ》のどこにそれだけの力があるのか、揥子を振り払った。

深夜でもかまわずに、中庭のガラス戸を開いては手当たり次第に庭の敷石めがけて物を投げつけてゆく。皿も、化粧瓶も、何もかもが、大きな音を立てて粉々になった。

障子や襖も手当たり次第に破かれた。叫び声を上げて、障子を破き、桟を細い指で摑《つか》んで身をのけぞらせると、島田の根が緩み、頭から珊瑚《さんご》のかんざしが床にぽとりと落ちた。まるで地獄で責め苦を受ける女の苦しみを見るようで、はじめてそんな姉の姿を目《ま》の当たりにしたときには、揥子の両足は大げさでなく震えた。

だが、そんな光景も度重なれば、慣れてしまう。秀が障子に近づくと、

「やめてえな、その障子、今日貼《は》ったばっかりなんやから」

と間髪を入れずに一言、揥子は釘《くぎ》をさすようになった。もちろん、言うことを聞くような秀ではない。あきらめ顔で揥子は、次第に、秀が物を摑んで投げようとすると、その横にピタリと寄り添い、自ら進んで秀の手に皿やグラスを手渡してやるようになった。

「はい、皿どっせ」

秀は受け取ると、庭に向かって力いっぱい投げつける。

「はい、つぎコップいきまひょか」

揥子がコップを食器戸棚から取り出し、秀に手渡す。すると秀が投げる。

「はい、じゃ、次、とびきり上等いきまっせー。はい、これ上等」

掬子は、高価な花瓶を渡して秀の顔色を見る。一瞬、秀の手は止まるが次の瞬間、その花瓶は、ひときわ大きな音を立てて庭に砕け散るのだった。

そうかと思うと、お漬物が食べたい、お味噌汁《みそしる》が飲みたいと、深夜に帰ってきて駄々をこねることもあった。掬子にねだって用意させると、座敷着のまま、手づかみで漬物の胡瓜《きゆうり》をぼりぼりとかじる。そして、突然、電池が切れたように、コテッと寝てしまうのだった。その重い身体を掬子は右に左に回して帯を解き、着物を脱がしてやらねばならなかった。

翌朝になると、晩の乱れようとは打って変わって、おとなしい人形のような姉がいる。掬子がビリビリに破かれた障子を指差して、「これっ、あんたはんがやったんどっせ」と、改めて怒っても「へえ、ほんま……すんまへん」と、涼しい顔で、かわされるだけだった。

激しい狂態の数々、しかし、どんなに乱れ狂おうとも、その理由を秀が掬子に語ることはなかった。秀は何も語らない。人の悪口も言わなかった。辛いときでも悲しいときでも、いつも静かに微笑《ほほえ》み、感情を決して人に悟らせることがない。その分、うちにためた思いが爆発して、声にならぬ叫び声を上げながら、皿を投げ、障子を破いてまわるのだった。

いつまでも帰らぬ姉を心配して掬子は夜を明かしたこともあった。昼近くなって、ようやく呑気《のんき》な声で秀が電話をかけてくる。

「姉ちゃん、いったい、どこに行ってはったんや、心配してたんやで、今どこにおるの」

思わず受話器を握り締めて叫ぶ掬子に、

「なんやわからんけど気いついたら、狭いとこに寝ててなあ、ここどこやろ思うたら寝台や。今、東京にいてるんえ」

と、人ごとのように言い、

「うち、お座敷着のままや。あんた、着替え持って迎えにきてんか」

こともなげに、そう告げられたこともあった。

東京が好きや、それが秀の口癖だった。

故郷のように懐《なつ》かしく思われる東京、それに比べ、自分の生まれた京都という街が言葉の通じぬ異国のように感じられることが秀にはあった。実際、祇園で秀はどこまでも他所者《よそもの》だった。一指《ひとさ》し舞おうとすれば、東京で覚えた踊りの手が出てしまう。新橋で暮らした三年間が大きかったのだろうか。秀は京都人特有のものの考え方や振る舞いに戸惑い続けた。含んだもの言いの真意を測りかねて、しくじってしまう。そんなことが重なると懐かしく思い出されるのは、東京の人間たちのざっくばらんで、さっぱりとした気性だった。京都での重圧に耐え切れなくなると、秀は発作的に夜汽車に飛び乗った。座敷を飛び出して、そのまま京都駅へ行き汽車に飛び乗ってしまう。全《すべ》ては東京の空気を吸いたいという一念からだった。

東京に着いても何をするでもない。ただ街を歩いて、気が静まるのを待ち、再び汽車に乗って帰る、それだけのことだった。

東京が好き、東京が……。東京で暮らしたことがあるから、懐かしい。だが、この頃秀が東京を恋しく思った理由はそればかりではなかった。この街に、好きな人がいたのである。

芸妓になってすぐ、秀は初恋をしていた。

初恋の人

「ほんまに出たての頃のこと、まだ色紋付を着ていた時分のことです」

祇園では、見世出しの日から三日間を黒紋付の正装で通し、それが過ぎると今度は色紋付で三日過ごすのが、昔も今も変わらぬしきたりである。

色紋付をまとった秀は、ある座敷に入り、正客に連れられた若い男の姿を見て、思わず息を呑《の》んだ。

「なんて綺麗《きれい》な……」

秀は男の顔に見とれた。男は、どこまでも上品な整った顔立ちをしていた。羽織袴姿《はおりはかま》で、ピンと背筋を伸ばし、両手を行儀よく膝《ひざ》の上に置いた様子は、まるで内裏雛《だいりびな》のようだった。歌舞伎役者や新派の役者たちと違って崩れたところが少しもない。それが、秀の好みに合った。

男は東京に住まう梅若猶義《うめわかなおよし》という年若い能役者だった。梅若家は、観世流のシテ方として知られる能楽界の名門である。梅若は当時、月に何度か関西に出稽古《でげいこ》に来ていた。一目惚《ぼ》れ、だった。秀にとってそれは、はじめての恋でもあった。天真爛漫《らんまん》な秀は、手練も手管も知らず、また、恋したことを隠すことさえ思いつかなかった。あからさまな岡惚《おかぼ》れようは、すぐさま噂《うわさ》となって狭い廓町《くるわまち》を駆け巡った。

なんとか会いたいと思う、手紙を出そうとする。このとき、ふたりの間に具体的にどのようなドラマがあったのか、知らない。だが、互いに相手を思う気持ちはあったとしても、年若い能役者と見世出しを果たしたばかりの芸妓《げいこ》の恋が成就《じょうじゅ》するはずはなかった。

「うまくいきかけてたんですけど、ふられました」

秀は、ただそう言って笑う。

「そんときは、うちもちょっと荒れましたえ」とも。

ふたりの間には淡い恋が芽生えつつあったらしい。しかし、それは所詮《しょせん》、実を結ぶことのない、はかない恋だった。

間もなく梅若に熱をあげる秀の耳に、思いもかけぬ噂話が飛び込んできた。梅若に新しい恋人ができたという。しかも、相手の名は秀も知っている祇園の芸妓だった。

それが廓の大人たちによる配慮の結果であったのか、単なる男の心変わりであったのか、それとも姉芸妓や同胞たちの嫉妬《しっと》による妨害であったのか、わからない。ともかくも秀の初恋は、成就することなく潰《つい》えたのだった。

秀は、このときから黄色い薔薇《ばら》の花が好きになった、という。後年、雑誌のインタビューでも、好きな花を聞かれると、いつも「黄色い薔薇」と答えている。岡崎の邸宅にも黄薔薇を植えていた。なぜ、黄色い薔薇を好くようになったのか。

「昔、失恋しましたさかいに。黄色い薔薇は失恋の花……」

昔、失恋をした。それ以来、花言葉が失恋だという黄色い薔薇を愛しているのだと、いたずらっ子のような笑顔を浮かべて老女は語るのである。

初恋の人の面影が忘れられず、夜汽車に飛び乗った日々があった。もちろん会うことなどできず、ただ、彼がいる東京の空気を胸いっぱいに吸い込んで戻ってくるだけだった。

叶《かな》わなかった初恋は秀の中でひたすら浄化され、甘くせつない思い出として今でも記憶されているのだろう。黄色い薔薇に託して初恋を懐《なつ》かしむ思い。それはまた、まだ乙女であった頃の自分を惜しむ郷愁に通じているのかもしれない。

ふたりの恋は成就しなかった。しかし、梅若と秀は、後に祇園での出会いから二十年以上のときを経て、別の形で縁を結ぶ。四十代になってから、秀は能を習い、梅若の弟子となるのである。

写真がある。

装束をつけた人が細面をつけようとしている。自分の顔にあてた面の両頬に手を当てて面紐《めんひも》が結ばれるのを待っている。その背後では黒紋付の壮年の男性が強く紐を結ぼうとしている。男性の目は冷ややかに、結び目の一点を見ている。

細面をつけようとする秀と、面紐を握る師匠の梅若。

能の世界では、弟子が舞台に立つ際、師匠がその扮装《ふんそう》を手伝う。鬘《かずら》の髪を櫛《くし》でとき、面の紐を按配《あんばい》よく締め、舞台が無事務められるように祈りを込めて送り出す。弟子の仕度を整える師匠の姿、ふたりの過去を聞いた私には、この写真がとりわけ艶《つや》めいて見えてならなかった。

「うちは……うちは……あん人の心は盗めなかったさかい。せめて何ぞ盗んでやろう。お扇子の使い方ひとつでもいい、手えの使い方ひとつでもいい。何かを、芸の上の何かを、ひとつでも盗んでやろう、そう思いもってお稽古させてもらいましたのです」

秀がめずらしく、私に強く訴えるように語ったことがあった。そのときの、どこか遠くを見るような眼差《まなざ》しと、それとは裏腹な熱を帯びた声の調子が今も私の耳に鮮明である。

因縁の旦那《だんな》

それにしても黄色い薔薇の君との初恋が、なぜこれほど秀の中で、今でも忘れがたい大切な思い出となっているのか。それを考えると、私はこの同じ時期、芸妓《げいこ》おそめの身に降りかかった、花街の慣習を思わずにはいられない。

手元からすり抜けた初恋と違って、それは避けては通れぬ道であったろう。この時代、芸妓には旦那がつきものだった。芸妓の処女を売る水揚げといわれる慣習を避けて通れたものはひとりもいない。秀が能役者への思いを募らせた裏には、自分の性が自らの意思とは無関係に売り買いの対象となる芸妓という職業の一面を知る出来事があったのではないか。

芸妓の旦那を誰にするか。すべては茶屋と屋形の女将《おかみ》らによって決められる。芸妓の気持ちが、そこに反映されることはまずないといってよいだろう。戦前の花街ではそれは許されたことであり、むしろ後ろ盾となってくれる旦那を持てないことは芸妓の恥とされた。名の通った旦那を持つことが、芸妓の位をも高くする。

とりわけ人気のあった秀に対して、旦那の候補者として名乗りを上げる男たちは多かったに違いない。その中から屋形と茶屋の女将によって、最適と思われる人物が選び出される。

見世出ししたばかりの大事な時期にあった秀に自由な恋愛は許されるはずがなく、周囲の監視もきびしいものであったはずだ。迫り来る廓《くるわ》のしきたりに対する焦燥や反発が、座敷で見た若い能楽師へと、秀を余計に走らせた部分もあったのではないか。

初恋の対極にあった出来事に触れねばならない。

披露目を果たしたばかりの秀に執心し、旦那になりたいととりわけ強く申し出た人がいた。秀はその人の名を遠い昔から知っていた。木屋町大黒町に暮らす石炭問屋の娘であった時分から。

祇園で芸妓となり、座敷で再会した。相手が秀に強い関心を抱いていることを、秀はすぐに悟った。だからこそ、避けてきた。その人の座敷だけは気が進まなかった。

自分の旦那の候補者として、その人の名が挙がったとき、秀は取りすがって女将に訴えた。

「あん方だけはかなわんのどす」

どうした因縁か、秀の旦那として名乗りを上げたのは松竹の白井信夫（仮名）だったのである。松竹創業者である双子の大谷竹次郎、白井松次郎らの弟にあたり、後に兄の養子となり大企業の後継者となった人物である。いや、そんな説明よりも木屋町大黒町で秀の生家の向かいに居を構えていた白井家の当主と言ったほうがわかりやすいだろう。

その昔、母が義父の情欲の手から逃れようと助けを求めて深夜に駆け込んだ家の主《あるじ》であり、秀が仲良く小学校に通った幼馴染《おさななじみ》、あの三輪車にまたがって秀らを遠くから見ていた少年の父親であった。

「うちはあそこのボンとは幼馴染で……」

秀はそう繰り返し、拒絶の意を伝えた。しかし、秀の訴えは当然ながら退けられた。松竹創業者の一族であり、祇園でも金離れのいい旦那衆として評判を得ていた白井の申し出を断る理由は廓の大人たちには何もなかったのである。売れっ妓芸妓、祇園おそめの旦那として、どこを取っても申し分ない相手であった。ただ、秀だけが激しい嫌悪《けんお》を感じるなか、話は進められた。

妹の掬子が、秀を訪ねたとき、秀が屋形を出て独立し、衣食に不自由なく芸妓として暮らしていたのは、もう、そのときすでに白井が秀の旦那となっていたからだった。

白井は秀に夢中だった。惜しみなく金を使い、何事も秀の好きにさせた。旦那としての義理を十分に果たし、それ以上に秀に尽くした。心から秀に惚《ほ》れていたのである。だが、秀はそんな白井に感謝はしても、どうしても心から好く気持ちにはなれなかった。

秀は、祇園において肩上げの似合いそうな細い身体《からだ》に憂《うれ》いを含んで成長していく。白井という存在を嫌悪しながら、その一方で白井の惜しみない寵愛《ちょうあい》と贔屓《ひいき》を受けて、ますます廓の中で光り輝く存在となっていった。誰よりも豪奢《ごうしゃ》な着物をまとい、誰よりも優美に振る舞えた。

秀の白い肌と豊かな髪は、祇園でも羨望《せんぼう》の的だった。あどけなさが少しずつ抜けて、色香をまとうようになると、皆がいやおうなく振り返った。

その頃、秀は歌舞伎役者の十五世市村羽左衛門《いちむらうざえもん》とふたりで連れ立って街を歩いたことがある。

四条木屋町にある割烹《かっぽう》で食事をして南座へ向かう道中、いつのまにか黒山の人だかりができ、四条大橋に差しかかるときには、群衆に取り囲まれた。ふたりを見つめる人々の間から歓声が湧《わ》き、まるで舞台を見つめる観客が漏らすようなため息が、じわになって立ち上った。秀にとって、それは今でも晴れがましい記憶のひとつである。

妹の掬子にも忘れられない思い出があるという。

ある大晦日《おおみそか》の昼下がりのこと。普段は座敷に出るために島田髷《しまだまげ》に結う秀が、めずらしく丸髷に結い上げた。着物もいたって地味な普段着で、化粧も薄く、わざわざ町の内儀のような身なりにしていた。

にもかかわらず、髪結いから祇園へと向かう道すがら、姉の少し後ろに付き従った掬子は、すれ違う人の目がことごとく秀に吸い寄せられるのを見た。込み合った雑踏の中を秀が進むと、自然と二つに人垣が割れていく。まるで海の中を進む、一艘《そう》の船のようだった。

秀に道を譲った人たちは、それぞれに両脇《りょうわき》から秀の顔を振り返った。口をあんぐりと開けて、呆《ほう》けたように秀に見とれた。

大勢の注目を浴びていることにも気づかぬように、秀はひたすら歩んだ。万人に見つめられながら、その視線に負けず、なおかつ跳ね返すだけの強さがあった。

そのとき、すれ違った男のひとりが、秀の後ろ姿に向かい口元に手をあてて大きく叫んだ。

「いよっ、にっぽんいちっ」

途端に周囲から歓声が漏れ、拍手が起きた。皆の目がますます秀に向けられた。それでも秀は顔にわずかな微笑をたたえたまま歩調を落とすことなく、ただまっすぐに歩み続けた。周囲が寄せる貪欲《どんよく》な視線に少しも負けない気高さがあった。

このとき、掬子は急に胸が熱くなるのを感じた。

祖母に将来の夢を聞かれたとき、いつでも「舞妓さんになりたい」と小首を傾《かし》げて語った姉である。その姉が当時の夢を叶《かな》えて目の前を歩いている。一家離散という不幸をも逆手にとって、幼い日に語った夢を実現した姉が目の前にいるのだ。

「ほんまにそうや、日本一や、日本一綺麗《きれい》な芸妓さんや」

掬子の目から、いつのまにか涙がこぼれていた。

「うちの姉や、綺麗やろ、日本一やろ」

そう誰彼となく叫びたい衝動に駆られながら、掬子は姉の後ろ姿をひたすら追った。

落籍《ひか》されて

はじめて掬子さんにお会いしたとき、私はその記憶の鮮明であること、話術の巧みであることにまず驚き、上羽秀という女《ひと》の貴重な語り部を得たように感じた。

大正十三年生まれ。秀とはひとつ違いの姉妹である。八十歳に近い掬子さんは、現在、京都市内に白いマンションを一棟、所有して暮らしている。一階には店舗を入れ、二、三階は賃貸のワンルームマンション、その四、五階が自宅である。

吹き抜けの玄関フロアはステンドグラスが光を受けて眩《まぶ》しく、いつ訪れても塵《ちり》ひとつ落ちていなかった。リビングはダンスホールのような広さで、一面のガラス戸の向こうに青々とした山の稜線《りょうせん》が見渡せる。秀が住む岡崎の豪邸にも驚かされたが、掬子さんの住まいも並外れている。

「十二、三年前どっしゃろか。姉が岡崎に家建てた後に、うちもお店のあった木屋町のビルを売りまして、買い替えで、これ建てたんですわ」

と、こともなげに言う。

「将来は絶対、食べるもんと寝るとこだけは他人《ひと》さんの世話にならへん」

彼女が子ども時分に西陣の養子先で胸に抱いた夢は、確かに叶《かな》えられたのである。私は広々としたリビングに通され革張りのソファに腰かけるように勧められたとき、改めて幼い日々に彼女が味わった困難を知ったように思った。

風貌《ふうぼう》も雰囲気も、秀とはまるで似ていない。掬子さんは秀より二回りも大柄で、華やかな洋風の顔立ちをしている。物静かで言葉数の少ない秀と違って、動の人である。今でも、自動車を自由自在に運転している。

「うちは、こんなどすさかい。えらい、シャキシャキした気の強い女に見えまっしゃろ。せやけど、ほんまに気の強いんは姉どっせ。なんも口に出さんと、表情ひとつ変えんと、意思通さはる。うちは、姉が怒ったとこも、泣いたとこも見たことありません。うちなんか、こんなでも、犬が死んだりしたら思うだけで、もう涙止まりまへん。ガクッとしてしもうてね」

プードルの老犬が嬉《うれ》しそうに掬子さんにまとわりつく。この広い屋敷に唯一《ゆいいつ》の同居人だという。私は肌触りのいい黒革のソファに腰を下ろし、彼女と向き合い、時の経《た》つのを忘れて話をむさぼり聞いた。姉である上羽秀の話を、上羽秀にまつわる人たちの話を、そして彼女自身の話を。

丸髷《まるまげ》に結った姉が掬子の前を歩いていく――。

あの道中の日から、掬子はひとり自問するようになった。小さな頃から「舞妓《まいこ》さんになりたい」と語った姉は確かに自分の夢を実現したのである。そのしたたかな強さに、改めて心打たれた。

それに比べて、自分はどうだろう。西陣の家を飛び出して、姉のもとに身を寄せるようになって、もうどれぐらい経つのか。ふいに、祖母の糸に問われて「飛行機乗りになりたい」と答えた幼い自分が思い出された。今さら飛行機乗りを目指す気持ちはなかったが、少なくとも養子先で心に抱いた「食べるもんと寝るとこだけは他人《ひと》さんの世話にならへん」という夢だけは自分の手で叶えたいと掬子は思った。

秀にはずいぶんと引き留められた。しかし、掬子は姉のもとを去り自活の道を模索することにした。掬子がまず選んだ職は、住み込みの女中だった。母のよしゑに相談し、中京区の呉服屋を紹介してもらった。だが、掬子はここで人の心の卑《いや》しさをつくづく思い知らされることになる。

奉公先の家は、食べ物にはことかかず、来客の手土産など封も切らずに腐らせる一方、使用人たちには徹底して粗食を強《し》いた。その上、わざわざ掬子たちの目前で、庭の犬に高価な菓子をやったりする。裏庭には茄子《なす》もきゅうりもたわわに実っていたが、それさえも使用人や女中の口に入れるぐらいなら腐らせるというのが、その家の方針だった。

朝は毎日、飯に水をかけたものを「茶漬け」と称してかきこまされた。ある朝、掬子は、その茶碗《ちゃわん》を洗っていて叱責《しっせき》される。茶漬けに使った茶碗なら洗う必要はない。その水と労力がもったいない、というのが理由だった。

台所に調味料は一切置かれていなかった。使用人に盗まれると考えて、上座敷に保管してあるのだ。煮物などは炊《た》き上がる頃に報告にいく。すると、隠居の老女が砂糖の入った壺《つぼ》を持ってやってくる、という按配《あんばい》だった。

それでも耐えようと考えていた掬子であるが、ある日、家人の残飯を混ぜ合わせたものを食べろと言われて言葉を失う。すき焼きの残り汁を水で薄めた中に、焼魚の骨がプカプカと浮いていた。

掬子は、その奉公を早々にやめると、やはり住み込みの女中として大阪の、とある富豪の別邸に勤めた。その屋敷は主に接待に使う洋館で、仕事は、部屋の掃除から大勢の客を招いて行われる晩餐《ばんさん》会の給仕までと幅広かった。給料も月々に支払われ、京都の前近代的な女中奉公とはすべてが異なっていた。一緒に働く女たちも皆、職業意識が高く、食事は常に主人たちと同じものが振る舞われ、マナーや料理を理解するようにと、女中たちで勉強をかねた食事会を行うこともあった。掬子はノートに細かく西洋料理の名前を記しては調理方法などをメモした。勉強好きで向上心の強い掬子は新しい職場を得て、少し自分の夢に近づけたように思った。

しかし、時代は昭和十六年を過ぎ、太平洋戦争が激化、暗い世相へと突き進んでいった。もはや晩餐会という時世ではなくなっていく。次第に掬子たちは近くの軍需工場へ勤労奉仕に駆り出されるようになり、やがて暇を言い渡された。掬子は失意を胸に、再び京都にいる姉のもとへと戻ることになる。

同じ頃、姉・秀の身にも大きな変化があった。

昭和十七年、秀は落籍《ひか》されたのである。祇園芸妓おそめをひいたのは、もちろん当時の旦那《だんな》であった白井信夫（仮名）である。

戦争の影響は花街にも深刻だった。戦局が厳しくなるにつれて、祇園町の灯は細くなり、やがて消える。身寄りもなく、頼りにできる人もいない者は祇園にとどまった。そうした芸妓たちは勤労奉仕に駆り出され、慣れぬ労働に辛《つら》い思いをした。秀の落籍はこうした事態を見越した白井の配慮だった。

落籍された秀は、白井の用意した家に移り住んだ。その家は、四条通りから高瀬川沿いに五条へ向かう途中の木屋町仏光寺にあった。

秀の生家や、白井の大邸宅のある木屋町大黒町から高瀬川沿いに歩いて十分とかからない。しかし、大黒町のあたりが大きな商家の立ち並ぶ地域であるのに比して、このあたりは川岸の木立も濃く、待合や旅館などが並ぶ陰影の深い場所であった。

秀の家はちょうど高瀬川と鴨川に挟まれており、玄関は、木屋町通りに面していた。家の間口は狭く奥行きのある、典型的な京の町家である。

二軒ほど隣には、その昔、大阪で左褄《ひだりづま》を取った女将《おかみ》が貸席を営んでいた。彼女は前々から白井とは昵懇《じっこん》で、白井は落籍後の秀の目付け役を彼女に託したのだった。月々の手当も、すべては彼女を通して秀に届けられた。

木屋町の家には母のよしゑも呼び寄せられて共に暮らしたが、大阪の奉公先から戻った掬子も、ここへ合流した。

掬子が戻った頃、白井は仏光寺の家へ毎夜のように夕食を食べに来ていた。といっても、秀に作らせるわけではなく、すべてが料理屋から取り寄せたものだった。

「掬子さん、お酒」

という秀の声に、掬子は階下から銚子《ちょうし》を持って二階へ届けた。

襖《ふすま》をあけると秀と白井が向き合って食事をしている。秀は終始うつむいており、一方、白井は食い入るように秀の顔を見ながら箸《はし》を動かしていた。掬子が何度、襖をあけても白井の顔が掬子に向けられることは一度としてなかった。それほど白井は片時も眼を離さずに、秀の顔を見つめているのだった。

掬子は、ふたりの様子を見て思わず噴き出しそうになった。と同時に、はじめて白井を間近に見て、姉が敬遠する理由をなんとなく理解した。幼馴染《おさななじみ》の父親だからということもあるだろう。だが、それ以上に白井の容姿と雰囲気が秀の好みから遠かったのだ。小さな頃から人一倍、綺麗《きれい》なもの美しいもの、すっきりと垢抜《あかぬ》けたもの、洒脱《しゃだつ》なものを好んだ姉である。

白井の前で、秀はいつでも打ち沈んでいた。しかし、その悲しげな姿がまた、かえって白井の男心を揺さぶるのである。白井はいつでも秀の機嫌を取ろうと必死だった。秀の喜ぶ顔が見たい一心で、着物でも食べ物でも次々と送り届けた。一流の呉服屋を呼び、一年を通して二日と同じものに袖《そで》を通さなくてすむほど着物を作りもした。すべては秀の笑顔を見たい一心からだった。

逸話がある。まだ祇園の芸妓だった頃、周りに意地悪されて座敷で踊りたくても出番が回ってこないと、秀がめずらしく白井にこぼしたことがあった。すると白井は南座を貸しきって秀に舞台を持たせた。秀に豪勢な衣装を用意してやり、客席には花代を払って祇園の芸妓たちを並ばせた。すべては秀に溜飲《りゅういん》を下げさせるため、秀の喜ぶ顔を見たいがためである。まるで白井は外国の昔話にある、笑わない王妃を笑わせようと躍起になる王のようだった。

落籍されてからの秀は、やることもなく気ままに過ごした。踊りを習いたいといって先斗町《ぽんとちょう》に、東京から出稽古《でげいこ》にやってくる後の尾上《おのえ》流家元・尾上菊之丞《きくのじょう》の弟子になり、稽古に通い始めたのも、この頃からだった。落籍されると同時に井上流の舞をやめ、自分の慣れ親しみ好んだ東京の踊りへと切り替える。芸妓をやめてからとはいえ、すぐに井上流を捨てて、他の流儀へと鞍替《くらが》えした行為を祇園の人は快く思わなかったことだろう。

しかし、秀には人の視線や思惑など気にせず、「好きなものは好き」を貫く強情なところがあった。

白井の庇護《ひご》のもと、戦時下においても、秀は何も不安に思うことがなかった。白井の顔で芝居や映画は好きなだけ観《み》ることができた。着るものも、食べるものも、一切に苦労はなかった。それでも暇を持て余すと、白井に頼んで松竹が行う慰問劇の一員に端役《はやく》で入れてもらったりした。子どもの頃から、「舞妓さんか女優さんになりたい」と夢に語った少女は、こうしてちゃっかりと舞台に立つ夢まで叶えてしまったのである。

祇園の朋輩《ほうばい》たちには秀の境遇をうらやむ人も少なくなかった。秀の歩んだ道筋は当時の芸妓たちにとって、華やかな出世である。刻々と軍国化し戦争の脅威にさらされるなかではなおさらのこと、いや戦時下でなかったとしても落籍されて衣食住に不自由のない贅沢《ぜいたく》な生活を送れることは花街の女たちにとって、ひとつの理想であった。花街にいれば、女としての色香の衰えがある限り、将来の不安をかかえぬ者は誰ひとりとしていない。廓《くるわ》の中で世間と隔離されて暮らす者たちから見れば、秀の得た暮らしはひとつの理想図だった。

ところが、肝心の秀自身がそうは思えずにいる。落籍という形で、まだ若く美しい盛りを白井に摘み取られてしまったという思いが、心の底にくすぶっていた。それ以上に、好きになれぬ男の庇護を受けて生きていくことが、秀には苦痛でならなかった。

母のよしゑは、そんな秀を、よく諫《いさ》めた。

「こんなにようしてもろうて、バチあたるえ」

白井はよしゑにもやさしかった。よしゑのほうがむしろ白井とは年が近い。もとは同じ町内の向かい家同士であったという因縁もまた、ふたりを心やすくさせていた。

しかし、いくら母に注意を受けても、秀は白井の訪問に明るい顔を作ることはできなかった。それでいて金銭感覚というものを育《はぐく》む機会のなかった秀は、白井の金を湯水のように使って生活していた。その上、本人は、そのことにまるで無自覚なのだ。

白井は秀が何をしようと、どこまでも寛容だった。秀の沈んだ顔を見ても、不機嫌とは受け取らずに「寂しいんやろ」、「退屈なんやろ」と気にした。白井は秀がどうしたら明るい顔を見せてくれるのかと、いつも、そればかりを考えた。ところが、考え悩んだ挙句に、白井が出した答えは、まるで見当違いなものだった。

「子だ、子ができたらええんや。子ができたら寂しくなくなるやろし、おそめの気持ちも落ち着くのと違うか」

子を持つことを望まれる。それは落籍した相手に対する最大限の愛情と言えよう。だが、この話を聞いて秀は身震いした。

「うちはそんなこと、少しも望んでへん」

そう叫びたい思いを胸に、秀はただ唇を嚙《か》んだ。

白井はいったん口にすると名案と思ったらしく、それからというもの毎回のように、「子がいたら」と繰り返すようになった。医者に見てもらってはどうかと秀にすすめもした。そのたびに秀の葛藤《かっとう》は深くなった。

白井に囲われ、白井の子を産み、母として生きていく。まだ、二十歳になるやならずで、早くも自分の一生は決められ、木屋町のこの家で終わるのかと思うと、たまらなかった。

秀は次第に空想に浸るようになった。座敷での愉快な記憶ばかりが思い起こされた。豪奢《ごうしゃ》な座敷着を着て、島田に髪をつやつやと結い上げたときの晴れがましさ、洒脱な客たちとの連日の宴席、皆がほめそやし、目を凝らして自分を振り返る。おそめ、おそめ、と、おだてられて楽しく暮らした日々が懐《なつ》かしくてならなかった。あの日々は完全に過去のものになってしまうのだろうか。秀は思わず強く頭を振った。

白井の子を胸に抱いてあやす日々などごめんだった。どんなに恵まれようとも所詮《しょせん》は囲われの身である。このあてがわれた陽の射《さ》し込まぬ家で、妾《めかけ》といわれる人生を送り続けるのかと思うと息が苦しくなった。なんとしても白井の子どもを産むことだけは避けたかった。

子を産むのならば、好きな相手でなければ嫌だった。その前に、枕《まくら》をともにする相手こそ好きな男でありたかった。秀にとって、それが望むことのすべてだった。金も庇護もいらない。それさえ叶えば、自分は幸せになれるのではないかと秀は思った。

祇園に戻るよりも好きな相手に巡りあい、結婚がしたい。秀は急にひどく結婚にあこがれるようになった。好きな相手と恋仲になり、好きな相手と所帯を持ち、生涯連れ添う。それは、そんなに難しいことなのだろうか、と。

自由への希求

葛藤《かっとう》を心のうちに抱えながら、踊りの稽古《けいこ》に芝居通いにと、鬱屈《うっくつ》した気持ちを紛らわすように、秀は戦時下の日々をやり過ごした。南座も映画館も演芸場も、すべては白井の持ち物である。気兼ねはなかった。

気に入った芝居だと、毎日でも通った。そんなある日、秀は曾我廼家《そがのや》五郎一座の芝居を南座で見て、夢中になった。喜劇仕立ての芝居に笑い声を上げていると、日々の不満を忘れられた。そのうちに秀は、芝居に登場する若い俳優のファンになった。まだ無名の役者だった。名は曾我廼家明蝶《めいちょう》。後には個性派俳優といわれ、テレビなどでも活躍することになるが、当時はすらりとした風姿の美男子で、端役《はやく》を務めているに過ぎなかった。

凝った身なりで秀は連日、南座へ出かけていった。秀は入り口を素通りすると、用意された中央の一等席へ腰をかける。明蝶が登場する場面になると、身を乗り出した。明蝶が右に行けば右に、左に行けば左に顔が動く。明蝶が出ない場面では下を向いて手持ち無沙汰《ぶさた》にしていた。

そのうち、秀は楽屋に届け物をするようになった。舞台を見初《みそ》めたファンからの贈り物はよくあることとはいえ、主役クラスでもない男のもとへ半端でなく豪華なものが連日、届く。明蝶は素直に喜んだ。

そんなことをしばらく続けて、ついにある日、秀は、白井が持ってきた小豆や砂糖で大きなおはぎをこしらえると、自分で楽屋に届けにいった。明蝶は、送り土の姿を知って、腰を抜かすほど驚いた。思いがけず、若く美しかったからである。

それからというもの、秀は、すっかりタニマチ気分で浮かれ過ごした。

一度だけ、明蝶と連れ立って外を歩いたことがあった。絵のように美しいふたりの姿はただでも目立つ。皆が振り返るのが快感だった。しかし、狭い京都である。噂《うわさ》は、瞬《また》く間に広がった。

「あんた、こないなことして」

噂を聞いて血相を変えたのは、母のよしゑだった。秀に詰め寄ると、これがどれだけ大変なことかを言ってきかせた。

「相手はなんや、よりによって新喜劇の役者や、いうやないか。そんなんと噂されるようなことして、旦那《だんな》はんの顔潰《つぶ》すようなもんやないか」

秀の監視役をおおせつかっている貸席の女将《おかみ》も噂を聞きつけて飛んできた。白井から秀の監督をまかされている身の上としてはこちらも立つ瀬がない。

「せやけど、うちは、あの役者さん贔屓《ひいき》にして立ててあげてるだけやないの」

秀は反論した。だが、ふたりの女は、もう二度と連れ立って歩いたりするな、付け届けもしてはならぬ、と秀に厳しく言い募った。

その翌日には思いがけぬ人が仏光寺の家にやってきた。ほかならぬ、曾我廼家明蝶本人だった。

明蝶は秀の顔を見ると、突然、玄関のたたきに、土下座した。

「ゆ、許してください」

それが男の第一声だった。

「知らなかったことです。ほんまに、知らなかったんです、こないなこととは」

実は明蝶は前日、座長に呼びつけられて、はじめてすべてを知ったのだった。

「お前、なんや最近、博打《ばくち》打っとるらしいやないかっ」

座長に怒鳴られたとき、明蝶は、自分が何を言われているのか、まるで見当がつかなかった。

「座長、何ゆうてはりますのや。わてはいっぺんも博打みたいなもん、したことありまへんがな」

「あほ、博打いうたら女のことや。お前に付け届けしてる女、どういう女か、お前、わかっとるんかっ。あの女の旦那いうたら……」

明蝶は続く座長の言葉を聞いて血の気を失った。

秀の目前で、明蝶はひたすら恐縮して詫《わ》び続けた。

秀は不思議に思った。ただ付け届けをしただけ、それを受け取っただけではないか。だが、秀はようやく、明蝶の詫びの言葉が、自分ではなく自分の背後に向けられていることに気づく。

もし、白井の逆鱗《げきりん》に触れたならば、松竹の一員でいることなどかなわない。それどころか自慢の顔を傷つけられようと、腕の一本折られようと、命さえとられようと文句は言えないというのが、当時の興行界の常識であったろうか。

秀は黙って詫びる男の姿を見つめ続けた。

それからというもの、秀は気晴らしに外へ出ることもなくなった。いっそう厳しくなった女将やよしゑの監視の下に、秀は、ぼんやりと部屋に閉じこもって過ごすようになる。自分の行く末を思い、やるせない気持ちを抱きながら。秀の重苦しい気持ちは、時代の空気にも似ていた。

そんな中で、妹の掬子が再び秀のもとを離れることになった。木屋町の家から掬子は和文タイプの学校に通って卒業していた。家にいても、いつ勤労奉仕に取られるかわからない。それならばタイピストとしていっそ軍需会社に勤めたいと掬子は秀に相談した。爆弾を作る工場での肉体労働など、とても耐えられそうにないと考えてのことだった。秀は、白井に相談し就職先を探してやった。ようやく見つかった勤め先は、東京にある軍需会社だった。周囲は東京は危ないからと止めたが、掬子は躊躇《ちゅうちょ》せずに就職を決めた。

木屋町の家から颯爽《さっそう》と掬子は東京へ旅立っていった。その後ろ姿を見送ったとき、秀は生まれてはじめて妹をうらやむ自分に気づかされた。

掬子の前には、自由な未来が広がっている。どんな仕事につき、どんな人と結婚するのか、すべてはこれからのことである。掬子はそれを自分の意思で摑《つか》み取っていくのだろう。わずか一歳違いでありながら、この境遇のなんという違いであろうか。

瓦屋根《かわらやね》の続く、この古い家並みの街で自分の一生は押しつぶされていくのか。そう思うと秀は軽い眩暈《めまい》を感じずにはいられなかった。

終戦まで

姉妹は、再び離れ離れになる。

秀が鬱屈《うっくつ》した思いを胸に仏光寺の家で日々をやり過ごす頃、掬子は、はじめて目にする東京の光景に心を奪われていた。東京に着いた掬子は、まず浅草橋の下宿先に向かった。これも秀の縁で紹介された先で、母と娘がひっそりと暮らす家だった。掬子は歓迎された。娘はすぐに掬子に馴染《なじ》み、姉のように慕ってくれた。その母親は、掬子のことを何くれとなく心配し、自分の娘と同じように世話を焼いた。それは掬子にとってはじめての経験だった。

角田の家では姉ばかりが可愛《かわい》がられ、母親が離婚してからは自分ひとりが養女に出された。肉親の情愛に縁薄く過ごしてきた掬子は、はじめて細やかな愛情を注がれ、自分がまだ大人たちから心配される年齢であることに気づいた。今まで早く大人にならなければ、稼げるようにならなくてはと、それればかり考えてきた。しかし、東京で暮らすようになり、掬子は肩に入った力が抜けていくのを感じた。

京都とはずいぶん違うもんやな。

人の温かさは勤め先でも、あるいは道を歩いていても感じることがあった。地震や火事に見舞われることが多いために自然と人々が助け合い、情の厚い土地柄になったのだろうか、掬子はそう思った。中京区での奉公先の人々との、なんという違いであろうか。

戦争が激化し、物が乏しくなり、次第に空襲が激しくなってゆく。だからこそ、いっそう人の情けが身にしみた。人の性質とは土地によってこうも違うものなのか。掬子は東京と京都の土地柄の違いを知って、「東京が好きや」と繰り返した姉の口癖をふいに思い出すことがあった。姉のわがままや無軌道ぶりには、ほとほと手を焼かされたが、古い町並みに人々の鬱屈した情念がくすぶる京都の、わけても花街にいる身には、東京の開放感がどれだけまぶしく感じられたことだろうか。今になって掬子は姉の心情を察するのだった。

東京での生活は楽しかった。掬子は、職場でも下宿先でも親切にされた。一生、このまま東京で暮らしたいとさえ思った。だが、日に日に空襲は厳しさを増していった。

ある日、会社からの書類を陸軍省に届ける途上で、敵機の襲来を告げる警報が鳴り、掬子は周囲の人々とともに逃げ惑った。

「早くこっちに」

という声がして、掬子の手を誰かが強く引っ張ってくれた。夢中で駆け出した先に名ばかりの防空壕《ぼうくうごう》があった。すでに人で溢《あふ》れていたが、入り口近くにいた人が場所を少し譲って掬子のことを押し込んでくれた。あたりを撃ち抜く激しい騒音が雨の降るように続き、やがてやんだ。恐る恐る掬子があたりを見回すと、先ほど場所を譲ってくれた傍らの人が顎《あご》から血を流して、息絶えていた。

死は、もはや身近なものとなっていた。会社の上司はもとより下宿先の女主人も、さかんに掬子に京都へ帰るよう促した。女主人は言った。

「追い払おうと思って言うわけじゃないのよ。だけどね、もしあんたの身に何か起こったら、嫁入り前の顔に傷でも作るようなことがあったら、私はあんたのお母さんになんてお詫《わ》びしていいのか」

それでも掬子は首を縦には振らなかった。焼夷弾《しょういだん》が落とされるなかを下宿先の母子とともに三人で逃げた。バケツリレーで屋根に落ちた火の粉を必死で消し止めもした。

「うちはここで死んでもいい。東京で死んだらそれで本望や」

掬子は、胸の中で決めていた。下宿先の親子は掬子にとって家族も同然だった。この人たちを置いて、ひとり京都に帰るようなことはできないと思った。

その上、京都にいる母・よしゑから生死を心配する手紙や電報が一本も届かないことが、掬子の心を頑《かたく》なにしていた。母にとっては、姉の秀だけが娘なのだと、改めて思った。西陣の家に連れて行かれた日の悲しみと母への反発が再び蘇《よみがえ》ってくる。母から安否を気遣う便りが来るまでは、絶対に京都に帰るまいと掬子は意地になった。その間に空襲で死んでしまうのならそれでいい。今、ともに生死をかけて暮らす、この人たちが、自分の真の家族だと思いたかった。

だが、別離はある日、突然にやってきた。

会社の仕事で掬子が大磯《おおいそ》まで使いにいった夜、東京で大きな空襲が起こ《こ》ったのである。急ぎ東京へと戻った掬子が目にしたのは、一面の焼け野原だった。黒焦げた死体があちこちに転がり、バスは腹を見せてひっくりかえっていた。焼け死んだ馬の死骸《しがい》はなぜか尻《しり》のところを大きくえぐり取られて、生々しい血の色をさらしていた。死臭の漂う町を掬子は下宿先の親子を求めて、ひたすら歩いた。翌日も、その翌日も繰り返した。しかし、ついになんの手がかりも摑《つか》むことはできなかった。

「生きていたら、うちは、そん人のことを一生、自分のほんまのお母ちゃんと妹だと思って孝行しよう思うてました、それなのにいなくなってしもうて」

つかの間味わった家庭のぬくもりと、その消失を心に引きずりながら、掬子はようやく帰郷した。久しぶりに見る故郷の風景は、東京の地獄絵を目《ま》の当たりにした掬子にとって別世界のように映った。木屋町仏光寺の家に戻った。引き戸を開けると、日本が戦争をしていることも知らぬような、姉の姿があった。

再びの祇園

掬子が京都に戻るのは終戦の二ヶ月前のこと。掬子は、この街の人々が、夜、靴を履かずに寝間着に着替えて休み、また、空襲の焼け跡ひとつないことに驚いた。

京都は、確かに大きな空襲とは無縁だった。とはいえ、自明なことではあるが、この古都にも、もちろん戦争による悲劇や変化がなかったわけではない。秀が暮らした女の街、祇園もまた例外ではなかった。

祇園を流れる白川沿いの茶屋街に強制疎開《そかい》の立ち退《の》き命令が下ったのは昭和二十年三月。強制疎開とは、道路の拡張のために、あるいは空襲による火災を予想し、強制的に家を撤去させ、空き地を作ることをいった。祇園で、その対象となった地域は秀の勤めた屋形「小勝」の向かい、白川のせせらぎ沿いに茶屋の続く一帯だった。指定された家々は、いやおうなく床柱に荒縄をくくり付けられて引き倒された。

その中の一軒に文人茶屋として知られた「大友《だいとも》」もあった。

かにかくに　祇園はこひし　寝るときも　枕《まくら》のしたを　水の流るる

現在、「大友」の跡地には、この茶屋を心から愛した歌人・吉井勇の歌碑が建てられている。

「大友」は文人墨客に愛された茶屋として知られる。女将《おかみ》の名は、磯田多佳《いそだたか》。祇園に生まれ芸妓《げいこ》となり、茶屋の女将になった人である。

井上流の舞から三味線、浄瑠璃《じょうるり》と、歌舞音曲はもとより、多佳は読書家としても知られ、和歌や俳諧《はいかい》また書画にも才を見せた。そのため女将を慕う人々が自然と集まり、茶屋「大友」は、一種の文化サロンとなったのである。夏目漱石、高浜虚子、谷崎潤一郎、里見弴、吉井勇ら、明治、大正、昭和を代表する文士たちが、この茶屋に通った。

なかでも多佳と夏目漱石との交友は有名だ。漱石は京都に逍遥《しょうよう》すると、多佳を相手に多くの時間を過ごし、東京に戻ってからも幾通も手紙を書き送っている。

また漱石が京都で定宿としたのは木屋町御池《おいけ》にあった旅館「北大嘉《きたのだいか》」である。「北大嘉」は多佳の住まう「大友」と、ちょうど鴨川をはさんだ対岸に位置していた。

「木屋町に宿をとりて川向の御多佳さんに」という前書きに続き、漱石の作った句がある。

春の川を隔てゝ男女哉《かな》

今はもう「北大嘉」もなく、跡地には、この句が碑として立つばかりである。「大友」は昭和二十年三月、強制疎開により取り壊され、姿を消した。明治十二年生まれ、当時六十七歳だった女将の多佳は、あまりの悲しみから「大友」の後を追うように、その二ヶ月後、息を引き取っている。

秀が芸妓おそめとして身を預けた屋形「小勝」は「大友」から歩いて数歩と離れていない。多佳にも秀は目をかけられ、可愛がられていたのではないだろうか。

後に秀がバー「おそめ」を始めると、吉井勇や里見弴といった「大友」に遊んだ面々がそのまま「おそめ」の根強い贔屓《ひいき》客となる。それゆえ、文人茶屋と異名をとった「大友」のように世間から「おそめ」は「文人バー」、「文壇酒場」と称されることになる。

多佳と秀――。ふたりの女はともに東京の文士たちを魅了し、愛され、その活動に少なからぬ影響を及ぼしている。

漱石が定宿とし、今は跡地に句碑が立つ「北大嘉」のあった場所は、秀がやがて広大な「おそめ会館」を建てる地の、ちょうど御池通りを挟んだ真向かいにあたる。「春の川を隔てゝ男女哉」、今、漱石の句碑は、「おそめ会館」の跡地に建てられた「かもがわホール」という斎場を見つめるように立っている。

この句碑の傍らに立ち、御池通りの対岸にある「おそめ」の夢の跡地を見るにつけ、私は、多佳と秀、「大友」と「おそめ」の間をつなぐ糸のような因縁に思いを馳《は》せる。取り壊しを境として、多佳は失意のうちに命を終え、一方、秀は、自分の生を取り戻し、人生を開花させていく。「大友」の、多佳の無念を、まるで秀と「おそめ」が引き取るかのように。

運命の出会い

昭和二十年八月、戦争が終わった。

玉音放送が街に流れた日から、世間は大きく動き始めた。

どんな世の中になるのか、それはわからなかった。ただ秀は、何か大きな変化が自分の身にも起こるのではないかという期待を、漠然と胸に抱いた。

間もなく、祇園に再び灯が戻ったという噂《うわさ》を秀は耳にする。人々の多くが飢えに追われる時代にあっても、花街には花街としての需要が生じる。戦時下、息を潜めてやり過ごした茶屋はさっそく手探りで営業を始めたのだった。

噂を聞き、秀の血はいやがうえにも騒いだ。戦争中だからこそ、囲われる生活にも耐えてきたのである。だが、それも限界だった。外の空気を吸いたかった。

「芸妓《げいこ》に戻らせてほしい」

秀は白井に訴えた。華やかで美しく、にぎやかなことがなによりも好きな秀にとって、木屋町で囲われる日々が長くなればなるほど祇園時代は、苦労の数々さえも愛《いと》おしく懐《なつ》かしいものになっていた。あの華やかな時代に戻りたい、褒めそやされた自分を取り戻したい。何よりも、祇園にさえ戻れば自分の身に、なにがしかの変化を得られそうな気がした。

秀の訴えを白井は、あっさりと了承した。自分との関係はそのままに、気晴らしに座敷に出ることを許したのだ。これまでも秀の望むことはなんでも叶《かな》えてやってきた。無理に束縛しては、かえってふたりの関係にマイナスだと考えてのことだった。実際、秀は、久しぶりに晴れやかな笑顔を見せた。

戦時中は、袖《そで》を通すことがはばかられた華やかな座敷着を簞笥《たんす》から引っ張り出すと、秀は久しぶりに黒髪を艶々《つやつや》と結い上げた。凝ったなりの自分を鏡に映すと、血が沸き立つような興奮を覚えた。戦争が終わった、秀がはっきりとそう感じたのは、この瞬間であったかもしれない。

しかし、祇園での再出発に賭《か》ける気持ちは、あっさりと裏切られる。

「あんまり楽しかったさかい、もう一度、出させてもらいたい思いましたんですけれども。せやけど、あんまり変わってましたから、それは驚きました」

意気込んで舞い戻ったものの、そこで目《ま》の当たりにしたのは昔の祇園では考えられない光景の数々だった。

金を持っているという理由で座敷に上がる客は、戦争で大金を摑《つか》んだ成金や、進駐軍の関係者が大半であった。客の層が変われば、遊びようも変わる。戦後の混乱の一時期と言えばいたし方ないこととはいえ、もはや祇園らしい風雅な遊びの伝統など、どこにも求めようがなかった。

昔の自分に戻りたい、祇園にさえ戻れば人生のやり直しがきくと考えていただけに、秀の失望は大きかった。

時代は確実に動いていた。そのことを秀も感じないわけではない。だが、その中で新しい時代の訪れと関係なく、むしろ世の中から取り残されてしまったのではないかと、秀は不安になることがあった。戦争が終わって祇園に戻ってみれば、もはや違和感しか感じられない。まるで自分たちが身を置く世界は戦争とともに消滅してしまったかのように思われてならなかった。

やはり自分には白井に庇護《ひご》されながら、この木屋町仏光寺の家で生きる道しか許されていないのだろうか。秀は改めて自問し、頭を振った。この生活を変えたい。なんとしても変えたかった。

やるせない思いを、つかの間でも忘れさせてくれるのは、街の賑《にぎ》わいである。

この頃、大黒町にあった白井の住居が、大きなダンスホールになっていた。もちろん白井の持ち物である。秀はダンスが好きだった。近所に住まう女友達と誘い合わせては、このホールに通い詰めた。バンドが奏《かな》でる音楽に合わせて踊った。にぎやかな音楽と人々のざわめきの中に身をおくと、心が浮き立った。

ホールはいつでも人で一杯だった。京都ばかりではなく、大阪や神戸からも、遊びに飢えた人々が集まってくる。この頃、京阪地区で金を持っているものは、皆、焼け残ったこの古都に華やぎを求めてやってきた。

ダンスホールには、祇園芸妓おそめの顔を知る人も多い。秀は、知った顔に会えば会《え》釈《しゃく》をし、誘われればダンスに応じた。昭和二十年、秀は二十二歳。どんな雑踏にあってもまだあどけなさの残る秀の風貌《ふうぼう》は不思議なほど人目を惹《ひ》いた。

人の視線を集めるのは秀にとって常のことである。

その日、秀はホールに入った瞬間から、自分を追う、ひときわ強い視線に気づかされた。誰かが自分を目で追っている。秀はそれを意識しながらも、あえて視線の主を探そうとはしなかった。やがて、ダンスに踊り疲れた秀が壁際《かべぎわ》に戻ったとき、その、まなざしの主がゆっくりと近づいてくるのを感じた。秀は、はじめてそっと顔を上げた。ホールの人垣を分けるようにして、見知らぬ若い男が一直線に歩んでくる。年のころは、秀よりも少し上だろうか。肩幅のある、がっちりとした体格で、大きな二重まぶたの目が強い光を放っていた。

男はまっすぐ秀の正面に進み出ると、深々と頭を下げた。

「踊っていただけませんか」

秀は男の誘いに微笑《ほほえ》み返した。ふたりの視線が絡《から》み合った。

男と秀の、それが運命の出会いだった。


「踊っていただけませんか、踊っていただけませんかって。そないに言わはったんです」

遠い日の記憶を思い起こして語る秀の顔には無防備な微笑が浮かんだ。だが、それは一瞬で消え、秀はまっすぐに私を見つめると、はっきりとした口調でこう続けた。

「ほんまに、人の縁いうのは不思議なもんです。お店の女の子でも、ふとした拍子に男さんと御縁が生じる。うちかて、あの日、ダンスホールに行かなんだら」

再びうつむき、言葉を継いだ。

「さだめです。すべて、さだめやと思います」

ダンスホールでの出会いがいかに大きなものであったか。それはまさに、「さだめ」としか言いようのない因縁の始まりだった。

翌日、秀のもとに、とある茶屋の女将《おかみ》から電話があった。

芸妓はもとより、茶屋の数も少ない現代と違って、芸妓の人数も数百人、茶屋も百軒を超えた戦前の祇園町では、自《おの》ずと茶屋と芸妓の間には住み分けが生じた。秀にしても馴染《なじ》みの茶屋がある一方、一度も足を踏み入れぬ茶屋もあった。電話の茶屋は、当時の祇園では、まだ新しい部類に入り、秀はそれまで一度も敷居を跨《また》いだことのない店であった。

　ところが、その縁もない茶屋の女将が、秀に来てほしいという。

茶屋の女将は、必死だった。ある客がどうしても、おそめを呼んでくれと言っている、とにかく来てくれるまで待つと言い張っている、だから、なんとか都合して来てはくれないか、と言うのである。

　しかし、秀はすぐには返事ができなかった。一度も足を踏み入れたことのない茶屋である。その上、祇園は昔から「一見《いちげん》さんお断り」と言われるように初見の客を拒むのが伝統である。見ず知らずの飛び込み客を受け入れる習慣がないのは、女の街であるが故《ゆえ》の自衛手段であって、信用のおける相手であることを何よりも重視する。

　ところが、その客は女将の話すところによると、飛び込み客だというではないか。いきなり茶屋の戸を叩《たた》き、

「金は持っている。どうしても座敷に通してほしいんや。どうしても呼びたい芸妓がいる。おそめ、いう芸妓なんや」

　そう懇願し、玄関先に座り込んでしまったという。

「いや、おそめはんどすか、そりゃ、知ってますけどな、おそめはん、いうたら、えらい売れてはる方やし、呼んでも、うちのとこに、きてくれはるかわからしまへんえ」

女将は男に何度もそう説明したが、男は何が何でも呼んでほしい、できるだけのことはするからと言い、動こうとしなかった。

「あんたはんをどこぞで見かけはったらしいんどす。それでどうしても会いとうなって、うっとこの玄関先来て、座りこんでしまわはって……」

女将もはなはだ困り果てている様子であることが、秀にはわかった。しかし、事情を聞けば聞くほど、秀はいぶかしんだ。心当たりもなく、色よい返事をする気にはなれなかった。秀にはすでにたくさんの座敷がついていた。それを理由に断ろうしたが、茶屋の女将は引き下がらなかった。

「おたのもうします。遅うても、結構どすさかい、ほんの少しでもどうぞ来ておくれやす」

結局、秀はほかの座敷を回り終えてから、その茶屋へ立ち寄ることになった。夜も更《ふ》けきり、酒も回った秀を迎えて、女将は玄関先に飛び出すと、秀の手を捉《とら》えて身を低くして礼をいった。

「おそめはん、ほんまに、ようよう来ておくれやして。さあこっちどす」

秀の体を支えるようにして奥の座敷へと誘う。

「それはもう、あんたはんのこと、お酒も飲まはらんと、ずっと待ってはって」

秀は酔った頭で、どんな男だろうと改めて想像した。しかし、まるで思い浮かぶ顔がなかった。

座敷にたどり着くと女将は正座し、中に声をかけた。秀も女将の後ろに控えて敷居際に頭を下げる。襖《ふすま》が開かれた。

秀が頭を上げると同時に、強い視線に捉えられた。

正面にいたのは、まだ若い男だった。秀には、見覚えがなかった。ただ、この強い視線には記憶があった。そのとき、男がはにかんだように口を開いた。

「やあ、昨晩は」

酔いの回った秀の頭に「踊っていただけませんか」という言葉が蘇《よみがえ》った。

俊藤浩滋《しゅんどうこうじ》という男

秀にとって長い人生を伴侶《はんりょ》として添い遂げることになる男との、それが出会いであった。

男の名は、俊藤浩滋（戸籍名は、俊藤博《ひろし》。後に映画界で仕事をするようになり浩滋と改名。本書では浩滋で通すこととする）。

神戸の出身で、秀より七つ年上の大正五年生まれ。ふたりが出会ったとき、秀は二十二歳、俊藤は三十になるやならずだった。

後に秀の尽力により映画界に入り、東映で大プロデューサーとして活躍、仁侠《にんきょう》映画の父といわれるまでになる俊藤も、この頃は戦争の混乱の中に定職もなく、ときおり進駐軍の手伝いや、闇《やみ》物資の売り買いに手を出して過ごすばかりの男だった。

後に俊藤が著書（俊藤浩滋・山根貞男『任俠映画伝』講談社、平成十一年。以下、自伝とする）の中で自ら語ったところによれば、彼の父親は真鍋《まなべ》といい神戸新聞の記者であったという。俊藤という姓は母方のもので、そちらの家系に娘しか生まれなかったために形だけ母方の養子になり、兄弟の中で、ただひとり「俊藤」姓を名乗った。五人兄弟の次男、だが、兄を肺結核で早くに失い実質的には長男であった。

小学校に通う頃には、酒好きの父が身体《からだ》を壊し、俊藤は中学進学をあきらめて新聞配達をして家族を支えた。昼は小さな商社で働きながらなんとか夜間中学を卒業、一度は召集されたが大陸に渡る前に病を得て兵役免除になったという。

戦時中は日本マグネシアンリンカーという軍需会社に勤め、俊藤は、この会社員時代、幼友達に誘われて神戸市御影《みかげ》の賭場《とば》に出入りするようになる。日常とはまるで違う賭場の空気に、俊藤は深く魅了される。御影の賭場は大野福次郎という親分が仕切る五島《ごしま》組一家のものだった。大野は賭場に足しげく出入りする若い俊藤を気に入り、わが子のように可愛《かわい》がった。俊藤もまた酒で身体を壊して寝たきりとなった実父よりも、この大野を深く畏敬《いけい》した。大野と過ごした日々、大野から受けた影響が、後に彼の任俠映画に大きく反映されることになる。

なお、御影の賭場へと俊藤を案内した二つ年上の幼友達についても触れておこう。ふたりは家が近く、連れ立って遊ぶ仲間だった。年頃になると、揃《そろ》って大の映画ファンとなり映画館へも通った。友の渾名《あだな》は、「ボンノ」。小さな頃から、きかん気が強く、寺の和尚《おしよう》に「煩悩《ぼんのう》の塊」の意を込めて与えられた愛称である。本名は菅谷正雄《すがたにまさお》、愚連隊で名を上げ、後に山口組の杯を受けて「菅谷組」を作り、山口組傘下《さんか》でも最大の組織を築き上げる男である。俊藤は後に、自分が手がける任俠映画の中で、この友のことを描くことになる。

話を終戦直後に戻そう。

戦争が終わると俊藤が勤めていた軍需会社は閉鎖された。その際、機敏な俊藤は会社の倉庫に残っていた物を仲間と勝手に売りさばいて、まとまった金を手にしたという。

彼は当時を振り返り、その金をどう使ったか、自伝において以下のように回想している。

「何をしたかというと、京都に行って豪遊した。大阪も神戸も戦災で焼け野原になったけれど、唯一《ゆいいつ》京都だけは焼けなかったから、色街でも何でも全部残っている。お茶屋はあるし、ダンスホールも早くにできた。だから、金を持っている連中はダーッと京都に行ったわけで、連日、豪遊につぐ豪遊だった」

豪遊につぐ豪遊という表現は疑わしいが、ともかく、このような日々の中、俊藤はダンスホールで秀に出会うのだった。

祇園の茶屋での再会を経て、ふたりはすぐに恋仲となった。しかけたのは俊藤だった。しかし、このような男の出現を強く待ち望んでいたのは、むしろ秀のほうであったろう。どんなに贅《ぜい》を凝らした生活を約束されても、白井に囲われた生活はどうしても秀の性《しょう》にあわなかった。白井の親切は心から有難いと思う。しかし、頭では、いくらそう理解しても心と身体が受け付けなかった。生活の転機を求める気持ちから祇園に戻りもしたが、目《ま》の当たりにしたのは、昔とはまるで違う座敷の光景だった。金のあるものがわが物顔で振る舞い、それがまかり通っている。あからさまな拝金主義とむき出しの欲望がすべてを支配するのを見て、秀はつくづく戦争の爪痕《つめあと》を知った。

もはや勤めにも生き甲斐《がい》は見出《みいだ》せそうにない。それでも、なんとか自分の生活を変えたいと願う。くすぶる自由への希求と、囲われた生活への嫌悪《けんお》が、秀に結婚を憧《あこが》れさせた。日に日に結婚への思いが強まるなか、秀はダンスホールで若き俊藤に出会ったのである。

そんな秀の気持ちを汲《く》むように、俊藤もまた、出会ってすぐに結婚を誓った。

俊藤ははじめの数回こそ茶屋に秀を呼んだ。だが、間もなく白井の目を盗んで木屋町仏光寺の家に入り浸るようになった。そればかりではなく有り金を使い切ると、秀の懐《ふところ》を頼った。

母のよしゑは、ふたりの仲を知り、声を荒げた。秀の白井に対する裏切りが許せなかった。それだけでなく俊藤という男に、よしゑは深い嫌悪をはじめから抱いた。ほかの男が用意した家に平然と入り込む神経に、母は危険なものを感じた。そんな男に秀がいとも簡単に手玉に取られているさまが情けなかった。祇園のようなところにいて、逆に秀は完璧《かんぺき》な箱入り娘だった。まるで男を値踏みする感覚が養われていない。誰よりも強く娘を愛するよしゑの目に、俊藤は最もたちの悪い男と映った。

「あれは極道もんや。まともな仕事をしてる人間と違う」

よしゑは秀に言い切った。賭場に出入りし、その世界の男たちと一脈通じる俊藤の気質をこの母はいち早く見抜いたのだろう。

この男は、娘の人生を台無しにしてしまうのではないか。よしゑは、胸騒ぎがしてならなかった。俊藤も、自分への憎悪を隠そうとしない、この母をはじめから敬遠した。

家へ上がりこんだ新しい男の噂《うわさ》が、白井の耳に届くのは時間の問題だった。そうなってしまってからでは取り返しがつかない。よしゑは、秀に膝《ひざ》を詰めて言い聞かせようとした。だが、秀はすでに俊藤と夫婦約束をしたと、母にはじめて告げた。

「夫婦になるて、秀、あんたっ」

よしゑは悲鳴に近い声を上げた。いったい、結婚がどういうものかわかっているのか、よしゑはこの娘に言い聞かしてやりたかった。この娘はまるでわかっていない、結婚というものの実態を何も知らずに、ただ子どもが花嫁姿にあこがれるように結婚に夢を託しているのだと母は思った。だいたい、どうやって生活してゆくつもりなのだろう。今の生活にどれだけの金がかかっているのか。生きていくには金がいるのだということさえ、この娘は知らないのではないか。さまざまな思いが胸に去来した。しかし、そんなことを一から説明している暇もなかった。

「あんた、とにかく別れよし、あの男だけはあかん」

だが、取り乱すよしゑを前に秀は涼しい顔で、言ってのけた。

「せやけど、うちはもう……」

「えっ、秀、今なんてっ」

よしゑは、秀の呟《つぶや》きを聞き、もはや言葉が出なかった。ふたりが出会ってまだ数ヶ月とたっていない。ところが、秀は妊娠したのだという。

白井から秀の目付け役を言い付かっている件《くだん》の女将《おかみ》も血相を変えて飛んできた。かつて曾我廼家一座の役者との件で面目を失った女将はなんとか秀を諭そうとした。だが、秀の決意は揺るがず、白井には綺麗《きれい》に別れてもらうつもりだと繰り返した。

子どもができたという事実を前に、よしゑも、女将も動転していた。その中で秀ひとりが泰然とふたりの前に身じろぎもせず、顔色ひとつ変えずに向き合っていた。

あれほど白井に妊娠を望まれながら、一度としてその気配を見せなかった秀である。今となってはそれも、このどこまでも嫋々《じょうじょう》とした女がうちに秘めた強い意志と反抗心の表れであったように、ふたりの女は思いいたるのだった。もはや、なす術《すべ》はなかった。

よしゑと女将が取り乱すなかで、秀は白井に会うと自らすべてを正直に打ち明けた。好きな男ができたこと、すでにお腹《なか》に子どももいるのだということを。その上で、別れてくれるようにと頭を下げた。

子どもができたという事実は、白井にも重かった。どんなに尽くしても、結局、この娘の心までは奪えなかったことを、白井はようやく悟った。

白井は静かに秀の申し出を聞き、受け入れた。その上で、別れるに当たって木屋町仏光寺の家はもちろん、今まで買い与えたものはすべて秀のものとし、当面、不自由せぬだけの金も用意してくれた。白井は最後まで秀に、深い愛情を注いだのである。

白井のこの別れ際《ぎわ》の振る舞いにも、母のよしゑは強く心打たれた。今までも、白井には十分すぎるほど世話になったという思いがある。それに対する秀の行いを考えると、よしゑはいたたまれなかった。自分に愛情と援助を惜しまない男を捨てて、得体の知れない男のところへ飛び込もうとする秀が許せなかった。白井への詫《わ》びの気持ち、秀への腹立ち、なにより俊藤と顔を合わせることに耐えられず、よしゑもまた木屋町仏光寺の家を出て、秀と縁をしばし切ることを決意した。

名もあり金もあり実もある白井という旦那《だんな》を持つ秀のことをうらやむ人は多かったはずである。もし、秀がもう少し物欲や金銭欲のある女であったならば、白井の歓心を買うように振る舞い、むしろ長い贔屓《ひいき》を望んだことであろう。

なにぶんにも昔のことである。社会的地位ある男が外に女を持つことは、ある程度世間にも認められたことだった。秀のことは白井の妻が「おそめさんなら許す」と語っていたともいう。だが、秀はそのような、見ようによっては恵まれた環境をためらいもなく捨て、ダンスホールで出会った男にすべてを託してしまったのである。それほど結婚に憧れていたのだった。

秀と白井が切れたという噂に廓《くるわ》の女たちは沸き立った。秀の後任に納まりたいと考える女たちは少なくなかった。実際、白井はすぐにほかの女性の面倒を見ることになる。その人は秀に膝を詰めて不心得を注意する役回りだった貸席の女将だった、という。

「ほんに花街いうとこは、けったいなとこですわ」

私に、その話を教えてくれた人は、そう言って笑った。

父との再会

終戦の混乱は、俊藤という男を秀のもとに引き寄せた。ところが、実は同じ時期に、やはり木屋町仏光寺の秀のもとへ身を寄せた男があったことを、ここに記しておこう。

その男が仏光寺へ突如、姿を現したのは玉音放送が流れて間もなくのことだった。男は、全身にひどいやけどを負い、片足を大きく引きずっていた。頭髪はわずかに残すばかり。人々の悲惨な姿を見慣れる時代であっても、男の様子はひときわ被災のすさまじさを物語っていた。

男の姿を間近に見ても、秀には男が誰であるのか、まるでわからなかった。姿が変わり果ててしまったせいでもある。別離のときが、あまりに長かったせいでもあった。

男は角田元義、と名乗った。それは、生き別れになって久しい父の名だった。

よしゑが離縁されてから後、秀の生家・浪速組《なにわぐみ》はこの元義の放蕩《ほうとう》がもとで商売が傾いた。その上、この父は家屋敷を勝手に売り払い、女とふたり、満洲《まんしゅう》へと駆け落ちしたのである。その父が突然、焼け出されて秀の眼前に現れたのだった。

元義は語った。よしゑと別れてからの不幸な日々を。

父の元三郎が死に、家長になったが商いに身が入らず、遊びにばかり熱中し、先斗町の芸妓と満洲に駆け落ちした。しかし、かの地では、何をやってもうまくいかず、着の身着のままで日本に戻ってきた。しばらくは京都に隠れ住んだが、やがて一緒になった女の生まれ故郷である広島に移り、そこで昭和二十年八月六日、原爆の閃光《せんこう》を浴びたのだった。隣にいた女は、爆風で吹き飛ばされて跡形もなく、元義はひとり地獄絵図のなかを、ようやく京都まで帰りついたのだという。

秀はよしゑの反対を押し切り、父を家に引き取った。

小康を取り戻すと、間もなく元義は実弟の家、つまりは秀の叔父の家へと居を移した。ところが、その後も、木屋町仏光寺の家に足繁くやってきた。そのたびに秀は、父に小遣いをやった。よしゑは、そんな秀を幾度も注意した。秀と違って夫であった男の零落に、よしゑはどこまでも冷淡だった。仏光寺の家でも、決してかち合わないようにし、徹底して相手を避けた。それほど若き日に受けた仕打ちへの恨みが深かったのである。

秀は小遣いのほかに白井の背広なども元義に分け与えた。白井も、もとは同じ町内の旦那衆であった元義の境遇に同情し、今は自分がその娘の旦那となっている因縁からも、何くれとなく元義の面倒を見る気持ちがあった。

ところが元義は、不自由な身体《からだ》を引きずって小銭が入るとすぐに安酒場に向かってしまう。もともとが酒好きである上に、長い不遇の時代を送るうちに、すっかり酒だけが唯一《ゆいいつ》の愉《たの》しみとなっていた。昔は、先斗町や木屋町の茶屋で華やかに遊んだ人が、今は闇市《やみいち》の怪しげな酒で満足する。白井が好意で分けた背広もすぐに酒に化けた。見覚えのある上等の背広が目玉商品としてボロ市の一等目立つ場所に吊《つ》り下げられている。偶然、それを目にしたよしゑが、血相を変えて秀のもとに飛んできたこともあった。

「もう何もあげんときっ」

買い戻した背広を叩《たた》きつけながら、よしゑは秀にきつく言った。

そんなある日、元義は突然、秀の家にやってくると神妙に頭を下げた。

「あんまり皆に迷惑かけてもあかんしな、これからは表札書きを生業《なりわい》にしよう思うんや。それで少しでも稼ごうと思うてる」

元義は商家の跡取りらしく、筆だけは得意だった。毛筆で見事な文字を書く。秀は父にそう告げられて、さっそく自分の家の表札を頼んでやった。

ところが、その表札がまだ新しいうちに誰かに取られてしまった。秀は再び、元義に頼んだ。しかし、それも日を経ずに、なくなってしまう。あまりにもそんなことが続き、人の恨みでも買っているのではと、秀は心配になった。が、ある日、表札を取って逃げていく泥棒の後ろ姿を目にして思わず苦笑する。

「どうりで、いつもなくなった次の日に、姿見せはるはずやわ」

秀は、おかしくてならなかった。

あくる日のこと、元義はのんきに秀の家の格子戸《こうしど》を開いた。

「なんや今通りかかったら、またなくなってはるな。新しいの書かしてもらいましょか」

悪びれた様子もなく言う。秀もまた何も言わずに、

「へえ、頼みますわ」

と、笑いをこらえて答えてやるのだった。

誰よりも悲惨な戦争体験を持ちながら、元義の晩年の逸話はどこか滑稽《こっけい》である。商家の跡取りとして、甘やかされて育ち、わがままで遊び好きな人間であった彼は、零落して、なお、愉快に自堕落に生きることで面目を保とうとしたのだろうか。おおらかで、のんき、後先を考えず、相当の苦労もしたであろうに、それを客観視して自分を慰めようとも、責めようともしない元義の気質は、そのまま娘の秀に受け継がれているように思える。

ときおり家に来る風采《ふうさい》のよくない男のことを、上羽の女たちは親愛の情を含めながら少し軽んじた調子で、「元義さん」と呼んでいたという。秀も掬子も小さなときに別れたこの父のことを「元義さん」と呼び、決して「お父さん」とは呼ばなかったという。元義もそれで不満はないようで、機嫌よく返事をしていたという。

安酒が飲めることだけを愉しみとした晩年の元義。だが、そんな小さな幸せだけを求めて生きる人間の身体をも、容赦なく放射能は蝕《むしば》み続けた。年を経て、なお鎌首《かまくび》をもたげる原爆の後遺症に、元義は苦しめられる。

病院は秀が世話した。入院が決まると、元義は死期を悟ったのだろう、最後の願いを叶《かな》えてほしいと秀にすがった。よしゑに会わせてくれ、というのである。死ぬ前に、一度だけ手をついて謝りたい、そうでないと死んでも死に切れないのだと、いつになく真剣に懇願した。

秀は、母のよしゑに病人の頼みを伝えた。だが、よしゑは首を横に振り続け、容易には納得しなかった。しかし、相手はもはや回復する見込みのない病に取りつかれているのである。見舞うたびに、よしゑの件を頼まれる秀は、頑《かたくな》な母をようやく説得し、元義のもとへと連れて行った。元義は病床で泣いた。泣きながら、よしゑに詫《わ》びた。

「かんにんしてくれ。あんたにどうしても、どうしても謝りたかったんや。今まで……、死ぬまでにどうしても謝りたかったんや」

元義は、満洲へ女と出奔してからの日々を訥々《とつとつ》と語り始めた。大陸では何をやっても不思議なほど次々と失敗が続いたこと。日本から持っていった金も、底をつき、生活は困窮を極めた。そんなある日、重なる不運に、よくあたると評判の辻占《つじうら》のもとを訪れた。辻占は元義の顔を一目見て、こう言った。

「あんた女にひどい恨みを買っているね。女の生き魂《だま》が憑《つ》いているよ。こういう女だ、覚えがあるだろう」

辻占は筆をさらさらと走らせて元義の前に、ポンと叩きつけるように紙を置いた。そこには細面の女が描かれていた。眉根《まゆね》を寄せて恨みがましい目でこちらを睨《にら》んでいる。元義は絶句した。紛れようもなく、そこに描かれていたのは、かつて自分が虐待《ぎゃくたい》した挙句に離縁した妻・よしゑの姿だった。辻占は、紙を持つ手を震わせる元義を見て、ため息混じりに続けた。

「この人に心から謝って許してもらわないと、何をやってもうまくいかないし、不幸が続くよ」

満洲での生活は悲惨を極め、元義と女はやっとの思いで日本に逃げ帰った。だが、ようやく帰った祖国で、広島に移り住んだところを今度は爆心地近くで原爆の閃光に焼かれた。傍らにいた女は一瞬にして爆風に吹き飛ばされ、自分も今、こうして死を迎えようとしている。

「わしが悪かったんや。かんにんや、よしゑ、死ぬ前に、どうしても許してほしかったんや、お前、わしのこと、どうか許したってくれ。そして、どうかわしを死なせてやってくれ」

元義の告白に、よしゑは愕然《がくぜん》とした。幼子の手を引き、角田家の庇《ひさし》を振り返って「この家に不幸あれ」と怨《うら》みの念をかけた日のことを、まざまざと思い出した。

よしゑ自身は新しい生活の中で苦労もあったものの、むしろ角田の家を離れて不満なく人生を謳歌《おうか》してきた。それに引き換え、元義の人生の、なんと悲惨で過酷であったことか。今、原爆のために、こうして命も奪われようとしている。よしゑははじめて呪《のろ》いをかけた自分自身を後悔した。

「罰が当たったんや。わしが広島で爆弾に遭《お》うたのも、こうして、死んでくのも、みんなわしが悪かったんや。ただ、どうしても死ぬ前に謝りたかった……、よしゑ、かんにんしてや、悪いことした……お前に……どうか許してや。そしてわしを死なせてくれ」

元義は震える声で、涙を流した。その姿を見て、よしゑもその場に泣き崩れた。よしゑは、元義が入院すると、連日病院に通いその看病にあたった。やがて元義は旅立った。よしゑに見取られながら、その死に際《ぎわ》は穏やかなものであったという。

第三章　木屋町「おそめ」の灯

女給暮らし

若い頃の秀は、「光り輝くようだった」と、よく評される。

「まるで観音様みたい。後光が射《さ》しているように見えました」と言う人もいた。

母のよしゑにいたっては、「うちの秀、いうたら仏様か観音様の生まれ変わりや」と、真顔で周囲に訴えたという。現実主義で、目端の利《き》くよしゑと、どこまでも鷹揚《おうよう》な秀。気質のまるで似ていない親子だった。だからこそ母は、わが娘に惹《ひ》かれ続けたのであろうか。静かでおとなしく嫋々《じようじよう》とした娘は、よしゑにとって崇拝すべきわが子だった。

「秀みたいなええ子に悪いことした人には、かならず罰が当たるえ」

それが、よしゑの口癖だった。時には、

「秀はな、ほんまに、ほんまに可愛《かわい》かったんや。芸妓《げいこ》さんの頃なんて、髪の生え際《ぎわ》のとこ、濃い、濃いくって、色は白うて、ほんまに綺麗《きれい》かったんや」

そう熱弁を揮《ふる》うこともあった。孫娘たちは、そんなよしゑを前に「おばあちゃん、娘に惚《ほ》れてはるわ」と度々苦笑したという。

秀の白い肌と黒髪は、確かに今でも語り草だ。

だからこそ、さまざまに噂《うわさ》された。いや、今現在においてさえ。おそめ、について取材を進め京都の花街で女たちに話を聞くと、決まって耳にしたのが、秀の風姿に関する噂であった。

「戦後のもののない時代から、おそめさん言うたら、牛乳風呂《ぶろ》に毎日入ってはったらしい」

「お風呂場で水化粧して、冬でも水をかぶらはるんやって。お化粧して、水かぶって、またお化粧して水かぶって。そしたら、肌にぴたっとして、素肌みたいに見えるらしい」

実にさまざまな噂があった。

もちろん、風評の多くは真実ではない。牛乳風呂の真相は、こうである。

木屋町仏光寺の家から秀は銭湯に通ったが、いつも牛乳瓶を一本、持参した。湯上りに化粧水の代わりにピタピタと顔にはたく。それがいつのまにか噂になって、尾ひれがついたものらしい。

水化粧の伝説についても同様である。秀はだいたい、美容と健康に気を遣う人ではない。夜は遅くまで飲み食いし、顔も洗わずに寝てしまう。化粧水は若いときから今にいたるまでずっと「へちまコロン」のみである。「へちまコロン」をつけ、粉白粉《なおしろい》をポンポンと無造作にはたき、手ぬぐいで拭《ぬぐ》う。それで、化粧はおしまいだった。

おそらくは白い肌と黒髪の秘密を聞こうと、周囲がやっきになった時期があったのだろう。中には、ずいぶんと滑稽《こっけい》なものもあった。

「おそめさんいうたら、朝晩、極上の椿油《つばきあぶら》で丹念に髪の毛手入れしはるそうですよ。せやさかい、あのお年にならはっても、白髪《しらが》が一本も生えへんのやいうことどす」

ある老妓《ろうぎ》は大きな秘密を明かすように、小声で、そう教えてくれた。そして、真剣な顔で私に問うのだった。

「どうどすか、今でも、やっぱり真っ黒どすか」

秀にその話をすると、頰を緩めて笑った。

「もうずっと、染めてもろうてますわ」

光り輝くようだった、という若き日の秀。写真がある。確かに、美しい。だが、と私は思う。秀の美しさは写真では捉《とら》えきれぬものだったのではないか。それは、ちょうど、蛍や、月の美しさを写真に残せぬのと同じように。

秀は白井と正式に別れ、俊藤とともに木屋町仏光寺の家に暮らしていた。

日増しに大きくなる腹を抱えては、もはや芸妓も勤まらなかった。いや。たとえ妊娠していなかったとしても白井を袖《そで》にした一件から、もはや祇園《ぎおん》に勤めることは許されなかっただろう。

　俊藤は、進駐軍の通訳などを手伝い、ときおり金や食料を持ち帰ることもあったが、生活の大半は依然として秀に頼った。ふたりは白井にもらった手切れ金を使い果たすと、家にあるものを次々と質に入れた。白井が秀のために作った豪華な調度品や着物が消えていった。

　母のよしゑは、秀が俊藤と住むようになり疎遠《そえん》になったとはいえ、それでも娘のことが心配で時おり様子を見にやってきた。そのたびに部屋の家具が減っているのを目にし、怒りに震えた。秀が質屋通いをしていると知り、慌《あわ》てて質草になったものを買い戻しにいくこともあった。白井が手切れとして与えた家に居座り、秀に売り食いをさせて、ろくに働こうともせぬ俊藤という男を、母はつくづく憎んだ。

　買い戻してやった質草を手に、よしゑは何度も秀に意見を言った。しかし、娘に聞き入れられることは、一度としてなかった。秀は俊藤との、ままごとのような生活に酔っていた。よしゑの気持ちも考えず、子どもが生まれたら、まっさきに疎開先にいる俊藤の母へ挨拶《あいさつ》に行くのだと嬉《うれ》しそうに語った。男に骨抜きにされた娘をよしゑは、やるせない思いで見つめた。

　昭和二十一年十月、秀は女の子を産み落とす。高子、と名づけられた。

子どもを得ても、ふたりの生活はなんら変わらなかった。俊藤は正業につこうとせず、相変わらずの竹の子生活を続けた。売り食いを重ねた結果、あれほど簞笥《たんす》に溢《あふ》れていた着物は一枚もなくなった。秀は冬場に浴衣《ゆかた》を重ね着した。着道楽だった娘の変わりように、よしゑは改めて、どれだけ娘が俊藤に惚れきっているのかを知り、歯《は》嚙《が》みした。

俊藤が肉を食べたいといえば、よしゑが初孫のために買ってやったものまで、秀は質草にして都合してしまう。子どものことよりも男の心を優先させる秀への怒りは、よしゑのなかで、すべて俊藤への憎しみに変わっていった。よしゑは俊藤を真っ向から敵視した。この男は金のありそうな女を食い物にする輩《やから》に違いない。働く気はこの先もないだろう。時おり、俊藤の知り合いと称して険しい顔つきの男たちが神戸から訪れることも、よしゑには不安でならなかった。

どこまで搾《しぼ》り取られてしまうのだろうかと、よしゑは思った。めぼしいものは、もう何もなかった。白井という援助者も失い、もはや質草も底をついている。秀が所有する財産で残るものといえば、この家しかない。まさか、この家まで、と考えて、よしゑは身震いした。なんとしても、あの男から秀を引き離さなければならない。そう思った。

もともと信心深かったよしゑは、この頃から盛んに縁切り寺に詣《もう》でるようになった。霊験あらたかだと聞くと、すぐさま飛んでいった。その習慣はその後、数十年と続くことになる。

浴衣を重ね着している娘の姿を見れば、なんとかしてやりたいと思う。その頃、よしゑは祇園町でささやかな旅館を経営し、結構、繁盛《はんじょう》させていた。だが、秀に援助すれば結局、俊藤との仲を長くさせることになりかねない。今、よしゑが望むことといえば、金の切れ目を俊藤が見越して、秀から離れていくことばかりだった。よしゑは一時も早く、そのときが来るようにと息を潜めて様子を窺《うかが》っていた。

ところが、よしゑの思うように、ことは進まなかった。

竹の子生活もついに極まったところで、秀が思いも寄らぬことを言い出したのである。働きに出る、と言う。それも、カフェの女給になる、というのだ。よしゑは色を失った。新風俗としてカフェが人気を集めるのは明治の末期からのこと。しかし、第一級の遊び場といえばその頃はまだ花街であり、財界人や政治家がカフェに出入りすることなど、まずありえなかった。

母のよしゑも一時すがったように、女給という仕事には若さと、ある程度の容色にさえ恵まれていれば誰でも就くことができる。だからこそ芸を仕込まれて育て上げられる芸妓ら花柳界の女たちに比して、当時、カフェの女給は一段低く見られた。その風潮が、ことさら京都では強かった。

よりによって祇園で名を知られた女がカフェの女給になるという。立派な旦那《だんな》もいたものをしくじって、ついには女給にまで成り果てたと噂されるのは目に見えていた。

世間の目から見れば、それは女としての零落であった。だが、当の本人である秀は、まるで、そうは思っていない様子だった。

秀の勤めたカフェの名は「菊水」という。当時、京都にあるカフェの中では最も高級な店だった。場所は寺町四条、今も交差点の角にある「菊水ビル」がその跡地にあたる。木屋町仏光寺の秀の家からは歩いて十五分もかからない。高子を生んだ翌年の昭和二十二年、秀は二十四歳になっていた。

当時の女給には給料がなかった。店に出ただけでは、金はもらえない。客が女給を指名してテーブルに呼び、はじめて金が動く仕組みだった。自分を指名した客の飲み物や食べ物代のうちの数パーセント、それに客が直接自分たちに渡してくれるチップが収入になる。客がつかなければ、一銭も入らない。店によっては、女給から逆に場所代として金を取るところもあった。いわば、店という囲いの中で、それぞれが個人営業しているようなものだった。だからこそ女たちは必死に客を得なくてはならなかった。

当時、カフェに働く女には、戦争で夫や父親など頼れる人を失い、中には乳飲み子や病身の身内を抱えているものも多かった。いや、そんな不幸を背負った女が大半だったと言っていい。

「パンパンになるか、女給になるか、それしか生きて行く道はなかったもの」

銀座のバーに戦後間もなく勤めた女性の口から何度、そう聞いたことだろう。事情は当然ながら京都でも同じだった。

大正時代、もしくは戦前こそカフェの女給は自由を謳歌《おうか》しようとするアプレ・ゲールの自立した職業、という一面もあったものの、日本中が深刻な食糧難におかれた状況下では、もはや、そんな空気など求めようもなかった。

女たちは必死だった。客を取り合い、その日どれだけの金を手にして帰ることができるかが勝負だった。しかし、そんな環境でも、秀は何の苦労もなく、あっという間に「菊水」一の稼ぎ頭になってしまった。

「姉さんは若いし美人やし、それになんといっても男の人の前に出たら上手に相手しはる。話術が巧み、いうわけやないんやけど、聞き上手だし、座持ちがようて男はん、いい気分にならはるんでしょう。性質があんなんおっとりしてて優しいし。人気やった」

「それに姉が『菊水』に勤めたいうたら、その噂聞いて、祇園時代のごひいきさんやらも顔出さはるようになって。せやから姉の客はほかのお客はんらとは、ちょっと違うてましたよ」

妹の掬子は、当時をそう振り返る。

秀が「菊水」に勤めるようになると、その噂を聞きつけ祇園時代からの客たちが、おそめ会いたさに「菊水」に通うようになった。普段は一流のお茶屋でしか遊ばない、いかにも大旦那然とした人が伴《とも》を連れて「菊水」にやってくる。いくら「菊水」が一流とはいえ、所詮《しょせん》はカフェである。秀を慕って訪れる祇園時代からの男客は、明らかにほかの客とは一線を画していた。

その上、花街からの古い馴染《なじ》み客ばかりでなく、元祇園芸妓のおそめがいるという評判を聞きつけて、顔を見に来る客もあった。いくつものテーブルをかかえて、秀は忙しく立ち回った。

その様子を見て、指名のかからぬ女たちは壁を背にして悔しがった。嫉妬《しっと》というよりも、それは恨みに近かった。皆が飢えと隣り合わせの世の中である。秀に客を奪われれば、自分が干上がってしまう。祇園とはまた違う、それよりも切羽詰った事情を抱える女たちに囲まれて、やはり秀は孤立していた。

そうした事情もあって「菊水」に勤めて間もなく、秀は妹の掬子に声をかけた。掬子は戦後、再びタイピストとして勤め、職場で知り合った青年との間に一女をもうけたものの、ほどなく離婚を経験していた。タイピストとしての稼ぎでは到底、乳飲み子を養ってはいけない。そんな妹に自分と同じ店で思い切って女給をしてみないかと誘ったのである。

水商売の経験はまるでない掬子であったが、姉の誘いに乗った。店では「みどり」と名乗った。姉妹は、こうして同じ店で働くことになったのだった。

掬子はカフェという仕事場で、あらためて姉をつぶさに観察した。客たちの関心を一手に集めて少しもそらさない。特にあからさまなお世辞を言うわけでもなく、奇異な話や振る舞いをするわけでもない。だが、秀は客を魅了した。どんなにほかの女給たちが手持ち無沙汰《ぶさた》にする日でも、秀にだけは客が押し寄せた。

客をこれだけひきつける秘密はどこにあるのだろう。掬子は、秀の姿を遠くから眺めながら考えた。もちろん顔形の美しさが無言の説得力になっているのは言うまでもない。しかし、目鼻立ちの整った女ならほかにもいた。それでも広いフロアの中で、たくさんの女給たちに混じり秀だけが静かに輝いて見えた。薄い光の膜をまとっているようだった。

「なにかが違うのですわ。姉のことをいうのも変ですが、品格、いうのか雰囲気が独特です。それが人さんをひきつけるんや思いました。せやから姉はそのために生まれてきたような人ですわ。生まれながらに、そういった能力持ってはる。人さんに好かれる、いう」

小さな頃から比較され続けた姉である。なぜ、姉だけが可愛がられるのかとときに僻《ひが》み、ときに憎むこともあったが、こうして秀が客たちにもてはやされる様子を目の当《ま》たりにし、掬子は幼い日に感じた親や祖父たちの依怙贔屓《えこひいき》さえも、仕方がないことのように思うのだった。それほど妹の眼から見ても、店での秀は飛びぬけた魅力をたたえていた。

　秀は店でいつも楽しそうだった。心底楽しいのだろうと、掬子は思った。ほかの女給たちが生活のためにやむなく働くなかにあって、秀の天真爛漫《らんまん》な勤めぶりは、いやでも目立った。酒ひとつ取っても、女たちが飲むのは売り上げを少しでも伸ばしたいからである。中には飲めぬ酒を無理にあおって身体《からだ》を壊すものもいた。その点をとっても、秀は違う。根っからの酒好きである。一晩で酒なら一升、洋酒でも一本半は軽く空けてしまう。カフェでは大好きな酒を飲めば、それが収入として跳ね返ってくるのだ。秀には、うってつけの職場だった。

　掬子は、秀のテーブルに補助でつかせてもらうことが多かった。売れっ子の秀はひとつテーブルに留まっていられない。秀の去った席に、もしくは秀が到着するまでのつなぎに掬子はテーブルにつかされた。ところが、秀が目当ての客たちは皆、気もそぞろである。とりわけ祇園からの客たちは、秀以外の女給が相手では、ろくに口も開こうともしなかった。それゆえ、ほかの女給たちは秀の受け持つテーブルに補佐でつくことを極端に嫌った。

　中でも、Tデパートの社長のことは忘れられない。祇園時代から秀を大の贔屓《ひいき》とし、秀が「菊水」で女給になってからは、連日、店にやってきた。中風をわずらったために身体が悪く両脇《りょうわき》をいつもお茶屋の女将《おかみ》と専務に支えられての登場だった。気難しく、秀の登場が遅いと、それだけで機嫌が悪くなる。秀の代わりにテーブルにつかされると、掬子はいつも冷や汗をかいた。秀以外の女給とは口を利《き》くのも汚《けが》らわしい、と言わんばかり、それでいて、何かにつけては「バカッ」と大声で叱責《しっせき》されるからだ。ところが、そんな気難し屋も秀が来ると、途端に態度が変わる。手を叩《たた》かんばかりにして、まるでお姫様を迎えたような喜びようである。その様子は掬子に秀を溺愛《できあい》した角田の祖父、元三郎の姿を思い出させた。

深夜、店が終わると女給たちは静まりかえる夜道を、散り散りに帰る。

そんな中、秀にだけはいつも迎えがあった。店から少し離れた電信柱の陰に、男が待っている。秀は一直線に駆け寄ると、肩を並べて帰っていくのが常だった。

ある日、店が終わって外へ出てみると、叩きつけるような大雨が降っていた。ただでさえ深夜である。白く煙る雨脚で一寸先も見えないほどだった。激しい降りにたじろぎ、店から出た女たちは、恨めしく空を見上げて、足を竦《すく》ませて立ち並んだ。そのとき、人垣を搔《か》き分けるようにして、傘もささずに、ただひとり、秀が夜道へと飛び出していった。

秀の行方を皆が目で追った。雨に白くかすむ通りの向こうに、いつもどおり男が番傘をさし、強い雨に打たれながら待っていた。秀が男の胸元に飛び込んだ。男が手ぬぐいで、秀の顔や肩を拭《ふ》いてやる。懐《ふところ》から高下駄を取り出し、履物を代えさせると、秀が脱ぎ捨てた草履を胸にしまい、手に抱えた雨合羽《あまがっぱ》を羽織らせてやっていた。身支度をすっかり整えたふたりは、やがて連れ立って帰っていった。雨はいっそう強くなる。雨飛沫《あましぶき》がふたりの姿をかすませ、やがて、影も見えなくなった。

一部始終を、店の前に固まった女給たちは声もなく見ていた。女たちの中には戦争で夫を失った者もいた。カフェでは稼ぎきれぬ金を、身体に絡《から》ませて得なくてはならぬ、辛《つら》い立場の女もいた。

「あん人、旦那持ちやで。毎日、お迎えで大変や」

女たちは、翌日から前にもまして、一層、客に吹き込むようになった。

そんな女給たちの中にあって、ただひとり、別の感慨に耽《ふけ》ったのは妹の掬子だった。

「惚《ほ》れるはずやわ」

掬子はひとり苦笑した。

姉と俊藤の道行きをたっぷりと見届け、暗い夜道へと足を踏み出す。

その頃、掬子は、乳飲み子の娘とともに店からほど近い、松原の貸間に暮らしていた。はじめは母子ふたりでの暮らしだった。ところが、そこへ突如、養父母と義姉が何の前触れもなく風呂敷《ふろしき》包みを抱えてやってきた。息子（掬子にとっては義兄にあたる）に騙《だま》されて西陣の家屋敷を失い、掬子を頼ったのである。子ども時代に冷たい仕打ちに耐えかね「将来は絶対、食べるもんと寝るとこで他人《ひと》さんの世話にならへん」と掬子に自立を決意させた養父母だった。頭を下げられたとき、掬子の心は複雑に揺れた。できれば、撥《は》ねつけたいとも思った。しかし、やはり養父母を突き放すことはできなかった。

「ほんまに子は……、子は育てておくもんやな。ほんまに。掬子、おおきに」

そういって咽《むせ》び泣く養父の声を掬子は白けた気持ちで聞きすごした。頭の中では月給のない女給として、これだけの人間をどう養っていこうかと思案していた。

姉は亭主と子どもを養うため、妹は養父母と子どもを養うため、姉妹それぞれの女給暮らしだった。

木屋町「おそめ」開店

女給勤めの理由を、後に秀は雑誌のインタビューで「自分が店を持つにあたっての修業見習いだった」と語っている。

バー「おそめ」を始めるにあたっての見習いとして、女給に出たのだ、というのだ。しかし、それは事実なのであろうか。「菊水」に出たのは日銭を得るためであり、そんな計画性はなかったように伝え聞く。ただ、「菊水」で働くうちに、あまりに自分を訪ねる客の多いことから、店を持つことを思い立った。また、一説には、それを強く勧めたのは俊藤であった、ともいう。

ともかく、秀は半年ほど「菊水」に勤めると掬子を残して突如、店をやめた。木屋町仏光寺の自宅を改造して、バーを始めようと思い立ったからである。カフェに勤めた女給が店をやめてカウンターをメインにした小さな酒場を持つ。東京では戦前にカフェ「タイガー」の人気女給だった高崎雪子（通称・お夏）が独立してバー「ルパン」を開いた例が有名だが、京都では戦後も、まだバーそのものがめずらしかった。

秀はまず、馴染《なじ》みの客たちに、その計画を相談した。すると、思った以上に応援を申し出てくれる人が多かった。おそめの女給勤めを、周囲はやはり痛々しく見ていたのだろう。

自宅の改装費用は祇園時代から秀を贔屓《ひいき》にした政治家の大野《おおの》伴睦《ばんぼく》が工面してくれることになった。また洋酒類に関しては、やはり祇園時代に「おそめ見る会」の音頭を取った京都西川の社長らが中心になって引き受けてくれた。当時、洋酒は貴重品である。そんな時代に、西川社長は戦前から自分の家に蒐集《しゅうしゅう》していた洋酒類を、トラックで秀のもとへと届けてくれた。

木屋町仏光寺の家は横幅が三メートルもない、間口の狭い家だった。秀はその玄関先の土間を改築して、文字通りのホームバーを作ったのである。ようやくカウンターに五、六人が腰かけられるだけの小さな店。玄関の格子戸《こうしど》をドアにし、最後に横文字で「ＯＳ

OME」と書かれたネオンサインを掲げた。後に日本全国にその名を知られることになるバー「おそめ」の、それがスタートだった。

ときは、昭和二十三年。まだ通りには傷痍《しょうい》軍人が溢《あふ》れ、アメリカ兵たちがわが物顔に町を闊歩《かっぽ》していた時代である。

「おそめ」は、はじめから繁盛《はんじょう》した。宣伝など一切しなかったにもかかわらず、客は次々とやってきた。祇園時代からの贔屓もいれば、寺町「菊水」時代の客もいた。カウンターの止まり木に、客はおそめの顔を見るために集まってきた。

祇園時代、客は、おそめを座敷に呼ぶのに苦労したが、「菊水」でも事情は同じだった。売れっ子の彼女は、各テーブルを回るのに忙しく、客ひとりが独占するのは難しかった。ところが、バー「おそめ」に行けば手の届く場所に秀が常にいるのである。女給も置かず、秀ひとりが佇《たたず》む店。この小さな店は客にとって、その一点だけでも十分に魅力溢れる酒場だった。

思い出の一見客《いちげん》——服部《はっとり》良一と門田《かどた》勲《いさお》

小さく、ささやかな店だからこそ、秀ははじめから会員制という建前を取った。客席は昔からの知り合いだけで、すぐにいっぱいになってしまう。会員制、というといかめしいが、要は「一見さんお断り」という花街流のやり方である。何事も客筋が大事と、秀は考えた。祇園の座敷にしてもカフェにしても、客は単に酒を飲みにくるわけではなかった。まずは秀に会うために、次に場の雰囲気を求めてやってくる。

実際のところ、わざわざ断るまでもなく、看板ひとつ上げただけの店に躊躇《りゅうちょ》なく入ってくる一見客はほとんどいなかった。木屋町仏光寺の暗闇《くらやみ》にポツリと灯りをともしただけの店である。店内の様子も値段もわからず、気軽にドアを開けられる雰囲気でもなかった。

だが、それでも稀《まれ》に強い好奇心から店の戸を開く人はいる。秀はその際、客の顔を見て、すばやく、この店に受け入れられる客であるかどうかを判断した。

店を開いてから幾日も経《た》たぬ日のこと。はじめて一見客が、ドアを開けて顔をひょいと覗《のぞ》かせた。落ち着きのある中年の紳士だった。

「一杯、飲ましてもらえるかな」

そう問う男の素朴な笑顔に秀はひと目で好感を持った。

「おこしやす」

招き入れてカウンターの椅子《いす》を勧める。

男は、ものめずらしそうに店内を見回した。思ったよりずっと狭くて驚いたらしい。わずかにスツールが五、六脚並ぶだけ。カウンターの中には秀ひとりが佇《たたず》んでいた。

当時、秀は二十五歳。いくぶんぽっちゃりとした顔つきが、年齢よりもさらに若く見せていた。髪をカールさせて肩にたらし、化粧もほとんどせずに地味な着物を極端に襟《えり》詰《づ》めして着ている。まるで女学生のようだった。

そんな秀に男は興味をそそられ、あれこれと尋ねた。秀は男の質問に正直に答えて会話が弾んだ。すると、ひょんな拍子にその客は、ぷっと吹き出した。

「そしたら、サムじゃなくて『おそめ』だったの？」

「へえ、そうどす。うちの名前と一緒どす。おそめ、ですわ」

秀が答えると、男は笑いながら続けた。

「てっきりサムだと思ったよ。表のネオン、『SOME』になってるから」

表のネオンサインのOの字が、故障して消えていたのだった。

「そうどしたんか。うち何にもしらんと。「そめ」やのうて「さむ」になってしまいますのん。せやけど、みんなにサムやと思われたら困ります。それやと、なんや男の人の名前みたいでけったいなことどすな」

この一見客が誰であるのか、秀は後で知ることになる。男の名は、服部良一。明治四十年大阪生まれ、昭和十年に日本コロムビアレコードの専属となり、昭和十二年に「別れのブルース」を発表してからというもの「湖畔の宿」「蘇州《そしゅう》夜曲」「夜のプラットホーム」「東京ブギウギ」「青い山脈」と戦前戦後を通じて数々のヒット曲を作り続けてきた男である。

服部は、すぐに「おそめ」の熱心な常連客になった。どれほど熱心な客であったか、「おそめ」のために作った二曲の歌が物語っている。

「おそめ囃子《ばやし》」に「おそめの四季」。「おそめ囃子」の作詞は、吉井勇が引き受けている。吉井勇は祇園時代から秀のファンで、「おそめ」を開いてからは、やはり熱心な常連客のひとりとなっていた。秀のために短歌も何首か残している。

一見客といえば、もうひとり、「おそめ」を語る上で外せない人物がいる。

その男は、やはり、ふらりと店にやってきた。

仕立てのいい背広を身につけ、黒ぶちの眼鏡をかけていた。いかにも気の強そうな面《つら》構《がま》えで、立ち居振る舞いも堂に入っている。

「いつもこの前を車で通るんだが、前から気になっていた」

隙《すき》のない身のこなしで席につく。腰をかけようとする瞬間にも、黒ぶちの眼鏡の奥で細い目がするどく秀を観察していた。秀が祇園時代に接した客たちに比べればいくぶん若い。だが、男には社会の中枢《ちゆうすう》にいる人間がかもし出す独特の雰囲気があった。場慣れした物腰と、すっきりとした口調に、秀ははじめから好感を持った。

「東京の方どすか」

「ああ、しかし、大学は京都だった」

「そうどしたか」

「最近、大阪に東京から転勤になった。それで京都にも近くなったというわけだ」

男の名は門田勲という。当時の肩書きは、朝日新聞大阪本社編集局長。「戦後、強くなったのは女と靴下だ」の名言でも知られるジャーナリストであり、後に朝日きっての名文家として鳴らす人物である。

明治三十五年生まれ、京都大学法学部を卒業して朝日新聞社に入社し、社会部記者として活躍。歯に衣《きぬ》着せぬ性分で、組織の中では多少異端児的な存在であったが、戦後、上層部が一掃されたことにより昭和二十五年から二年間大阪本社の編集局長という要職に就いた。この間、木屋町「おそめ」をはじめて訪れ、その後、「おそめ」が銀座進出を果たすと、有楽町の本社に戻っていた門田はやはり足繁《あししげ》く社会部の後輩たちを連れて通うことになる。

大阪から社旗を立てた車を飛ばして、門田は「おそめ」へ通いつめた。後に秀は月刊誌の「私にとって魅力的な男性」という企画で門田を挙げ、以下のように語っている。

「門田さんは、私がはじめて京都に店をもったときから、ごひいきにしていただいておりますｓ。ものすごくひいきづよいお方で、いっぺんひいきにして下さると、しんからよくしてくださいます。お酒をめし上がると、豪快と申しましょうか男らしすぎるくらい、それは愉快です。口ではぼろくそにおっしゃっても、気持ちは神経質なほど気がついて、細かいことまで気をくばってくださいます。気持ちにほれるといいますか、気性が好きです。それに清潔感があって、男性的で……。奥さまも私のファンでいてくださって、よくごいっしょに店にいらして下さいます。私もお宅へうかがって、一日あそばせてもらうこともございます」(『婦人公論』昭和三十二年十一月号)

口が悪くズケズケとものを言う一方で情が深くどこまでも面倒見のいい門田は秀の目に、はじめから頼もしい存在として映った。門田もまた、この不思議な魅力を持つ女に、強く惹《ひ》かれたのだろう。彼が後に発表したエッセイに「京をんな」と題するものがある。「旧《ふる》い京の町に、パリやベルリンよりも先に電車が走ったように、因習に閉じ込められたような町から、ときに突拍子もないような変り種が出る。いつかも、小説のモデル問題で騒ぎになった女性があった。京都の旧い町では、いまでも近所の眼をはばかって、夫婦が連れ立って家を出かけるということはしないのが多い。帰りも家の手前で円タクを下りて、別々にくぐり戸を開けるのだと聞いて驚いた。隣近所がお互いに見張りをし合っている息苦しさに癇癪《かんしゃく》がおきて、ときには『サァ、来やアがれ』と尻《しり》をまくる京をんなも出てくるわけだろう」

ここで小説のモデルになった、とされているのは、秀のことではなく谷崎潤一郎「鴨《おう》東綺譚《とうきたん》」のモデルとされた女性のことであろう。だが、門田が考える「尻をまくった京をんな」の中には、秀のことも当然ながら、含まれていたに違いない。

ある日、いつものように、木屋町「おそめ」のカウンターでウイスキーを舐《な》めていた門田が、秀の顔をじっと見つめて、こう切り出した。

「おそめ、お前さん、鎌倉の大仏、見たがってたな」

大阪への転勤にあたり、家族も呼び寄せて暮らしていた門田であるが、本来の住まいは鎌倉である。

「へえ、そうどす。うちいっぺん拝ましてもらいたい、思うてますのんやけど」

秀は答えた。

「そうか、俺が今度、見せてやるさ」

「ほんまですか、うち鎌倉は行かしてもうたことおへんさかい。案内しておくれやすか」

日をおかずに、再び門田は店にやってきた。男客をひとり伴っている。門田よりわずかに年配と見え、髪には少し白いものが混じっていた。端正な顔立ちに、慈愛に溢《あふ》れる眼の色がとりわけ印象に深い。その瞳《ひとみ》が秀を捉《とら》えて、いかにも興味深そうに輝いていた。

門田が秀に告げた。

「おそめ、鎌倉の大仏《だいぶつ》さんを連れてきてやったぞ」

秀は大きく目を見張った。作家、大佛《おさらぎ》次郎との出会いだった。

大佛《おさらぎ》次郎作品と「おそめ」

戦前、「鞍馬《くらま》天狗《てんぐ》」シリーズもので人気を集めた大佛次郎は、戦後、いち早く京都を舞台とした作品を次々発表した。その発端となった『帰郷』は昭和二十三年五月十七日から十一月二十一日まで毎日新聞に連載され、絶大な人気を博し、後に映画化もされている。

『帰郷』の主人公は元海軍の軍人。戦時中、消息を絶って海外を放浪し、終戦とともに日本に帰国する。しかし祖国では、すでに故人とされ、妻は再婚を果たしていた。久しぶりに見る祖国は、いたずらにアメリカナイズされており主人公は深く失望し、再び日本から去ることを決意する。だが、その旅立ちを目前に彼は京都を訪れ、古都の美しさを目に、はじめて帰郷を果たしたことを実感する、というストーリーである。

大佛は『帰郷』に引き続き、やはり京都を主要な舞台とする『宗方《むなかた》姉妹』を朝日新聞紙上に発表した。

『宗方姉妹』は戦争で没落した心優しく美しい姉妹が、戦後の逆境を生き抜く姿を描いた作品である。作中では、古風な姉が生活のためにバーを始める。大佛が朝日新聞記者・門田勲の案内により京都木屋町の「おそめ」を訪ねるのは、まさにこの『宗方姉妹』連載の最中か、もしくは書き終えた直後のことであろう。ちなみに、この作品は翌年、小津安二郎監督の手により映画化されている。後に詳しく述べるが、大佛だけでなく小津安二郎もまた「おそめ」の熱心な客であった。

大佛は京都を舞台とした作品を手がけることになって、足繁《あししげ》く古都を訪れるようになった。その中で門田の紹介により、「おそめ」を知るのである。取材を兼ねて京都を散策する際、秀はその伴《とも》を務めるようになった。ときには大佛に相談されて行き先を決めもした。その昔、文人茶屋と言われた祇園「大友《だいとも》」の女将《おかみ》が、夏目漱石の伴をして、文豪の京都散策の水先案内を務めたように、秀もまた、この人気作家の取材をよく助けたのである。

季節にあった京都の風景や行事へと、大佛を案内する。まだ今のようにガイドブックが氾濫《はんらん》する時代ではない。秀の尽力がどれほど、この作家を助けたことであろうか。大佛は、こうして案内されて見聞きした風物を、小説の中に書き、また紀行文や随筆として発表した。

テレビもなく、旅行雑誌もなかった時代、文士たちの社会に与える影響は今よりもずっと大きかった。大佛の作品は読者の多くに京都への旅愁を誘うことになり、その後の京都ブームを作ることになる。そうした大きなうねりの中に、「おそめ」があり、秀がいたのである。

大佛は、『宗方姉妹』を書き上げた後の昭和三十年、再び京都を主要な舞台として『風船』を発表する。

『風船』の主人公は、画家を目指して挫折《ざせつ》し、後に実業家として成功を収める初老の男性である。妻とふたりの子どもを得て、裕福な暮らしをしているが、老年といわれる年齢にさしかかり自分の生活を振り返り、ある感慨にとらわれる。道楽息子は、バーの女給と遊び半分につき合い彼女を自殺させるまでに追い込み、妻は妻で、ひどく驕慢《きょうまん》な女となっている。主人公にとって唯一《ゆいいつ》の慰めは、先天性脳性まひに侵された心優しい、ひとり娘だけだった。

主人公はそんなある日、仕事で学生時代を過ごした京都を訪れ、昔、下宿していた家の娘と偶然に再会する。娘は、バーの女給をしながら弟を養って暮らしていた。貧しくとも気高く、精一杯に生きようとするその姿を見て、東京での自分をとりまく人間関係のあり方に疑問を感じた主人公は、やがてすべての財産、社会的地位を捨て、京都に戻り、再び絵筆を握ろうと決心する。

この『風船』においても京都は、主人公に新しい生の息吹《いぶき》を与える役割を担《にな》わされている。大佛の作品において、あくまで京都は伝統と文化に根ざし、軽薄に乱れゆく現代日本の俗悪さを暴《あば》き出す鏡とされているのである。大佛はまた仏光寺にある感じのよいバー「お染」を作品中に登場させている。

昭和三十一年に公開された映画では、主人公を森雅之、下宿屋の娘を左幸子が演じた。この左がアルバイトをしているバーが映画中では木屋町仏光寺の「おそめ」となっている。彼女を探して、森雅之が「おそめ」を訪ねる場面があるのだが、セットではなく、実際に木屋町の「おそめ」が使われ、秀も「おそめ」のマダムという役で登場している。秀は画面いっぱいのアップで映され、森雅之と台詞《せりふ》のやりとりをする。なかなか堂に入った演技ぶりである。

『風船』のメガホンをとった監督は川島雄三。川島も、もちろん「おそめ」の常連だった。秀とはとりわけ気の合う飲み友達で、つき合いが深かった。

文芸に力があり、映画界もまた興隆の最中にあった時代、文学作品は次々と映画化された。その際には原作者も映画監督も、演出家も美術家も音楽担当者も皆「おそめ」の常連、ということが少なくなかった。文士が集い、映画人が集う木屋町の小さなバー「おそめ」。そこは一種の文化サロンとして機能していたのである。

なお、大佛次郎の京都への憧憬《しょうけい》の姿勢は、そのまま川端康成に踏襲される。川端も戦後、強く京都に魅了された作家のひとりだった。大佛とは東大の同窓で、同じく鎌倉を住まいとして、つき合いも深かった。大佛の『帰郷』に最も早く、敏感に反応したのが川端であり、彼が後に発表する『古都』そのほかの京都ものには、大佛作品の影響が色濃いと指摘されている。

この川端も、「おそめ」には足しげく通った常連客のひとりであるのだが、川端と秀の交流については、改めて後に触れることにしたい。

白洲《しらす》正子と青山二郎のおそめ評

日を追って増える客に合わせて、秀は少し手を入れ、住まいは二階だけとし一階をすべて店に直した。しかし、それでもカウンターが多少延び、ボックス席がひとつ取れただけである。京都の町家だけに奥行きはあるもののカウンターをとるといかにも狭い。店奥のトイレに行こうとすると、止まり木に腰掛ける客の背中と身体《からだ》が触れ合いそうになる。口の悪い客は、「入り口から出て高瀬川ですましたほうが手っ取り早い」と秀をからかった。

とはいえ、おそらくは、この手狭さも魅力だったのだろう。大通りや賑《にぎ》やかな繁華街にあるわけではない。街の喧騒《けんそう》と無縁な木立の深い木屋町仏光寺、高瀬川と鴨川《かもがわ》に挟まれた小さな町家づくりのバー「おそめ」は、可憐《かれん》な女主人の魅力とともに、その名を知られるようになっていく。

秀にとっても、この店での日々は楽しかった。祇園でも「菊水」でも勤めは苦にならなかった。だが、なんといっても、ここは自分の城である。祇園のように煩雑《はんざつ》な約束事に縛られ自分の意がままならぬわけでもなく、女たちから嫉妬《しっと》の刃《やいば》を突きつけられることもなかった。手伝いとして気に入った女の子を数人入れ、バーテンダーと会計を兼ねたボーイも雇ったが、あくまで主役は秀である。客たちは皆、こぞって秀に会うために押しかけた。店の売り物は秀自身、言ってみれば秀は、ただ己自身の魅力と才覚を頼みとして商売をしたのだった。

はじめこそ祇園時代の贔屓《ひいき》客が中心であったが、「おそめ」の客層は自然と広がっていった。ちょうど戦後も昭和二十年代半ばを過ぎ、お座敷遊びよりもバーで洋酒を傾けるのを好む傾向が京都でも強まった。もちろん花街は健在であるが、祇園や先斗町《ぽんとちょう》で遊んだ客たちも、二軒目、三軒目ということになれば「おそめ」に集まってくる。京都に茶屋は星の数ほどあったが、バーは「おそめ」よりほかにないのだった。

店は店主によって客層が決まるとよく言われるが、秀がバーを始めてみると、先にも書いたように文士や画家、映画関係者らが客に増えていった。特に、東京の文壇関係者たちは京都に来れば、必ずと言っていいほど「おそめ」に集った。

少女時代を東京ですごし、東京がとりわけ好きだった秀は、東京の客を好んだ。内面に奥深く感情をしまいこむ京都人の性質よりも、すっきりとした東京の男の気性が肌にあった。また、東京の男たちも、いかにも京おんならしい嫋々《じょうじょう》とした風情《ふぜい》を持ちながら、どこかざっくばらんで計算のない秀の性質に親しみを感じた。小さなことにこだわりがちな京都人とは、どこか一線を画した秀の剛毅《ごうき》な性格が、東京人の好みにあったのである。秀には根っからの京都人とは違う何かがあった。少女時代に三年間を新橋で過ごしたせいもあり、秀は、京都と東京、その二つの都市の特徴を併せ持つ女だった。

いつの間にか里見弴や吉井勇ら、戦前は文壇茶屋「大友《だいとも》」に遊んだ面々が、そのまま「おそめ」の客になっていた。世の中は戦争の爪痕《つめあと》がまだ深く、戦後の価値観の変動も激しかった時代である。だからこそ人々は、京都に特別な思いを抱いてやってきた。焼かれなかった街、因習に縛られつつ暮らす人々、古きもの、古き女たちを愛惜の眼差《まなざ》しで見つめた。

戦争による文化の断絶が叫ばれるなかで、作家の関心が京都に象徴される「日本的なもの」に傾き、京都を題材にした作品が、東京の作家の手により発表され人気を博する。そうした作家たちの多くが、押しなべて木屋町「おそめ」の客であったのである。

昭和二十年代の木屋町「おそめ」がどのような店であったのか。

白洲正子のエッセイにも、その証言を見つけることができる。

「先日、赤坂の『砂場』でおそばを食べていたら、おそめさんが入って来た。おそめさんといっても今時の若い人たちは知らないだろうが、京都の祇園の出で、銀座で一、二を競う『クラブおそめ』というバァを経営していた美人のマダムである」

白洲正子著『いまなぜ青山二郎なのか』に収められた一文は、そんな書き出しで始まる。

このエッセイの初出は平成二年の『新潮』十二月特大号。白洲正子は当時、秀と蕎麦《そば》屋《や》で邂逅《かいこう》したことを導入にし、秀と出会った頃を回想している。

はじめての出会い、それは昭和二十八年一月のことという。関西で座談会の仕事があり、師として仰いだ青山二郎とともに、白洲正子は京都に滞在した。

当時、京都には坂本睦子という女性が侘《わ》び住まいをしており、白洲と青山が京都へ出向いた目的には彼女を見舞う意味もあったと書かれている。坂本睦子、通称「むうちゃん」は銀座のバーに戦前から女給として勤め、多くの文士たちとつき合い、文壇人の間では、その名を知られた存在であった。坂本睦子は昭和三十三年に自殺し、その後、情人であった大岡昇平は彼女の生涯を小説『花影』として発表する。妖《あや》しく美しく、どこまでも無垢《むく》であったといわれる坂本睦子は、「おそめ」にもよく姿を見せた。

日中に座談会の仕事を終えた白洲と青山は東京から舞台美術家の伊藤熹朔《きさく》がやはり京都に来ていることを聞き、伊藤と合流する。そこで、伊藤に案内されて、はじめて木屋町仏光寺の「おそめ」に足を踏み入れるのである。

このとき、青山二郎は上羽秀という女の印象を、以下のように日記に書きとめたと、白洲は作中で紹介している。

「でッぷりしてゐて品が良くシッカリしてゐてハイカラで、祇園の出である。東京では見られない〈松八重〉と対照的な美人だ、吸い寄せられる様な魅力がある。松八重が一流の唐津なら、おそめのマダムは織部《おりべ》の傑作だ」

文中に出てくる「松八重」とは祇園の茶屋の名である。青山は白洲正子とともに「おそめ」に行き、おそめこと上羽秀を見たのであった。

青山が「織部の傑作」とおそめを見立てた横で、白洲正子自身は秀のことを、どう感じ取ったのか。彼女は、こう評している。

「その夜、私ははじめておそめさんに会ったのだが、輝くばかりに美しかった。白いきものを着て、平安朝の絵巻物からぬけ出た白拍子《しらびょうし》かお巫女《みこ》のように見えた」

「織部の傑作」と評した青山にしても、「白拍子かお巫女のよう」とした白洲にしても、よく上羽秀という女の本質を見抜いているように思う。秀は確かに織部の焼き物のように、ある種、モダンな線の太さを感じさせる女である。薄く触れれば壊れそうな白磁や青磁などとは違う。もっと突き抜けた強さを持っている。

一方、巫女か白拍子のよう、という白洲の見方にも納得がいく。どこまでも生活感がなく、それでいて人生をあるがままに受け入れて流れに身をまかす。定着や安定を求める女ではないと、白洲は秀の本質を見たのだろう。

白洲と青山が秀に出会った昭和二十八年、秀は三十歳になるやならず。子どもを産み、バー「おそめ」のマダムとなって五年が過ぎた頃のことである。

白洲と青山がはじめて、「おそめ」を訪れた、この日、客席には川口松太郎の姿もあった、と白洲は書き記している。また、俳優座の女優たちも合流し、坂本睦子もやってきた、とある。東京ではなく京都である。にもかかわらず、川口松太郎、青山二郎、白洲正子、伊藤熹朔、それに坂本睦子らが自然と引き寄せられ顔を合わす、それが、この木屋町に佇《たたず》む小さなバー「おそめ」の不思議な吸引力だった。

白洲の随筆からも、その頃、すでに「おそめ」が、知識人や粋人たちの間でかなり著名な店になっていたことが窺《うかが》えるが、不思議な魅力で男たちをひきつけるマダムの名は、事実、日に日に高まっていた。男たちは東京に帰れば銀座のバーで、「おそめ」の話をする。京都「おそめ」の名は男客の間だけでなく、銀座の女たちの間にも広がっていった。

また、秀も東京の噂《うわさ》を客たちから聞かされることになる。

そんなある日、東京から京都へ着いた川口松太郎が「おそめ」に来ると、カウンターの上にそっと風呂敷《ふろしき》に包まれた品を差し出した。

「東京土産だよ」

という。包みをほどくと、中から出てきたのは、琥珀色《こはくいろ》の洋酒だった。バーに酒を手土産にするとは今でこそ奇異に感じられるが、当時はまだ洋酒の入手に、どの店も頭を痛めた時代である。だからこそ親身な常連客は、洋酒が手に入ると馴染《なじ》みの店に届けてくれるのだった。

秀が喜んで洋酒の瓶をさすりながら礼をいうと、川口は冗談めかしながら告げた。

「高かったんだぞ、おそめ。なんせ『エスポワール』って酒屋から仕入れたんだからな」

エスポワールという響きには聞き覚えがあった。東京の客がよく口にする、銀座で一番といわれるバーの名だ。

「エスポワール……」

秀はそうつぶやきながら、光を集めて輝く瓶を、改めて見つめた。

エスポワール、という名が、深く秀の中に刻まれた最初の瞬間であった。

俊藤との関係

木屋町仏光寺の「おそめ」は、こうして順調すぎるほど繁盛《はんじょう》を続けていた。芸妓と違って旦那《だんな》を持つことを強要されないバーのマダムという職は、秀の性質に合った。木屋町の店で撮《うつ》した写真の数々、秀は若さの極みの美しさにある。なによりも表情が晴れやかだ。どの写真の中でも爛漫《らんまん》とした笑顔を見せている。

娘の高子には、この頃の、忘れられぬ記憶があるという。それは墓参りに出かけた日のこと。寺の門前には両側にびっしりと物乞《ものご》いたちが座り込み、長い列を作っていた。

それだけでも足がすくむ光景だった。しかし、さらに忘れられないのは、そのとき、秀が、右に左にと、じぐざぐに歩きながら、一人ひとりに小銭を与えていったことだった。物乞いたちが、手を必死に差し伸べる。無数の手が秀に伸びてくる、あの光景——。

また、車に乗っていて、秀が窓の外を見て叫んだことがあった。「あそこに、気の毒な人がいてはる、止めて、お父さん、止めてっ」。見ると道端には傷痍《しょうい》軍人が蹲《うずくま》っていた。運転席の俊藤が秀をなだめようとする。「お前、前見てたら、また同じような人はおるぞ、今、どれだけ街にあんな人がおると思う」。それでも秀は、「止めて、止めて」と繰り返した。日ごろは、おとなしい母の、強い口調がめずらしく、記憶にずっと残っているのであろう。

秀は、金をいつも人にやってしまう。それが今も少しも変わらぬ昔からの癖だった。よしゑや、掬子に金のことで注意を受けると「そんな、お金みたいなもの、お金みたいなもの、どうにでもなるっ」と子どものように膨れて言い返すこともあった。掬子はそんなとき、つくづく自分と秀の育ってきた境遇の違いを思い知らされるのだった。

秀には、金に関するひとつの信条があった。「お金、いうのは流れているもんや。流れを止めたらあかんのや。特に水商売のものは」。世間に流れる金の量は決まっている。だから誰かが、それを堰《せ》き止めてしまったら、必ず誰かが金を手にできずに苦しむことになる。「だから手元に置いといたらあかんのや。お金いうもんは。すぐに流してやらんと。流してあげたら、また流れてくるのやから」。どこで、誰に聞かされたのか、それが秀の口癖であり、哲学だった。

　確かに掬子が言うように、秀がそうして何の躊躇《ちゅうちょ》もなく金を「流して」しまえるのも、金を得ることに苦労がなかったからかもしれない。金を得ることに辛《つら》さを覚えたことがない。秀の金銭感覚の源はそこにあったのだろう。

　秀は実際、商売の苦労を味わったことがなかった。店に出ているのは、遊んでいる時間と一緒で楽しかった。秀は、この頃、おそらくカウンターの中に立ちながら、「働いている」という意識を持ったことは一度もなかったのではないかと思う。


　二階を少し広くしてから、女給たちも数人置くようになり、ときには、母のよしゑさえ店を手伝って客たちの相手を務めた。一方、こうして女たちが総出で店の経営にあたるなか、ひとり暇を持て余していたのが夫である俊藤だった。俊藤は相変わらず定職に就かなかった。また俊藤が働く必要などないほど「おそめ」は繁盛を続けてもいた。

　秀は毎日、必ず俊藤や子ども、また、従業員の分まで食事を二階の茶の間に用意した。俊藤が箸《はし》を取る間は横に付き添い、何くれとなく給仕する。そうでなければ俊藤もまた、箸を取ろうとはしなかった。

　だが、早目の夕食が終われば、秀は階下に降りてバーのマダムとなる。長い夜を俊藤はひとりでやり過ごさなければならなかった。しかも、階下の客たちに自分の存在を知られてはならない。

結果、どうしても街をふらつくことになる。

掬子は時おり女を連れて歩く俊藤を街で見かけた。そんなとき、掬子はわざと大きな声で「お兄さんっ」と呼び止め、黙って手のひらを差し出した。

「ちっ、なんや、お、お前か、姉ちゃんには黙っとけよ」

俊藤は舌打ちして、内ポケットから財布を取り出す。

とはいえ、狭い街のことである。掬子が告げ口せずとも、自然と俊藤の女にまつわる噂《うわさ》は秀の耳に入った。長い時間をひとりで過ごさなければならない俊藤の気持ちを考えると、秀は、そう目くじらを立てる気にもなれない。だが、さすがに、俊藤が女連れで待合に入っていくのを見た、と店の女の子から聞かされたときには頭に血が上った。

「俊藤どこです、どこにおりますのやっ」

秀はその待合に乗り込むと、制止しようとする女中たちを手で振り払いながら、次々と部屋に押し入り、襖《ふすま》を開けていった。

ある一室に踏み込むと、部屋の片隅で女が浴衣《ゆかた》の襟元を必死に合わせて、うつむいていた。どこかで見かけたような顔だった。丸顔で身体《からだ》もぽってりとしている。女の器量を見定めると、秀の高ぶりは一瞬ひいた。女を無視して、その脇《わき》を通り抜けると、秀はそのまま風呂場《ふろば》へと突き進んだ。戸を勢いよく開ける。湯煙の中に俊藤の首筋が、かすんで見えた。

外の様子から事のなりゆきはわかっていたのだろう。俊藤は湯船に浸《つ》かったまま、ぴくりともしなかった。秀は静かな声で、振り返ろうともしない俊藤の背中に問うた。

「出てきませんの」

俊藤は何も答えなかった。静まり返った風呂場に、天井から落ちるしずくが大きくこだまする。

「出てきはったら」

秀はもう一度、押し殺した声で問うた。それでも俊藤は何も言わなかった。白い湯気の向こうに浮かぶ俊藤の首筋を秀は、じっと見つめた。途端に押し殺した感情に火がついた。

「出てきいひんの、そう、それやったら、こっちから伺うまでやわっ」

秀は白足袋のまま風呂場に踏み込むと、何のためらいもなく俊藤の正面に回りこみ、爪先《つまさき》から勢いよく湯船に飛び込んだ。

大きく水の割れる音がした、跳ね返った湯が俊藤の顔を強く打つ。

「なっ、なんやっ、おっ、お前、な、何する気やっ」

湯船の中で俊藤の眼前に、着物姿の秀が目を吊《つ》り上げて正座している。

「無茶苦茶やで、お前」

慌《あわ》てふためいて俊藤は、湯船から飛び出していった。秀はその姿を見送り、なおしばらく湯船の中にいた。風呂場から戻ると、俊藤も女も、すでにいなかった。頭から足先まで、ずぶ濡《ぬ》れになった秀が帳場を覗《のぞ》くと女中たちが見て見ぬふりをした。

秀は皆の視線もかまわずに電話を借りると掬子を呼び出した。

「あんなあ、悪いんやけど、着替え届けてくれへんか」

「着替えって、姉さん、いったいどうしましたの」

秀は、続けた。

「ちょっと、濡れてしもうたのやわ」

私は、この話を岡崎の秀の家で、掬子さんから直接に聞いた。

「ほんにあの時は、驚きましたわ。着物のまんま風呂に飛び込む人なんて聞いたことおへんもの」

遠い日の思い出を掬子さんが語り終えようとするとき、ちょうど秀が部屋の奥から私たちのところへやってきた。掬子さんが、傍らに座った秀に向かって言う。

「ほんまに、姉さん、驚いたわ、あんときは」

秀は、ああ、というように小さく微笑《ほほえ》んで、嬉《うれ》しそうに目を輝かせた。

「ドッポーンてな……しぶきが飛びましたな」

胸の前で両の指をパッと開いて、しぶきが飛んださまを表現する。年老いた秀にとって、もはや、この俊藤の浮気話は楽しく、懐《なつ》かしい思い出のひとつとなっているのだろう。

だが、思い出には、これと対照的に今でも辛《つら》く、切なく、当時の感情を思い出させるものもある。それが、いつ頃のことであったのか、もう定かなことを秀は覚えていない。ただ、その日に受けた心の衝撃だけは今でも少しも忘れることができないでいる。

秀の顔は、今でもその話に触れようとすると、暗く翳《かげ》り、瞳《ひとみ》は遠くかなたに向けられる。

「言うたんですよ。この人、誰や思う、て。誰や思うって、そう、うちに言うたんですよ……」

突然の訪問者

それは、「おそめ」を始めて間もなくのことだった。

木屋町仏光寺の家に何の前触れもなく、ひとりの女がやってきた。背がすらりと高く、斜めにかぶった帽子と洋装がよく似合う、美しい女だった。

「俊藤、おりますか」

玄関口に出た秀に、女は一言、そう告げた。秀は女の口ぶりに、胸騒ぎを感じた。振り返ると、ちょうど俊藤が二階から降りてくるところだった。

「ああ」

俊藤は女を見ても、別段、驚いた様子を見せなかった。顎《あご》をしゃくって「上がれ」と促す。女も何も言わずに靴を脱ぐと俊藤に言われるまま、その後に従った。

ふたりの間に流れる親密な空気を感じて、秀は思わず俊藤の袖《そで》を軽く引いた。

「あの、お知り合いの方?」

口調はおっとりと、だが、目はきつく俊藤のことを見据えていた。浮気相手のひとりであろうと思い定めての問いだった。

女が歩を止め、続いて俊藤も立ち止まった。秀はもう一度、問いただした。

「あの、どちら様ですの」

俊藤が、ゆっくりと振り返った。

「この人のことか」

「そうどす」

俊藤の隣に女はぴたりと寄り添い、ともに秀を見つめていた。俊藤の口がゆっくりと動いた。

「お前、誰やと思う」

「誰やと思うって」

俊藤の口が再び動いた。小さな声で告げる。

「奥さんだよ」

「えっ」

何を言われたのか、秀には一瞬、わからなかった。立ち竦《すく》む秀を残して、ふたりは階上へ去っていった。

秀の頭の中を、俊藤の言葉がグルグルと回った。

奥さんだよ、奥さんだよ、奥さんだよ……。

「まさか、何を言うて」

聞き間違い、それとも何かの冗談だろうか。妻は、この私ではないか。浮気相手の訪問にバツが悪くて、嘯《うそぶ》いたのだろう。そうに違いなかった。秀は事実を確かめようと二階に駆け上がった。

だが、茶の間にふたりの姿はなかった。寝室に使う奥の間の襖《ふすま》がピタリと閉められている。秀はその瞬間、すべてを悟った。母・よしゑの繰言が急に頭の中でこだました。

「あん男はあかん、秀、あんた、あん男に騙《だま》されてるんや、食い物にされてるんやないか」

世間に疎《うと》い秀に代わって、役所への用事はすべて俊藤が行ってくれていた。それも好都合だったということか。

秀は戸棚にあったウイスキーの瓶を引っつかんだ。転がるように階段を駆け下りると、そのまま裸足《はだし》で木屋町通りに飛び出した。

思えば、つじつまの合わないことはいくつもあった。

でも、まさか、想像したこともなかった。自分のほかに妻がいるなど。

確かに言ったではないか。「独り者や」と。子どもができたとき、「早う、お袋に会わせなあかん。喜ぶやろ」と。あれはすべて嘘《うそ》だったというのだろうか。

気づくと、秀は裸足で木屋町通りの真ん中にウイスキーの瓶を持って立っていた。震える手でウイスキーの蓋《ふた》を開けると、思いきりあおった。

早く酔わなければ、と思った。二、三歩すすんでは、頭をのけぞらせて、ラッパ飲みした。口元から溢《あふ》れ出た琥珀色《こはくいろ》の液体が白い首を伝わって襟元を濡《ぬ》らす。

早く酔ってしまいたい。早く酔わねばならなかった。

高瀬川の川岸に、よろよろと秀は蹲《うずくま》った。空になった酒瓶を放り出し、土を掴《つか》んで叩《たた》いた。秀の目の前を川が流れていた。幼い頃に親しんだ高瀬川の流れだった。

「誰だと思う。奥さんだよ、僕の奥さんだよって……」

秀は同じ台詞《せりふ》を繰り返す。瞳《ひとみ》はもう私を捉《とら》えてはいない。遠い過去の日々を見つめている。

女の名は百合子といった。後でわかったことだが百合子は俊藤にとって二度目の妻だった。俊藤は最初の結婚で一男をもうけながら、百合子と深い関係になり、子が出来、妻子を捨てて百合子と再婚したのだった。百合子との間には、男、女、女と三人の子どもをもうけていた。つまり、俊藤にとって、秀の産んだ高子は五番目の子どもだったということになる。しかも、百合子が産んだ次女と高子は、わずか一歳しか年が違わなかった。

女とつき合っては次々と相手を変えて渡り歩いていく。時には女とともに自分の子どもさえも捨てて省みない。それが俊藤という男の一面だったのである。

百合子夫人は疎開《そかい》先の和歌山で三人の子どもとともに暮らしていた。ところが、終戦直後より俊藤からの送金や連絡が間遠になり生活に窮乏した。八方、手を尽くして夫の所在を突き止めたところ、京都で新しい女を作り子どもまでもうけて暮らしていることを知ったのである。百合子夫人の胸中も、いかほどであったことだろう。

一方、秀が受けた衝撃も当然ながら大きかった。

独身だからこそ俊藤を選んだのである。結婚できる相手だったからこそ、俊藤を選んだのである。俊藤に定職がなくても気にならなかった。金のある旦那《だんな》を捨てても俊藤を選んだのは、ひとえに健全な結婚生活にあこがれてのことだった。

事の顚末《てんまつ》を知って誰よりも怒り狂ったのは、母のよしゑである。

「奥はんがいて、子どもまでたんとおるやて。ようも、ようも、うちらを騙しよって。うちの秀みたいな、こんな観音さんみたいな子、ようも騙してっ」

前々から俊藤を激しく嫌っていたよしゑの怒りは頂点に達した。しかし一方で、母は怒り狂いながらも、むしろこれによって、秀が俊藤ときっぱり別れるのではないかという期待を抱いた。幸い、籍にも入っていない。高子は、自分たちで育てればいい。俊藤さえ家から放り出してしまえば、それで済むことではないか。

「あんた、これで、ようわかったやろ。別れよし、な、秀」

ところが、しばらく打ち沈んではいたものの、結局、秀は母の忠告に従わなかった。なぜ、別れなかったのか。

俊藤もおそらく、さまざまに言いつくろったのであろう。秀と俊藤の間に、すでに高子という娘がいたという事情もあった。だが、秀が俊藤と別れなかった理由は、ただひとつ、と思われる。

つまりは、惚《ほ》れていたのである。どんな女が出てこようとも譲れないほどに、惚れていたのである。

「秀、あんた、今別れなんだら、あん男とあん男の家族に骨までしゃぶられてしまうえ」

よしゑは金切り声を上げた。

今までも俊藤は「おそめ」の売り上げをかなり自由に使っていた。レジから時おり金を掴んで出て行くのを、母は苦々しく見ていた。

こうして、すべてが明らかになった今、それでも俊藤との関係を続けていくのであれば、俊藤の家族の扶養までも秀が引き受けなくてはならなくなる。実際、白合子夫人は、それからというもの月に一度、仏光寺に生活費を取りに来るようになった。白合子夫人ばかりでない。俊藤はここにいたってすべてを秀に打ち明けた。自分の母と身体《からだ》の不自由な実姉も京都に呼び寄せたい。まだひとり立ちしていない弟たちもいる。さらには一番はじめの妻との間にできた男の子を引き取り、高子とともに手元で育ててはくれないか、と秀に頼んだ。

すべてを受け入れて俊藤を取るか、それとも綺麗《きれい》さっぱりと別れるか。道は二つにひとつだった。秀は答えを出した。そして、それからは、母にこぼすこともなくなった。むしろ、あんまり口汚く俊藤をののしると、母をいさめた。

俊藤自身は自伝の中で、秀との出会いを以下のように書いている。

「（終戦直後）何をしたかというと、京都に行って豪遊した。大阪も神戸も戦災で焼け野原になったけれど、唯一《ゆいいつ》京都だけは焼けなかったから、色街でも何でも全部残っている。お茶屋はあるし、ダンスホールも早くにできた。だから、金を持っている連中はダーッと京都へ行ったわけで、連日、豪遊につぐ豪遊だった。すると、そのうち、いろいろ艶話《つやばなし》も生まれる。私は祇園の芸者と深い仲になった。そして芸者屋に入り浸ったあげく、ほとんど京都に住み着いてしもうた」

これでは真実は伝わらない。読む人によっては色街の女に幻惑されたと取る人もいることだろう。だが、結婚にあこがれる秀に俊藤が「独り者や」と偽って近づき、あっという間に家に上がりこんで秀の財力を頼って暮らし始めた過程は、妹の掬子さんをはじめとする親族ばかりでなく当時をよく知る人たちが一様に、証言するところである。

世間には、妻子がいることを知りながら秀が俊藤を奪い取ったように誤解している人もいるかもしれない。俊藤の著書がそうさせた部分もある。俊藤と百合子夫人の間に生まれた娘は後に大女優として世間に知られる存在となるが、彼女への配慮もあったのだろう。俊藤自身も人生の後半から、大プロデューサーと称される身になり、過去の恥部を脚色する必要を感じたのかもしれない。

秀もまた、それを許容してきた。

しかし、実際は芸妓《げいこ》が手練手管で妻子ある男を籠絡《ろうらく》したのではないことを、やはり記しておかねばならぬと思う。狙《ねら》われたのはむしろ秀であった。歳《とし》の離れた旦那に囲われ、結婚生活を希求していた女の純情に結婚をちらつかせて付け入ったのは俊藤である。その頃、俊藤はダンスホールで金のありそうな女に近づき、落とすのを得意にしていた、という証言もある。

秀は俊藤に戸籍上の妻と三人の子があると知った時点から一度として籍のことに触れなかった。しかも金銭面で徹底して面倒を見続ける道を選んだ。それによって俊藤を自分の手元から渡さぬ道を選んだのである。俊藤がいてくれるなら、俊藤を手放さないですむのなら、どんな代償もいとわなかった。それほどに惚れていたのだった。

店は繁盛《はんじょう》した。しかし、その稼ぎは、そのまま秀の手元を素通りした。百合子夫人と三人の子どもへの送金、俊藤の母と姉とを京都に呼び寄せ、俊藤が最初の結婚でもうけた男の子は木屋町仏光寺に引き取り、ともに暮らすようになった。

生活費を取りにきて百合子夫人は、仏光寺の家に泊まって帰った。秀は寝室を明け渡す。夫人は仏光寺の家から銭湯に通い、秀の作った食事を取った。

私は百合子夫人の人となりを貶《おとし》めようとして、このようなことを書くわけではない。むしろ、秀が負った以上に百合子夫人が受けた心の傷は、どれほど大きかったかと想像している。生きていくために、子どもたちを養うために、夫を手放す道を選ばされた女の悲しみ、憎しみ、それは、どれだけ深いものであったろうか。

ましてや、金に無頓着《むとんちゃく》な俊藤と秀である。時に、その養育費や生活費は十分でなく、遅れることも少なくなかったのではないだろうか。

外出していた秀が仏光寺の家に帰ると、簞笥《たんす》の引き出しという引き出しが開けられ畳紙《たとう》と着物が散乱していたことがあった。驚き調べてみると、着物が何枚か抜き取られていた。

秀は悲鳴を上げ、このときばかりは、祇園に住む母の家へ駆け込んだ。

「なんやてっ」

よしゑは秀の話を聞き終わるやいなや、表に飛び出した。仏光寺の家に駆けつけると、秀が語ったとおりの惨状が広がっている。

途端に、よしゑの眼から涙が溢れ出した。どうして、自分の娘がこんな目に遭わなくてはならないのか。すべてはあの男のせいなのだ。よしゑは二階から駆け下りると、玄関に飛び出した。「上羽」にならんで「俊藤」の表札が掲げられている。よしゑは飛び上がると、それをむしり取った。

「こないなもの、ようも、ようも、かけて」

よしゑは摑んだ表札を木屋町通りの路上に思いきり投げつけた。

「こん家は、こん家は……、竈《かまど》の灰まで上羽のものや……」

叫びながら、よしゑは泣いた。

俊藤という男のために、哀《かな》しい業《ごう》を女たちはそれぞれに背負わされたのである。

高子さんは言う。

「母が悪かったわけじゃない。百合子さんが悪かったわけじゃない。ましてや、わたしたち子どもに非はないでしょう。すべては、父が悪いんですよ。災いの種を作ったのは、父なんですから。みんな同じように被害者だと思います」

しばらくすると、百合子夫人に代わって、一番上の男の子が生活費を取りに寄るようになった。

秀が食事を用意して「ボン、食べて行きや」と勧めると、素直に目を輝かして、「いただきます」と一礼して箸《はし》を取った。無邪気にご飯をほおばる様子には、秀ばかりではなく、俊藤を憎みきっている母のよしゑまで、涙を滲《にじ》ませた。食べ終わると、「ごちそうさまでした」と深々と挨拶《あいさつ》した。躾《しつけ》のよさと少年のけなげさに、百合子夫人の人となりが表れていた。

「うちが、あの子たちのお父さん、取ってしまったんやさかい。しゃあないやないの」

秀はなにかにつけ、そう口にするようになった。時には周りに言い聞かすように、時には自分に言い聞かすように。籍のことは一度も口にしなかった。これ以上、百合子夫人とその子どもたちから何かを奪う気にはなれなかった。俊藤を手放すことはできない。だが、独り占めするわけにもいかない。故《ゆえ》に、高子は異母兄弟たちと交わりながら成長していくことになる。

一階はバー「おそめ」、時代を代表する著名人が夜毎《ごと》に集まる夢の空間。そして、その二階では家庭内の複雑な人間関係が交錯し、時に修羅の場となる。それが木屋町仏光寺の家だった。

思い出深い仏光寺の家は、木屋町筋を四条から下ったところにある。持ち主を代え、門構えをわずかに変えながら今も健在だ。

はじめて訪れたとき、私は、あまりにささやかな家であることにまず驚いた。この小さな間口の家が、全国に名を知られた「おそめ」の跡地であるのか。

夏の宵、高瀬川にかかる橋からその家を眺めていると、光るものが目の前を横切っていった。川辺に目を転じると、岸辺に青白い焔《ほのお》が、そこかしこ、ぼんやりと浮かんでいる。蛍火だった。光の線になって飛び交うものもあれば、草木に身を寄せ、静かに点滅するものもある。

若い頃の秀は、まるで光の膜をまとっているようだった、という。ちょうど、この蛍のように妖《あや》しい光を放って男たちの目を引きつけ、また、この蛍のように口に出せない思いを身の内の焔としていたのだろうか。

勢いよく目の前を横切る力強い光の筋があった。その一方で、今にも息絶えようとする弱々しい光もあった。一番星のように輝くものよりも、つい、気がかりでならないのは、儚《はかな》く、ゆかしく、それでも最後まで光り続けようとする末期《まつご》の蛍たちである。弱く青白い光が、突然、ぽとりと川に落ちた。細い光の線を描きながら、私の足下を流れていく。

飛び交う蛍の光に、私は、この仏光寺の家で繰り広げられた女たちの身を焦《こ》がす苦しみと切なさを思った。

高まる東京への思い

それにしても俊藤と秀の複雑な関係、それは果たして客の間でどれだけ知られていたことなのだろうか。

秀は娘がいることを客に隠してはいなかった。だが、俊藤という男の存在を娘と同じように明らかにはは、できなかったはずだ。マダムに魅了されれば、当然、客たちはその私生活を詮索《せんさく》したくもなろう。客たちは秀に男がいることをぼんやりと感じながらも、深く問い詰めようとはしなかったのか。もしくは、逆に親身な常連客には打ち明けていたのか。よくわからない。しかし、うっすらと、この頃から知る人は知っていたようである。

それはともかく、「おそめ」に東京からの客が増えるようになると、秀はまた、さかんに東京へ遊びに出かけるようになっていった。

客たちが口々に東京の噂《うわさ》をする。聞けば、見てみたいと思う。昔からの東京びいきである。加えて復興めざましい東京の躍動が、古都に住まう秀の心を強く揺さぶった。また、俊藤をめぐる問題に悩まされるようになると、なおさら憂《う》さ晴らしに東京の空気を吸いたくもなる。

東京は生きた街だった。因習と伝統に塗りこめられた京都とはどこまでも違う。秀は京都の情緒を愛《いと》おしく思う一方、東京の勢いを好ましく思った。東京と京都、そのどちらもが好きだった。両方で半々に暮らすことができたら理想なのにと語り、客たちに「欲張りだ」と笑われた。

東京に遊びに行けば男たちが喜んで秀を迎えてくれる。自分たちのホームグラウンドを得意になって案内し、歓待しようとする。鎌倉にも足を伸ばした。里見弴の家に行けば「おそめが来た」といい、あっという間に周辺の文士たちや小津安二郎監督らが集まって宴会となる。

常連客に連れられて銀座のバーに顔を出すようになったのも、この頃からだ。「エスポワール」にもはじめて足を踏み入れ、マダムの川辺るみ子に引き合わされた。川辺は大正六年生まれ。秀よりも六歳ほど年上だった。当時の女性としては、めずらしいほどの長身にめぐまれ、彫りの深い華やかな顔立ちをしていた。頭の回転が速く、名だたる客を前にして一歩も引かずに対峙《たいじ》した。毒舌といわれかねないギリギリのところで客を不愉快にさせずにやりこめるテクニックに、秀は目を丸くした。東京のバーの女性たちは川辺に限らず、全体に気が強く、口も荒かった。客と対等な物言いをするのはもとより、少し軽んじた言い方でさえもまかり通る。客もそれを喜んでいる。秀の目には、それがとても新鮮に映った。京都ではありえない光景である。金をいただく側は、一歩も二歩も控えて遠慮し、へりくだらなくてはならない。それが京都だった。東京の酒場の雰囲気が、秀にはうらやましくてならなかった。

秀はもともと関東の男客が好きだった。何事にもさっぱりしていて、スケールが大きく、情に厚い。お金の使い方も豪快で綺麗《きれい》だった。商売をする上で、京都ほど難しい土地はないというが、それにしても、なんと東京は伸びやかであることか。二つの街を見比べて、秀はつくづくその差を感じるのだった。

「エスポワール」の客層は、「おそめ」と重なっていた。「エスポワール」で飲む客は京都に来ると「おそめ」の客となる。

そのため、秀が「エスポワール」に顔を出すと、あちこちのテーブルから声がかかる。

「なんだ、おそめじゃないか。東京に来ていたのか」

「いつまでいるんだ。連絡をよこしてくれたらいいじゃないか」

秀はつい嬉《うれ》しくなって、テーブルを回って挨拶《あいさつ》してしまう。マダムの川辺るみ子には、それが不愉快でならなかった。

「もう、あの人ったら人の店に来て……。ちょっと、動き回らないように注意してきてよ」

と、店の子にボヤいた。

そんな周囲の苛立《いらだ》ちも知らず、秀は天衣無縫に楽しんで東京から京都へと戻っていった。

憂さ晴らし、息抜き、遊び……。秀はやりきれなくなると、東京へ旅立った。木屋町の家には義理の子どもたちがひっきりなしに出入りし、母のよしゑと俊藤は、秀を挟んでこれ以上ないほどいがみあっていた。俊藤の女がらみの噂も、やむことがない。いくら儲《もう》かっても、金はあっという間に素通りしていった。秀は相変わらずの撒《ま》き癖で、一歩、外に出ればそこら中でチップをはずむ。その上、扶養家族も多かった。俊藤の妻や子どもたち、その母に姉、弟たち。いったい、何人が「おそめ」に養われているのかわからなかった。

秀は気分が塞《ふさ》ぐと東京行きの汽車に飛び乗った。祇園時代から、東京に慰められた秀である。もちろん、東京で出会う客たちに、愚痴めいたことを漏らしはしない。

「東京が好きやさかい。せやし、また遊びにきました」

いつでも、そう笑って告げるだけだった。

だが、東京にやってきては、鎌倉文士たちに囲まれて銀座で賑《にぎ》やかに遊んで帰っていく秀の様子を、じっと観察する人がいた。その人は問うた。

「おそめ、おそめは、そんなに東京が好きなのか」

秀は、柔らかな笑顔を向けておっとりと答えた。

「へえ、好きどんねん。昔から東京半分、京都半分で暮らせたら思うてます」

「そうか」

問うた人の名は、伊藤道郎《みちお》。明治二十六年生まれ。裕福な家庭に育ち、人工三年に渡欧してドイツの舞踊学校に学び、その後、アメリカにわたって舞踊学校を経営し成功を収めた。戦前のアメリカでは、俳優・早川雪洲《せっしゅう》とならび、社交界で世界的な舞踊家として、その名を知られた人物である。

太平洋戦争の勃発《ぼっぱつ》により、昭和十八年に三十年ぶりに祖国の土を踏み、伊藤道郎舞踊団を東京で主宰しダンスやマナーの教室などを多く手がけた。舞台美術家として知られる伊藤熹朔、新劇俳優で演出家である千田是也《せんだこれや》の実兄でもある。

道郎は、弟の熹朔とともに「おそめ」の熱心なファンで、秀を何かにつけて応援していた。長く外国に暮らした道郎の目に、秀の日本的でたおやかな風姿は何よりも麗《うるわ》しく映った。道郎は、京都の風景を愛するのと同じように、秀の性質を愛《め》でた。秀も、長い外国暮らしで養われた伊藤の洗練された振る舞いと風格を敬愛し慕った。伊藤と秀はちょうど三十歳違い。父と幼くして別離した秀は、年の離れた男客をとりわけ慕ったが、伊藤もそのうちのひとりであった。

伊藤が京都にやってくると、連れ立って嵯峨野《さがの》の祇王寺《ぎおうじ》を訪れることもあった。

祇王寺の庵主《あんじゅ》は智照尼《ちしょうに》と呼ばれる尼で、元は妓籍《ぎせき》に身をおいていた人である。大阪花柳界で半玉《はんぎょく》として売り出し名を挙げたが、当時、恋仲だった贔屓《ひいき》客に操《みさお》を疑われ、その潔白を証明するために自ら小指を切り落としたという伝説の持ち主である。小指を失ってからは東京・新橋花柳界に移り、照葉の名で人気を集めたが、その後、結婚、離婚を繰り返し、職も芸者から女優、バーのマダムと流転《るてん》を重ね、剃髪《ていはつ》して尼になった人だった。瀬戸内晴美著『女徳』のモデルとしても知られる智照尼は、芸妓時代から俳句を嗜《たしな》み、文学好きであった。そのため、東京の文士や芸術家たちと親交が深く伊藤のほかにも川口松太郎や里見弴らが、よく祇王寺を訪ねた。

そんな縁から秀も智照尼と親しくつき合っていた。女友達のできにくい秀であったが、その一方で年上の剛毅《ごうき》な気性の女たちからは徹底して好かれた。智照尼も、二回り以上も年下である秀のことを可愛がった。

秀は、ふらりと弁当と酒を持って祇王寺を訪ねた。今でこそ観光スポットとして人気を集める祇王寺だが、当時は荒れ果てた状態で、「おそめ」の客に奉加帳を回して修繕の費用を作り、届けたこともあった。また、智照尼も、御高祖頭巾《おこそずきん》をかぶって、ちょくちょく「おそめ」まで飲みにきた。そんな間柄のふたりだった。

なお、智照尼は一時期、実業家の妻となり戦前のアメリカで暮らしていたことがあるが、その間、伊藤道郎や早川雪洲と恋仲であったとも言われている。

話をもとに戻す。

伊藤道郎は、たびたび、東京に出てくる秀の様子をじっと観察しながら思うところがあったのだろう。「東京が好き」と繰り返す秀に、あるとき、こう切り出した。

「おそめ、そんなに東京が好きなら、いっそ商売をしたらどうなんだ」

秀は思わず伊藤の顔を覗《のぞ》き込んだ。

「東京で遊んでばかりいるなら、働きなさい、と言っている。うちの事務所の一階が空いているよ」

温かい瞳《ひとみ》が秀に向けられていた。

秀は、はじめ伊藤の顔をポカンと見つめていた。だが、次の瞬間、大きな喜びが身体《からだ》中を駆け巡るのを感じた。

東京で「おそめ」を開く、そうだ、どうしてもっと早くに思いつかなかったのだろう。京都と東京と、半々に生活したらいいではないか。

「先生、うち、そないなことしてみたい思います。ほんまに、ご紹介しておくれやすか」

黙って頷《うなず》く伊藤に手を合わせて、秀はうちはしゃいだ。伊藤は言を違《たが》えず、銀座三丁目、文祥堂の裏手にあった、その場所を秀に紹介してくれた。

秀に迷いは、まるでなかった。

時代はちょうど昭和三十年代に突入するところだった。戦争が終わって十年、朝鮮動乱の好景気を経て日本経済は驚異的な復興を遂げつつあった。

時代の空気に背中を押された部分もある。関西の企業も盛んに東京へと仕事の拠点を移し始めた頃でもあった。

すぐさま懇意にしていた鎌倉文士たちに計画を打ち明けた。「東京にも店を出す、それで両方の店を往《ゆ》き来《き》する」という秀のアイデアに、皆は驚き、同時に面白がった。よしきた、出てこい、おそめ。心配するな、協力してやる、宣伝は任しておけ、そう口々に言ってくれた。秀の興奮が、そのまま彼らに伝染したようだった。

秀は京都にとってかえすと、家族と京都の従業員たちに打ち明けた。

「東京に店を出そう思うんやわ。週の半分は京都、半分は東京でお商売しようと思う」

秀の説明に、よしゑと掬子は耳を疑った。

「何アホなこと言うてるの！」

「そんなん、体が持たへんわっ」

母のよしゑも妹の掬子も、あまりに無謀だと意見した。だが、そんな意見に耳を傾けるような秀ではなかった。資金繰りの心配はない、客は東京に大勢いる。関西の財界人も東京に出張した折には使ってくれるはずだと言い張った。

いつもは、嫋々《じょうじょう》として優しく、なんにでも異議を唱えず相手に合わせる秀であるが、いざというときには、決して折れない。子どもの頃、「芸妓になる」といって押し通した頑固な性分が久々に発揮された。秀は一直線に突き進んだ。

「厄払いに今度、東京に行くことに決めましたんや」

客たちには、さらりと、そう説明した。

昭和三十年、秀はちょうど数えで三十三歳、女の大厄だった。厄年には何か思い切って大きなことをするとよい、と、花柳界では言われている。

「おそめ」が銀座に進出するという話は、瞬《また》く間に東京でも広がった。

誰もが驚愕《きょうがく》した。わけても「エスポワール」川辺るみ子の受けた動揺は激しかった。「おそめ」が東京に進出すれば、客層の似通った「エスポワール」にとって、大きな打撃になることは間違いなかった。

いや、何より川辺にとって許しがたかったのは、「おそめ」の東京進出に「エスポワール」の常連たちがこぞって手を貸していることだった。鎌倉文士たちをはじめとする面々が、あろうことか手取り足取り、秀の面倒を見て「おそめ」の東京進出に協力している。これでは焼きもちを焼くなといっても無理であろう。怒りの矛先はすべて秀へと向けられることになった。

面子《めんつ》にかけても「おそめ」に客をとられるわけにはいかなかった。銀座三丁目で「おそめ」の工事が進められるようになると、川辺は敵愾心《てきがいしん》を膨らませ、落ち着きを失っていった。

女給たちを招集すると、いつになく、はっぱをかけた。

「間もなく京都から、おそめさんが出てくるそうです。あちらにお客を取られないように、銘々、しっかりと頑張ってちょうだい」

自他ともに認める銀座の女王が、ここまで他店の進出を意識するのははじめてのことだった。

「エスポワール」のほかにも、銀座にバーはいくらでもあった。しかし、そのどれもが「エスポワール」を揺るがすような存在ではない。だからこそ川辺も超然として構え、むしろ、ほかの酒場に気を遣って客を回しもし、貫禄《かんろく》を示してきた。それが銀座で一番と言われた女帝の矜持《きょうじ》というもので、ゆえに、他店のマダムたちからも認められてきたのである。

その川辺が上羽秀にだけは最初から、あからさまな敵意を持った。自分とは、まるで違う個性を湛《たた》えた秀の登場に、本能的な脅威を感じていた。今度の「おそめ」ばかりは、「エスポワール」の強力なライバルになるだろうという予感。加えて自分の客たちが、秀を箱入り娘か、お姫さまのように扱い、応援していることが悔しくてならなかった。

いや、もっと許しがたかったことがある。

川辺には当時、熱をあげた男があった。ふたりの仲は銀座では、よく知られたことだった。男は「エスポワール」の常連客のひとり。とはいえ、よくある銀座マダムとパトロンのような関係ではなく、むしろ川辺が惚《ほ》れこんで口説き、始まった関係だった。

その男が、よりによって「おそめ」の東京進出を誰よりも強くバックアップしているという。秀にすっかり岡惚れの様子だ、とも。川辺は、歯嚙《はが》みした。

その男の名を白洲次郎、という。

第四章　「おそめ」の銀座進出

銀座という街

銀座という地名は、よく知られているように江戸時代、ここに銀貨の鋳造所があったことに由来する。ただし町名に現れるのは、明治に入ってからのこと。明治二年、それまで新両替町と呼ばれた界隈《かいわい》が「銀座」と名を改めるのである。明治五年になると大火によって、あたり一帯が消失、明治政府はこの焼け跡に西洋諸国に負けない近代建築の街を作ろうとする。でき上がったのが、歌にも唄《うた》われることになる煉瓦《れんが》づくりの街並みであった。

折りしも、明治五年には、新橋から横浜にいたる鉄道が開通、そのため新橋駅に隣接する銀座は諸外国へと続く東京の玄関口となった。街には舶来品を扱う商店が自然と集まり、日本橋が江戸時代から続く繁華街であるのに対し、西洋の息吹《いぶき》を伝える進歩的な街として発展することになる。

そんな銀座の街に、舶来品を扱う店と並んで進出したのが、新聞社や通信社、出版社の類だった。横浜に陸路でつながり、政府機関が集中する丸の内、商業、金融の中心地である日本橋、外国人の住まう築地《つきじ》居留地に隣接する銀座は、情報を収集し発信するには恰好《かっこう》の場所である。やがて銀座には、自然と新聞記者や雑誌編集者、文士や挿絵画家、民権運動の闘士や新進の芸術家、洋行帰りの人間たちが集うようになり、彼らがたむろする場所としてカフェと呼ばれる店が誕生する。カフェとは今日のレストラン、喫茶店、キャバレー、バーの祖と考えればよい。

その第一号と言われているのが、洋行帰りの洋画家で前進座の俳優・河原崎国太郎の父親でもある松山省三が明治四十四年三月に開いた「カフェ・プランタン」だった。洋酒にコーヒー、西洋料理を提供し、芸術家や思想家たちがさかんに通った。常連客には、森鷗外、黒田清輝、押川春浪《おしかわしゅんろう》、岡本綺堂《きどう》、永井荷風、正宗白鳥らがいたという。

この「カフェ・プランタン」が限られた文化人たちによる閉鎖的なサロンであったのに対し、同年八月に登場する「カフェ・ライオン」は、誰もが気軽に出入りできるオープンなカフェだった。場所は尾張町《おわりちょう》の角、つまり現在の銀座四丁目「日産ギャラリー」が、その跡地にあたる。

「ライオン」は本格的な西洋料理と酒類を客に提供した。だが、なによりも店の名を高めたのは客席に食べ物を運ぶ女性たちの存在だった。女給仕、つまりは女給と呼ばれる女たちである。やがて、カフェには女給がつきものとなり、それが店の呼び物となっていく。

「カフェ・ライオン」の成功に触発され、その半年後にはライオンの筋向かいに「カフェ・タイガー」が開店した。「タイガー」は、より女給の質とサービスに力を入れ、次第に客は「タイガー」に流れていったという。菊池寛も「ライオン」から「タイガー」に乗り換えた。また、永井荷風『つゆのあとさき』に登場する奔放な女給・君江もタイガーの女給がモデルといわれている。

文士たちの間では、待合や料亭で芸者を呼ぶかわりに、カフェへ女給を訪ねるのが新しい風俗となった。それにより、花柳小説の主人公も遊女や芸者から女給へと代わっていく。

しかし、「ライオン」、「タイガー」が妍《けん》を競う華やかな時代は、大正十二年に発生した関東大震災により、一時、中断される。銀座も多くの建物が倒壊した。また、そこから復興作業が進められ、カフェも蘇《よみがえ》るが、年号が昭和に改まり数年が経《た》つ頃になると、銀座は新しい風俗に席捲《せっけん》される。大阪のカフェが次々と銀座に出店し、大阪風の商売を始めたのである。昭和五年に銀座入りした「ユニオン」「美人座」を筆頭に、どの店もそれまでにない女給の色気を前面に出した濃厚なサービスを売り物にした。銀座はあっという間に、この大阪色に染まってしまうことになる。

「ライオン」も「タイガー」も大阪旋風に敗れて銀座から姿を消した。なお、「ライオン」は本格的なレストランとして上野に精養軒と名を改めて出直している。

　このような大型カフェの盛衰の陰で、「タイガー」や「ライオン」にいた人気女給たちが独立し、こぢんまりとした酒場、つまりはバーを開く流れが一方に生まれた。自分が女主人となり、バーテンダーを置き、女給を数人置くだけの小さな酒場、その代表が今でも銀座に健在のバー「ルパン」である。この店は、カフェ「タイガー」で里見弴らを魅了した人気女給の通称お夏、本名・高崎雪子が昭和三年に開いた店である。

　振り返って考えるなら、カフェはあらゆる飲食店や水商売の源であったと言っていい。時代を経るに従い、カフェそのものは姿を消し、そこからレストラン、キャバレー、喫茶店、と細かく枝分かれしたが、その枝のひとつとして、女主人の魅力を売りとするバーも誕生したのだった。

　太平洋戦争中、銀座も一部空襲によって焼かれた。だが、終戦と同時に、たくましく息を吹き返してゆく。戦前に、この街で女給として働いた女たちが舞い戻り、酒場の灯がひとつ、ふたつと増えていった。昭和二十三年には希望、の意を持つ「エスポワール」が華やかに開店する。なお、昭和二十三年といえば、京都木屋町仏光寺に「おそめ」が誕生した年でもある。

　そんな夜の街に昭和三十年、またひとつ灯《ともしび》が増えた。「おそめ」という名の、それは、ひときわ大きく華やかな灯であった。

東京の京都

秀は銀座に乗り込むにあたり、自分らしい持ち味で勝負しようと考えた。

店の名は、もちろん「おそめ」。今では女の名前を取った店も少なくないが、当時、銀座では店に横文字の名前をつけるのが主流で、これだけでも異色であった。また、店名に限らず、秀はどこまでも日本的な情緒を売り物にしようと考えた。内装も、ほかの店が洋風の雰囲気を求めるなか、秀は京都のお茶屋のような趣を取り入れようとした。今日でこそ、そんな店も珍しくないが、昭和三十年の銀座において、それは新しい発想だった。

内装は伊藤道郎の弟で、千田是也《せんだこれや》の兄である舞台美術家の伊藤熹朔《きさく》が無償で請け負ってくれた。三兄弟はそろって木屋町「おそめ」の常連であり、秀のファンだった。

「どうぞ祇園《ぎおん》の一力さんみたいな、あんな紅殻《べんがら》の色にしておくれやす」

熹朔はそんな秀の希望を聞き入れ、「よし、きた」とばかりに腕をふるった。

こうして、いかにも京都らしい風情《ふぜい》ある店ができ上がった。紅殻の壁に、「おそめ」と染め抜いた暖簾《のれん》がドア代わりに揺れる。店内には柔らかな光を放つぼんぼりがつるされるという独特の趣向。ぼんぼりや暖簾は、秀がすべて京都で誂《あつら》えたものだった。

秀は店で使う女給たちにも、なんとか京都らしさを演出したいと考えた。京女のはんなりとした雰囲気と言葉遣いを東京の男たちがなによりも喜ぶことを秀自身がよく知っていた。ほかの店の女給たちとは違う、どこまでも、もの柔らかな女たちを集めたかった。

まだ新幹線が開通する前のことである。今のようにテレビのチャンネルをひねれば京都の風物が流れる時代でもなかった。京都は今よりもずっと遠かった。だからこそ京都のものが東京では珍しがられた。ライバルひしめく銀座で、秀はあくまでも京都にこだわったのである。

秀は、ひとまず京都「おそめ」に勤める女給たちに東京まで遠征してもらうことにし、同時に東京でも京都出身の女性を集めるよう努力した。とはいえ、秀はもともと女給で勝負するつもりはなく、あくまでも自分の補佐と考えた。それが、カウンターにテーブル席がひとつあるばかりの店をやってきた秀の感覚だった。

開店の日が近づくにつれて秀の胸は高鳴った。京都では名声をほしいままにしたが、銀座では果たしてどうなのか。しかし、不思議なほど秀に不安はなかった。胸を占めていたのは不安ではなく期待と興奮だった。京都と東京を往復する。両方の街で半々に暮らせたらと願った夢がついに現実のものとなるのである。

秀以上に「おそめ」の開店を心待ちにして騒いでいたのは、秀を応援する周辺の男たちだった。皆が協力してくれていた。まるで自分たちが店を開くような心持ちだった。

開店の知らせを告げる挨拶文《あいさつぶん》をどうするか、開店の日には何をしようか。文士たちは顔を合わせると、その話をした。皆が、「おそめ」の船出に気もそぞろだったのである。そんな様子を、遠くから歯軋《はぎし》りして見つめていたのは、言うまでもなく銀座の夜に働く女たちだった。

当時、銀座には「エスポワール」を筆頭にあまたのバーがあった。

戦前は「潮」というカウンターバーをやっていた片岡としの「ブーケ」。やはり戦前に「サロン・春」で女給勤めし、上海《シャンハイ》に渡り帰国後、その「ブーケ」で働き独立した瀬尾春の「らどんな」、先にも書いたが「カフェ・タイガー」の女給・お夏こと高﨑雪子が独立して開いたバー「ルパン」、その「ルパン」で戦前に修業して独立した野中花の「セレナーデ」、小島愛子の「二十五時」等、これらが名の通った文士たちの通う有名店とすれば、それに続く有象無象の酒場があった。

誰もが、自分たちの客がかしずいて応援する「おそめ」の進出をこころよくは思わなかった。銀座の上客のほとんどが、秀を応援している。皆が協力して秀を京都からわざわざ東京に連れ出し、自分たちの膝元《ひざもと》である銀座に店を出させようというのだ。他店のマダムたちが激しい嫉妬《しっと》の焔《ほのお》を上げるのは当然だった。

「何よ、いったい」

「銀座で通用すると思ってんのかしら」

「見てらっしゃいよ。そうはいかないから」

「だいたい、あんな場所で……」

伊藤の紹介により、秀が「おそめ」を開いた場所は、銀座三丁目である。銀座のバーやクラブ街は、新橋駅寄りの七丁目や八丁目に集中しており、今の晴海通りを越えた場所は、土地としては、分が悪かった。銀座に遊ぶ男たちはいくつもの店を梯子《はしご》する。新橋駅から省線を利用して帰るものも多い。他店との距離があり、新橋駅から遠い「おそめ」は立地が悪いと、女たちは冷笑し溜飲《りゅういん》を下げていたのだった。だが、この期待は、やがて裏切られることになる。

男たちの無償の援助と、女たちの激しい嫉妬を買いながら、銀座「おそめ」はついに産声《うぶごえ》を上げた。開店を告げる挨拶状は、秀を祇園時代から贔屓《ひいき》にしてきた歌人の吉井勇が代表して書いた。残念ながら現物を私は目にしていないのだが、ほかにも多数の文士が名を連ねたものであったらしい。「宣伝はすべて自分たちがしてやるから何も心配しないでいい」と、文士たちは秀に言った。その言葉に嘘《うそ》はなかったのである。

開店の日

昭和三十年七月、銀座三丁目文祥堂の裏に「おそめ」はついにオープンした。

初日から連日、文士や映画人、財界人や政治家が押し寄せた。客たちが入り混じって足の踏み場もない賑《にぎ》わいである。周辺は黒塗りの車や、豪勢な外車で埋め尽くされた。今の晴海通りにいたるまで「おそめ」に駆けつける客の車が延々と横付けされたともいう。

立錐《りっすい》の余地もないほどに客がつめかけ、「おそめ」の開店を口々に祝う。店の外にも客が溢《あふ》れ出た。開店の日だけでなく、それが幾日も続いた。予想を上回る人気に、他店のマダムたちは愕然《がくぜん》とさせられた。「おそめ」のあまりの混雑ぶりに、客たちは長居することができず他店へと流れていく。行けば、先々のバーで今しがた見てきた「おそめ」の様子を興奮した口調で語ることになる。それが、ますますマダムたちを立腹させた。

なかでも「エスポワール」のマダム・川辺るみ子が受けた衝撃は大きかった。「おそめ」の開店は思った以上の打撃を「エスポワール」に与えていた。「おそめ」が開店する少し前に、「エスポワール」の隣家が火事で焼けるという不運も影響していた。その改修工事の騒音がうるさく客足が遠のいたところへ、「おそめ」開店がぶつかってしまったのである。

閑散とした店内を見渡し、川辺は愕然とした。昭和二十三年の開店以来、川辺にとってこんなことははじめてだった。あの、おっとりとして、ものしずかな、微笑《ほほえ》んでばかりいる京女にしてやられたと思った。なによりも悔しかったのは、これまで心安くつき合ってきた文士たちはもとより、恋仲である白洲《しらす》次郎が「おそめ」の開店以来、「エスポワール」に姿を見せないことだった。「おそめ」に入り浸っているという噂《うわさ》が、川辺の耳に入ってきた。

それだけでも我慢がならない。そこへ、今日出海《こんひでみ》や池島信平ら、事情を知っている男客たちが悪ふざけして川辺をからかう。

「なんだ、ここはガラガラだな。いや、『おそめ』は大変だよ。大繁盛《だいはんじょう》で入れない客が溢れかえっているんだから」

「白洲さんがいたぞ、ルミ、どうするんだ」

当時、「エスポワール」に勤めていたある女性は、そのときの様子をこう語る。

「みなさんは面白がって、からかっていらっしゃるのだけれど、ママはもう酔っているし、歯止めが利《き》かなくなってしまって。『おそめ』に行く、私も行くんだと言い出して、止めても聞かなくなってしまって」

結局、川辺は無理やり今日出海を案内役に仕立てると、もつれる足で「おそめ」に向かった。店に足を踏み入れて、川辺はさらに衝撃を受ける。思った以上の繁盛ぶりである。人で溢れていた。しかも、その大半が知った顔である。財界人、政治家、なによりも文壇や映画の関係者たち。ぼんぼりの柔らかい明かりの下で、皆がくつろいで過ごしているのが無性に腹立たしくてならなかった。

呆然《ぼうぜん》と立ちすくむ川辺の存在に、男客たちがまず気づいた。ひじを突つきあい、決まり悪そうに居ずまいを改めて、ちらちらと様子を窺《うかが》う。川辺は、ふふっと愛想笑いを浮かべて左右に会釈《えしやく》すると、まっすぐに進んだ。一際《ひときわ》、華やぐ席がある。大佛《おさらぎ》次郎や丹羽文雄ら文士連中が集まり、その中に、白洲次郎と秀もいた。

皆が川辺に気づいて、ばつの悪そうな顔をした。秀が振り向き、川辺に気づいて、「まあ」と立ち上がろうとする、その瞬間だった。川辺はいきなり着物の上前を片手で捲《まく》り上げると、秀を見下し大声を張り上げた。

「おそめ、おそめって、なんなんだいっ。えっ、京都弁かいっ」

あまりの剣幕に店中が静まりかえった。川辺の声は、いっそう大きくなる。

「この泥棒猫っ」

秀に摑《つか》みかからんばかりの勢いである。

「ルミっ」

客のひとりが制そうとしたが、火に油だった。

このとき、川辺は秀の頬を打った、という説もある。秀は抗弁もせずに打たれた頬を押さえて、ただ涙をこぼした、と伝える週刊誌記事もある。あるいは少しも臆《おく》せず、瞳《ひとみ》の奥に火を燃やして川辺ににっこりと微笑み返した、と語る元従業員の証言もある。

川辺が「おそめ」に酔って乱入したのは一度きりではなかったというから、諸説あるのも、そのせいであろうか。

秀自身が今現在、何よりもはっきりと覚えていることは、川辺が怒鳴り込んだ際に見せた文士たちの困り果てた様子だという。

「先生方のほうが困ってしもうて、なんや決まり悪そうにしてはりました……」

この一件はいち早く、銀座中を駆け巡った。「エスポワール」対「おそめ」、二つの店の確執が、銀座の物語として独り歩きを始める決定的な幕開けの出来事として。

両店の常連客であった川口松太郎が、誰よりも興味を持って、ふたりを、二つの店を観察していることに川辺も秀も、まだ気づいてはいなかった。

「空飛ぶマダム」へのやっかみ

東京に進出したことにより、秀の生活は一変した。いや、秀だけでなく、秀の周囲にいた人々をも否応《いやおう》なく激動の渦に巻き込んだ。

秀自身は土曜日に京都に帰り、火曜日に東京へ飛び立つ生活を送るようになった。週の半分を東京で、残りを京都で過ごす。休む暇はなかった。店から店への掛け持ちである。

秀が東京に出るにあたって、妹の掬子には「菊水」をやめてもらい、「おそめ」を手伝ってもらうようになった。秀が東京にいる間は、妹の掬子が京都・木屋町の店を取り仕切り、秀が京都に戻ると掬子が東京へ出かけていった。それに伴い、女給たちも往復した。はじめのうちは、もともと木屋町の「おそめ」に勤めていた女給たちを入れ替わりで東京に派遣した。まだ新幹線も走っていない時代である。特急「つばめ」で東京・京都間七時間二十分の道のりを、四、五人の女給たちを引き連れて掬子は往復した。難儀な旅だった。それでも、価値は十分にあった。東京では京女のはんなりした物腰が好まれた。逆に、東京で雇った女給が京都に来ることもあった。京都では江戸っ子の、しゃっきりとした物言いが好評だった。そんな理由から、しばらくは女給たちにも、二つの店を往復してもらったのである。

マダムの秀は、ほどなく鉄道で移動するのをやめて飛行機を利用するようになった。まだ、空飛ぶ乗り物を怖がって敬遠する向きも多かった時代である。それなのに、秀はまるでタクシーに乗るような感覚で飛行機に乗り、伊丹と羽田を往復した。

そんな秀のことを、新聞や雑誌が大きく取り上げるようになった。見出しに躍った文字は「飛行機マダム」、「空飛ぶマダム」。飛行機で東京と京都を毎週往復する酒場のマダムの存在は一躍、世間に知られるようになっていった。

一方、秀が華やかな活躍をするようになって、小学校に通っていた高子の養育は前にもまして、よしゑに任されるようになった。高子は京都で、祖母・よしゑのもとから学校に通い、母とはすれ違いに会うばかりとなっていく。

掬子、よしゑ、高子、それに従業員たち、誰もが秀という台風に巻き込まれて、生活の変化を余儀なくされていた。だが、その中でも、最も境遇が大きく変化したのは、連れ合いである俊藤浩滋《しゅんどうこうじ》であったろうか。

木屋町の小さな店であればともかく、銀座での酒場経営となれば、当然、秀ひとりの手には余る。人手もいる、金の動きも大きくなる。そこで、自然と俊藤が店の経営に携わるようになったのである。そもそも東京進出に俊藤は、とても前向きだったという。ともかくも「おそめ」が東京進出を果たしたことにより、ふたりは、はじめて同じ方角を見て馬車馬のように走り始めた。ふたりの連帯は今までになく強くなった。

秀と俊藤は麻布十番に借家の二階を借りると、女給たちとともに住み込み、共同生活を送った。朝は俊藤が車で築地の市場まで買出しにいき、夜は俊藤が車に秀や女給たちを乗せて、麻布まで帰ってきた。

飛行場に秀を迎えにいくのも俊藤ならば、飛行場まで送っていくのも俊藤だった。

俊藤が運転席に座り、秀はいつでも後部座席に丸くなって横になった。わずかな時間でも秀が身体《からだ》を横にして休めるようにと、俊藤は布団《ふとん》や毛布を使ってベッドのようなものをこしらえてくれた。ふたりはそれを「寝台車」と名づけて呼んだ。

秀の耳に今でも俊藤の言葉が鮮やかに蘇《よみがえ》ってくる。

「寝台車で行くからなあ……、そう言うておとうさん、迎えにきてくれはった」

また、毎年、年末になると常連客の自宅へ秀は挨拶《あいさつ》に行く。そんなときも、俊藤は少し離れた路上に車を止め、五時間でも六時間でも運転席で、秀が戻るのを待つのだった。ひとつの目的に向かい、互いに支えあった。あの一時期が、秀には今でも忘れられない思い出となっている。

銀座「おそめ」は、こうした努力の甲斐《かい》もあって、開店してから一年が経《た》とうとも客足は衰えなかった。そして二年が経つ頃には、すっかり「エスポワール」と並び、あるいは凌《しの》ぐ、銀座の一流店として定着したのだった。

銀座の女たちからの風当たりは依然として強かった。成功すれば、それに比してやっかみの声が聞こえてくる。どこから足元をすくわれるかわからなかった。

もちろん秀が東京へ店を開く前までは銀座の女たちも、決して一枚岩にまとまっていたわけではなかった。所詮《しょせん》は同業者、競争相手である。しかし、「おそめ」の登場により、銀座の女たちは突如として団結したのだった。それは共通の敵を作ることで、にわかに生まれた女たちの連帯だった。銀座の代表と見られ、他店の女たちともざっくばらんなつき合いをしてきた「エスポワール」の川辺が、「おそめ」に対して、むき出しの敵意を向けたことが、何にもまして引き金になっていた。

泥酔して川辺は、「おそめ」にたびたびやってきた。逆に、秀が客に連れられて他店に行くと、あからさまに嫌味を言われることも多かった。

秀は孤立していた。その昔、祇園では東京帰りということで他所者《よそもの》扱いされたが、銀座では「芸者上りの、したたかな京女」と評されて、やはり他所者扱いされた。同世代の女たちに嫌われるのには慣れている。とはいえ、それでも、やりきれない思いに苦しむことも多かった。

「うちはほんまに可愛《かわい》がられました、せやけど、その分、憎まれました」

秀は、一度だけ、私にそう呟《つぶや》いたことがある。

あまりに、心晴れぬ思いにとらわれると、店が終わってから憂《う》さ晴らしに飲みに出かけた。そんなときは、女のいない店に行く。煙の立ち込める立ち食いの焼き鳥屋などに、秀はふらりとよく立ち寄った。一串《くし》だけ食べると、ポンと主人が腰を抜かすほどのチップを置いて何も言わずに立ち去る。高級な寿司屋《すしや》であろうと、屋台であろうと、いつも包む額は同じだった。

新橋駅近くにあったゲイ・バーの「柳」にもよく通った。

身体は男で心は女というゲイの男たちに、自分の居場所を見つけられぬ秀は親しみを感じた。女のように嫉妬心《しっとしん》や競争心を向けられることもなく、男のように色に絡《から》んだ気持ちを寄せられることもない。友達のできにくい秀にとって、「柳」のマスター・おしまちゃんは、心を許してつき合える数少ない友人のひとりだった。

また、「柳」の客に対するサービスにも共感していた。徹底的に客を楽しませようとして尽くし抜く。その姿勢が秀には好ましかった。

秀も客には親切を尽くすのが商売の基本と考えていた。だからこそ、客に喜んでもらえそうなこと、客が嬉《うれ》しく思ってくれることに、常に心を砕いたのだった。

その一例として、銀座の「おそめ」では、会員の客に名前入りのグラスを用意した。「おそめ」特製のグラスに、縦に漢字で客の名を小さく入れたものだ。

こんな小さな心づくしでも客は喜んでくれた。だが、この名前入りグラスの評判が高まると、それも他店の女たちからは非難の的となった。

「そこまでして、お客がほしいのかねえ」

「媚《こ》びていてみっともないったら」

「いかにも芸者が考えそうなことだわね」

秀は客にサービスをして何が悪い、と思う。逆に他店に行って、マダムが客に喧嘩《けんか》をふっかけるように口荒くやりこめたり、あまりに素っ気なく澄ましているのを目にすると、秀は疑問を感じずにはいられないのだった。

もちろん、そこには東と西の文化の違いもあったことだろう。東京は客に媚びへつらうことを嫌い、意気地の張りが信条である。一方、西はどこまでも客にサービスするのが客商売の基本とされる。女の気風も西と東では異なっている。江戸時代から、張りと意気地の吉原、花でやわらぐ島原、と言われたように。

あるとき、テーブル席で、客のひとりがカクテルの入ったグラスを袖《そで》に引っ掛けて倒したことがあった。悲鳴が上がって女給たちが身体を引くなか、逆にすばやくテーブルに覆《おお》いかぶさったのが秀だった。咄嗟《とっさ》に着物の袂《たもと》で流れる酒をくい止めて拭《ぬぐ》っていた。秀は、その日、おろしたての大島を身につけていた。その場にいた客も、女給たちも言葉が出なかった。秀ひとりが、いつもと変わらぬ調子で、「大丈夫どしたか。お洋服にかからしまへんでしたか」と、客に尋ねた。啞然《あぜん》とする客が、「その着物……」と問うと、「こんなん、どうということおへん」と風のように笑った。

こんな話も、あっという間に銀座を駆けめぐることになる。だが、男たちが、「おそめらしい」と目を細めて語るのも、銀座の女たちには癪《しゃく》の種でしかない。

「計算よ。ぜんぶ、計算してるのよ。よくやるわ」

男たちの庇護《ひご》や賛美が高まれば、やっかみの声が激しくなる。東でも西でも、足元をすくおうとする輩《やから》は絶えなかった。京都も手を抜けなかった。東京は、なおさらだった。秀は懸命に努めた。その結果、ものめずらしさだけで、すぐに飽きられる、という嫉妬まじりの見当は外れ、銀座で名を馳《は》せることになったのである。

そして、ついに一編の小説が発表される。

小説『夜の蝶《ちょう》』の誕生

川口松太郎が短編小説『夜の蝶』を発表するのは、「おそめ」が銀座に進出した二年後の昭和三十二年のことだ。『中央公論文藝特集』五月号に掲載され、六月には、単行本として出版された。

物語の舞台は夜の銀座。ふたりのバーのマダムを主人公に、大村という女周旋人（スカウトマン）を狂言回しとして進んでいく。

銀座のナンバーワンといわれるバー「リスボン」のマダム・マチと、京都での酒場経営に成功し銀座に店を開くことになった「おきく」のマダムお菊。「おきく」の開店以来、客の大半を奪われた上に、常連客で恋人の実業家・白沢の愛情まで奪われたマチは、お菊を激しく敵視する。銀座マダムとしての意地と競争心に、それぞれの恋愛が絡《から》んだ争いが繰り広げられ、最後にマチとお菊は、カーチェイスを繰り広げた挙句、揃《そろ》って事故死してしまう、という筋書きである。

銀座に詳しい人が読めば、まずリスボンのマチは「エスポワール」の川辺るみ子、「おきく」が「おそめ」だと思うのは必定である。また、ふたりが取り合う白沢という男は白洲次郎がモデルであるとも思い至ることだろう。

作者、川口松太郎は遊び心もあって、自分と親しい三人の出自、経歴、特徴を借りて小説を書いたのだった。どこまでが真実で、どこからが虚構なのか。小説が発表されてからというもの、銀座はこの噂《うわさ》で持ちきりになった。

ここまでは、作者もある程度、予期したことであったろう。しかし、騒ぎは次第に大きくなった。というのも、『夜の蝶』が思いがけぬほどの評判を取ったからだ。

小説の発表と同時に映画化が進められ、七月末日には封切られた。秋には新派の舞台にもなった。この映画と新派の評判が小説以上に高かった。こうなると、騒ぎは銀座の住人だけにとどまらない。世間が、物見高い目を向けるようになった。『夜の蝶』に描かれた銀座という世界、そこに生きる女たち、わけてもモデルと言われるマダムふたりが、さまざまに取りざたされるようになった。この頃、川辺、秀、白洲の顔写真が並んで紙面を飾ることもあった。

川辺と秀のもとへは取材の依頼が殺到した。雑誌で、新聞で、あるいはラジオで、さかんに夜の銀座が特集されることになり、『夜の蝶』のモデルといわれるマダムたちにスポットが当たった。その騒動は「エスポワール」の川辺るみ子をして、「私はすっかり『夜の蝶』づかれしてしまった」、「夜の蝶ノイローゼになりそう」と語らせたほどである。

実際、週刊誌はさまざまな特集を組んでいる。

モデルとなった二つの店のマダム、すなわち川辺るみ子と上羽秀は小説と同じように憎みあっているのか、モデルとなった女たちは、どのような経歴、人柄の持ち主なのか。そんなことを検証、分析する企画まであった。

秀も川辺も、好きな色や、食べ物を聞かれ、結婚観から男性観まで尋ねられた。『夜の蝶』という流行小説が生まれたことにより、ふたりは一躍、時の人となったのである。注目すべきは、男性読者を主流とした週刊誌だけでなく、婦人雑誌からの取材も殺到した点であろう。これまでも花柳小説の流れを汲《く》む、銀座のマダムを主人公にした作品はいくらでもあった。だが、『夜の蝶』はそうした作品群に比して、女性の間での人気が高かったようである。

その理由は何か。おそらく、これまでのマダムもののように男との道ならぬ恋に身もだえする女が描かれるのではなく、『夜の蝶』は男に翻弄《ほんろう》されながらも、いっぽうで男たちを手玉にとりながら上昇しようとする女を描いた点に、新しさがあったからだろう。男たちを翻弄し、翻弄されながら自分の力で世間を渡ろうとする強くしたたかな女の戦いぶりが、戦後を生きる女性たちの心を摑《つか》んだのではないか。

そのせいか女性誌においては、小説のモデルとして興味本位な記事を書かれるのではなく、女性の生き方に対する意見などを求められることが多かった。女優や女流作家と並んで秀と川辺の顔写真やコメントが載った。いつのまにかふたりは時代を代表する女性とされていたのである。

『夜の蝶』の影響はまた、モデルとなったふたりだけにとどまらず、銀座の女性という存在そのものへの関心をにわかに高めることにもなった。他店のマダムや女給たちも押しなべて、週刊誌に取り上げられる機会が増えていった。

日の当たる世間とは一線を画した存在であった銀座の女が、日陰の花から、日向《ひなた》の花になっていく。川辺るみ子は雑誌のインタビューでこう語った。

「このごろの新聞や雑誌は私たちをスター然とした扱い方をされることが多いでしょう。とてもいやなんです。わたしどもはどこまでも陰の人間として、要するに女の人が働いて生きていくのにこういう商売をしている人もあるということだけにしていただきたいのです。ほとんどが、戦前、戦後を通じて銀座で苦労している方たちなんです」（『夜の蝶』銀座のマダム座談会」『週刊読売』昭和三十二年八月十一日号）

彼女の聡明《そうめい》さが偲《しの》ばれる発言である。と同時に、この一言は彼女自身が過去の長い銀座生活の中で、人に言えぬ体験をもしてきたということを物語っているようにも思う。また、同時に秀に対する強烈な皮肉とも受け取れよう。秀は銀座に苦労した女ではなく、この騒ぎをも逆手に取るように、あちこちとマスコミに登場して結構楽しんでいるようなところがあった。

とはいえ、かく語る川辺自身も、表舞台へ出ることへの違和感を訴える割には、騒動から後、週刊誌の対談などを頻繁に引き受け、派手な話題を振りまいている。

そんな川辺と違って、秀はもっと単純に割り切っていた。弁解めいたことを口にすることもなく、頼まれればテレビ、ラジオ、雑誌と気軽に出演した。

「エスポワール」川辺るみ子

『夜の蝶』でともに脚光を浴び「おそめ」のライバルとされた「エスポワール」の川辺るみ子。彼女は、どのような人であったのか。改めてここで考えてみたい。

「マチは銀座の一流店リスボンのマダム。背の高い派手な顔立ちで客扱いが図抜けてうまい。一流の政治家や文士や人気芸人を、友達のように扱って、落ちこぼれのない商いをして銀座中のナンバーワンだ」

川口松太郎は『夜の蝶』の中で、リスボンのマダム、マチをこう紹介している。

小説はあくまでも小説で、もちろん、性格の上でも物語の中で起こる出来事にしても、川辺と作中のマチの間には距離がある。だが、この一文だけは、そのまま「エスポワール」の女主人・川辺るみ子の姿を正確に写し取っていると言っていい。

大正六年生まれの川辺るみ子は、秀が東京へ店を構えた昭和三十年当時、三十八歳、押し出しのいい貫禄《かんろく》を備えていた。

大正生まれでありながら一六七センチという長身、色白の大作りな顔立ちをしていたのは、秋田生まれのせいであろうか。

生家は彼女自身が語ったところによれば秋田の裕福な米問屋という。女学校に通ったが、やがて家業が傾き女学校を中退。その後、婦人記者になることを夢見て上京し、自立の道を模索するうちに、戦前の銀座で女給として働くことになった。

彼女が戦前に働いた店のひとつにバー「ボルドー」がある。この店は、いまでも銀座八丁目に健在だ。蔦《つた》の絡《から》まる重厚な外観で、ひっそりとした佇《たたず》まいを見せる銀座きっての老舗《しにせ》バーである。昭和二年、新橋の芸者だった女性がマダムとなって開いた店で、それゆえ、客には政治家や財界人が多く、山本五十六《いそろく》も「ボルドー」の常連であったという。

当時は、政治家や一流の財界人が銀座のカフェや、バーに足を踏み入れることはまずなく、銀座のバーやカフェで飲むのは、文士やジャーナリストたちで、政財界人は花柳界で遊ぶものと、棲《す》み分けがはっきり決まっていた。だが、この店は、店主が元芸者であったために当時の新橋花柳界の余勢をかって、客層が他店と違ったのだった。川辺るみ子が、「ボルドー」の出身だったことも、後に「エスポワール」に政治家や財界人が集い、格の高さを誇ることになる理由のひとつと考えられる。

昭和十五年、川辺は店の客であった新聞記者と結婚して勤めを辞め、戦時下の数年間は、子どもを育てながら専業主婦として夫の故郷である山梨で過ごしている。しかし、終戦と同時に離婚、銀座に舞い戻った。

戦後間もない銀座の街で、「Ａ１」という進駐軍用のクラブでダンサーとして勤めたのを皮切りに、川辺は「ハイデルベルヒ」という店や、戦前に勤めた「ボルドー」に再び女給として勤めた。そんな最中、ある中国人グループからスカウトを受ける。彼らが出資して開く新しいバーの雇われマダムにならないかという話に川辺は乗った。店名は「エスポワール」と、すでに決められていた。

昭和二十三年十二月十五日、「エスポワール」は川辺をマダムに迎えて開店の日を迎えた。なお、前にも書いたが、昭和二十三年といえば、奇《く》しくも京都木屋町で上羽秀が「おそめ」を始めた年にあたる。

中国人グループは支配人として金森幸男という男も雇っており、店は川辺と金森のふたりで運営されることになった。川辺は手腕を発揮し、「ボルドー」時代の客たちの贔屓《ひいき》を得て、はじめから格の高い店として幸先《さいさき》のいいスタートを切った。そして三年後、中国人グループから店を買い取り、名実ともに「エスポワール」のオーナーマダムとなるのである。

「エスポワール」の名声は瞬《また》く間《た》に、銀座中に知れ渡った。マダムである川辺るみ子の目を見張る華やかな美貌《びぼう》と才気、客筋、それに銀座一といわれる値段。女給たちも粒ぞろいであったが、客の大半は川辺に魅了されてやってきた。

夜ごと名士たちがたむろした。総理大臣をはじめとする閣僚から、日本を代表する企業の社長や重役たち、純文学系の一流文士、新聞社の幹部たち。はじめて、この店に足を踏み入れるとき、男たちは極度に緊張したという。

「私の店はほかより高い。だって私の店なのだから」という台詞《せりふ》が川辺の口をついて出るとき、それは嫌味ではなく、憎いほどの説得力を持った。

時には「私は銀座のズベ公よ」という物言いもした。光り輝くような美貌で、そんな台詞を口にするのにも、どこか爛熟《らんじゅく》した女の妖《あや》しい魅力があった。

それはまた、川辺に限らぬ当時の銀座に生きた女たちに、共通する匂《にお》いであったかもしれない。どこか退廃的な、どこか世間から隔絶され、どこか不幸を背負い、それでいてプライドが高く、権高《けんだか》である。独身であった川辺は、男性関係も華やかだったようである。金のためにどうこうはしない。ただし、惚《ほ》れっぽかった。

いずれにしても、銀座に君臨する華やかな女王、それが川辺るみ子だった。

ところが、そんな無敵の女王の前に、ある女が現れる。その女は川辺とも、ほかの銀座の女たちとも、まるで違う空気をまとっていた。おっとりとした物腰、楚々《そそ》とした風《ふ》情《ぜい》で男たちの父性本能を刺激してひきつける。

「銀座のマダムといったら、どんな人でも少し下品な、蓮《はす》っ葉《ぱ》なところがあった。川辺さんは、その中でも独特の気位と権の高さを併せ持ってデカダンな魅力があった。一方、おそめさんには、崩れたところや、独特のクセがまるで感じられなかったからね。どこまでも楚々とした感じの人で。だからこそ、ほかのマダム連中はおもしろくなかったんじゃないのかな」

当時の銀座に遊んだ男性はそう振り返る。

「エスポワール」のバーテンダーをしていた八巻昇も、こう語っている。

「『エスポワール』のるみこママをトラだとすると、バンビのような可愛いやさしい色気のある人でしたね。それで『おそめ』の人気が出てきて」(「銀座名物ボーイが見た『昭和遊び人』列伝」『新潮45』平成十一年五月号)

白洲次郎と川口松太郎

川辺が秀に敵意を向けた理由のひとつに、ある男の存在が影響していることは以前にも触れた。男の名は、白洲次郎。『夜の蝶《ちょう》』の中で、マチとつき合いながらもお菊に惹《ひ》かれていく白沢という男のモデルは、この白洲次郎であると言われている。作中ではコロンビア大学卒の関西系デパートの社長として描かれたが、実際の白洲はコロンビアではなく、ケンブリッジ大学卒。戦後はGHQと激しくやりあい吉田茂首相の懐刀《ふところがたな》として活躍、GHQ憲法草案の日本語訳を担当したことでも知られている。『夜の蝶』が書かれた当時は、五十五歳。東北電力会長という立場にあった。言うまでもなく、著述家として知られ、秀とも交流のあった白洲正子の夫である。

英国での生活から来る独特の身のこなし、日本人離れした風貌《ふうぼう》と長身に恵まれた白洲は、花柳界や銀座でよく遊んだ。川辺るみ子は、次郎を知って一目惚《ぼ》れし、人に紹介してくれと強く懇願したという。そんなことから始まったふたりの関係を銀座で知らぬ人はいなかった。

エスポワールのバーテンダーであった八巻昇は、以下のように語っている。

「次郎さんは、たしかにうちのママさんの恋人でした。僕はいつも朝飯を用意する担当だったのでよく知っています」（同右）

八巻氏の語るところによれば、朝までともに過ごす関係だったということになるが、その白洲が、秀と「あやしくなった」ために、川辺が悋気《りんき》を起こしたのだという。

当時を知る人に聞けば、大概の人がくすりと笑う。

「ママがあんなにおそめさんを嫌ったのは、男の人のせいですよ。白洲さんがおそめさんに、あんまり親切にするから」

映画の中では、お菊は白沢を籠絡《ろうらく》する役回りなのだが、実際はどうだったのか。

「白洲さんとママはそんな関係じゃなかったですよ。ママはもちろん白洲さんのことが大好きで、『ファンなんや』ってよう言ってましたけれど。なにしろ、ママはとにかくパパ（俊藤）がいましたから、それは白洲さんもご存知でしたし」

「おそめ」に勤めていた女性たちは、大概、そう語る。

秀に水を向けても、いつでも顔をほころばせて同じ答えが返ってくるばかりだ。

「うち次郎さんの大ファンやった。大佛次郎さんと、白洲次郎さん、どっちも好きやったから、『ふたり次郎さん好きです』て、いつでもそないに言うてました」

なお、白洲自身は『夜の蝶』に関して「まったく川口はひでえ野郎だ。勝手に人をあんな風に書きやがって」と、「おそめ」で気を許した女給に、苦笑して語ったという。

考えてみれば、商売上ライバル関係にあるふたりの女が、同じ男を取り合う、というのは、「春色梅児誉美《しゅんしょくうめごよみ》」などにも見られる、ある種、古典的なひとつの型である。川口はもちろん、そうした流れを踏まえた上で『夜の蝶』を書いたのだろう。

また、秀と川辺をめぐる男性関係では、ほかならぬ『夜の蝶』の作者、川口松太郎のことも、よく取りざたされたようである。

「川口は『エスポワール』、『おそめ』両方のマダムと深い関係にあった」

と書く週刊誌もある。こちらも世間に流布《るふ》した噂《うわさ》であったのだろうか。

噂を受けてか瀬戸内晴美の書いた小説『京まんだら』には、川口松太郎と秀を髣髴《ほうふつ》とさせる人物が登場する。この小説は、祇園に実在する茶屋の女将《おかみ》をモデルとして書かれた作品であるが、それゆえ、作中の人物は脇役《わきやく》にいたるまで、モデルは誰かと盛んに話題になった。そんな事情も、『夜の蝶』に似ているが、作中、女将と深い関係になる劇作家が、川口松太郎と思わせられる設定である。

この劇作家は女将とつき合う一方で、「木屋町でバーを営む『おせい』のマダム」と深い関係にある、とされている。この「おせい」について、さらに作者はこう記す。

「おせいは、祇園の出で今は京都ばかりか東京にも支店を持つ」、「おせいはよく気のつく頭の切れる女だったが、それを柔らかな京ことばのかげにおしかくし、みるからに嫋々《じょうじょう》とした可憐《かれん》さを示し、男なら誰でも思わず手をかしてやりたくなるようなところがあった」

　これでは誰もが、「おそめ」、すなわち上羽秀のことを連想するに違いない。

『夜の蝶』の「お菊」にしても、『京まんだら』の「おせい」にしても、秀をモデルにしたと思《おぼ》しき作中の女は、三角関係の中で「女から男を奪う存在」として、描かれている。それが、当時の秀に張られたレッテルであり、イメージであったのか。それほど、女にも男にも、上羽秀は幻惑的な存在として映っていたのであろうか。

『夜の蝶』は小説である。『京まんだら』も小説である。小説である以上、虚構も混じるし、作者の勝手な思い込みも盛り込まれている。だが、小説の中に描かれた人物は、勝手なひとり歩きをする。ときには、モデルと言われる人物の前を、虚構の人間が歩いてしまうことすらある。

　川口松太郎はもちろん秀と川辺を念頭におきながらも、かなり虚構を織り交ぜて『夜の蝶』を書いた。どこまでが虚構で、どこまでがそうでないのか。さまざまに取りざたされることも計算の上で、遊び心を働かせたのであろう。

ところが、作品は川口の想像を超えて大きくひとり歩きを始め、モデルと言われる女たちの身の上に多大な影響を与えるにいたった。

川口松太郎はたびたび、「あれは小説だから」と自ら世間に公言して騒動をおさめようとした。川口ばかりでない。仲間の作家たちも、「あの作品に登場するふたりのマダムとモデルにされた本人たちは、人格もまるで違う。ふたりとも、もっと誠実な人間たちだ」といった趣旨のことを週刊誌上で述べて、騒動をおさめようとした。

それでも、なかなか騒ぎはおさまらなかった。

モデルと言われた川辺と秀にも、不満はあったことだろう。『夜の蝶』の中で、おそめをモデルとしたマダム、お菊は白沢を手玉にとる、したたかで計算高い女として描かれている。一方、川辺をモデルとしたマチも肉体を次々と男たちに投げ出して勝負する女となっている。人物や出来事をそのままに書いたのでは小説にならない。あくどく味付けしなければ娯楽小説にはなりえないことは、文士とつき合いの深いふたりのマダムは先刻承知であったろう。

とはいえ、この内容では割り切れぬ思いが残ったはずだ。ましてや騒ぎがこれだけ大きくなれば、世間の目もさまざまであったろう。

ふたりは、雑誌で『夜の蝶』に対する感想を聞かれてそれぞれに答えている。

「面白いと思ったのは、川口先生は、お店でザックバランにお話しされていても、作家としては、あのように感じておられるのだナーということ。商売していて決して甘やかされてはいけないということを知りました」(「人物双曲線　銀座のマダム」『週刊朝日』昭和三十二年五月十二日号)

川辺は、このように少し含んだものの言い方をしている。一方、秀は同じ雑誌でこう答えた。

「半分ほど読みましてん。うちの方ばっかりええようで、悪いみたいな気イします」(同右)

確かに、『夜の蝶』の中では、お菊も汚れ役ではあるが、マチのほうが一方的に大人気ない嫉妬《しっと》を燃やす女として描かれている。そのあたりにも、川辺の不満はあったのだろうか。

少し時間がたってからのインタビューでは、また両者のニュアンスが変わっている。

「おそめさんは京都から銀座へ進出してきた人ですから、明らかにモデルといえますが、私は関係ないと思います。私にいわせれば、ああいうマダムはごく一部分の人ではないでしょうか。高校や大学に行く子供をかかえて、銀座のマダムたちは、毎日、悪戦苦闘しているのが真相だと思います。おそめさんは美しい人で、仲たがいなんて、うわさにすぎませんよ」(「ルポ　銀座の酒場」『週刊読売』昭和三十二年六月九日号)

「こないだかて、川口先生がおこしやして、小説やよって気にせんほうがええいうておいでやした。飛行機で京都と東京をゆききしていることと、京都から銀座へ進出したというところだけは、まあ、うちのことですけれど、そのほかのことというたら全部作りごとどすえ」（同右）

世間の収まらぬ騒動と、モデルだとしてあまりに注目されることへの危惧《きぐ》が、この頃のふたりにはあったのだろうか。現実の自分とは、だいぶ異なるのだと、両者はそれぞれに説明しているのだが、ここでも川辺が嫌悪感《けんおかん》を前面に出しているのに対して、秀は、それほど深く気にはとめていない様子である。

秀は概して、あまり物事にこだわらない人だ。このときも「あれは小説」と割り切って考え、流してしまう心構えがあったのだろう。

だからこそ、『夜の蝶』の派手やかな騒ぎを楽しむ余裕もあったのではないか。実際、秀は『夜の蝶』の映画化や舞台化にあたって積極的に協力している。映画化の際には、主演の山本富士子や京マチ子が役作りのために「おそめ」を訪れ、また、新派の舞台となった際には、おそめは京風の芸妓姿を装《よそお》い、舞台を観《み》に訪れ話題づくりに一役買ってもいる。

秀が、このような振る舞いをしたのは、何よりも古くからの常連客であり、とりわけ懇意にしていた川口松太郎が作者であるという点が大きかったのだと思う。何かと噂されたた白洲次郎よりも、心から頼りにし、信頼していたのは川口松太郎であったともいう。

加えて、『夜の蝶』の映画化にあたりメガホンを取った映画監督は吉村公三郎だった。彼も京都木屋町時代からの常連である。なお余談であるが、吉村作品には、『夜の蝶』以外にも注意して見るとたびたび、「おそめ」が登場する。『四十八歳の抵抗』では、主人公が夜の銀座を徘徊《はいかい》するシーンの中で「おそめ」の看板がそのほかのものと混ざって夕闇《ゆうやみ》に浮かび、「おそめ」を真似《まね》た京都風のクラブが出てくる。

ともかくも、秀と「おそめ」はさまざまな描かれ方をした。秀自身は、それによって世間にどんな評が立とうとも、「小説は小説」と割り切れる気持ちがあったのだろう。「ほんの少しだけ、うちのことヒントにしはっただけですえ」と。だが、秀自身が思うように世間もまた受け取ってくれたかといえば、疑問が残る。

計算高く、金勘定が働き、男を苦もなく籠絡して、上り詰めていく『夜の蝶』のお菊。そのイメージを、そのまま現実の上羽秀という女に重ねてしまう人も少なくはなかったのではないか。ましてや、『夜の蝶』のモデルとして名が高まり、秀がそれを否定するどころか公認するように撮影や観劇に協力する振る舞いをすれば、なおさらだった。『夜の蝶』が発表された翌年の昭和三十三年、「おそめ」にも折に触れて顔を出した銀座の女給、坂本睦子が自殺し、その情人であった大岡昇平が彼女をモデルに小説『花影』を発表した。これに対して白洲正子が、坂本と作中のヒロイン像とのあまりの違いに憤慨して手記を発表したのは有名な話である。このとき、白洲を突き動かしたのは、小説の中に矮小化《わいしょう》されて描かれた女を、現実の坂本をよく知る人間のひとりとして、なんとか取り戻したいという一念だった。

秀の娘、高子は『夜の蝶』を祖母のよしゑに連れられて京都の映画館で観た。昭和三十二年のことだから、まだ十一歳だった。それでも、子ども心に晴れぬ気持ちを抱いて映画館を後にしたという。作中の女が好きになれなかった。しかも、そのモデルが母だと言われていることが我慢できなかった。自分の母があのような女性として描かれ、人が皆、母をあのような人間だと見ることに漠然とした怒りを感じた。映画館は大入りで、世間の評判の高さに余計、胸をふさがれる思いがした、と。もし、高子に筆の力があったなら、白洲正子と同じ行動を取ったことだろう。

私は、秀と出会ってしばらく経《た》った頃、『夜の蝶』のビデオを手に入れて岡崎の上羽邸に持っていったことがある。

秀は懐《なつ》かしそうに山本富士子と京マチ子が並んだパッケージを見て喜び、私たちは肩を並べて、ソファに腰を下ろしビデオを見始めた。ところが、始まってすぐに、秀は映画への不満、いや登場する女たちへの嫌悪を囁《ささや》いた。

「なんやろ、この人いうたら」

封切された昭和三十二年に、秀はもちろん観ているはずだ。しかし、それから半世紀もの歳月を経て、秀はまるではじめてこの映画を観るような様子を見せた。

画面の中、山本富士子扮《ふん》するお菊が、男との情事の後、寝床から男が持つ札束をちらりと見るシーンになると、秀が私に向かって、めずらしく強い口調で訴えた。

「この女の人、品のない、嫌な人……」

私は返答に困ってしまった。この女性のモデルこそが秀である。それを秀はわかった上で私に訴えているのか、判断が尽きかねたのだ。

だが、もちろん秀は、それとわかって私に言ったのだろう。私はビデオを一緒に観たことを、いやビデオを持ってきてしまったことを、申し訳なく思った。

秀の記憶においては、昔、『夜の蝶』という映画化もされた小説のモデルであったという事実だけが心の中の大切な思い出であり、内容はむしろ忘れていたほうがよかったのではないか。もしかしたら、『夜の蝶』を、もっと違った形で記憶にとどめていたのかもしれなかった。それを私は、無配慮に壊してしまったのではないかと後悔の念に襲われた。

「今の映画やないさかい、やっぱりちょっと辛気くそおすね」

映画を見終わった秀は、ただ一言、そんな言い方をした。

帰りがけ、玄関で高子さんに声をかけられた。

「なんだか母とは、だいぶ違うでしょう」

秀がその遠くで、私に小腰をかがめて頭を下げるのが見えた。

個性の違い

それにしても『夜の蝶』が発表されたことにより、週刊誌はモデルとされた女たちを執拗《しつよう》に追いかけている。その記事を丹念に見ていくと、このモデルとされた女たちの個性をまざまざと知ることができ、そういう意味では有難い資料ではある。

「エスポワールが誰にでも好感を持たれるインテリジェンス、おそめが京女の淑《しと》やかさとネットリしたサービス」(「新女将論」『週刊文春』昭和三十四年五月十一日号)

「ポンポン相手に言う銀座の女のシット深さ——これがエスポワールの魅力なら、それを黙って耐える忍従の女——それが京おんなおそめの美点だからだ」(同右)

なかでも前掲の『週刊朝日』昭和三十二年五月十二日号はふたりにほぼ同じ質問を振る形で、その個性を明らかにしていておもしろい。一週間の過ごし方や、今興味を持っていること、好きな食べ物や色は、といった質問が続く。

その中で、川辺はほぼ毎日、英語のレッスンに通い、近々、フランス語も始めたいのだと語っている。一方、秀は「店に出ているときが一番楽しい」と語り、始めたいことは「踊り」だと述べている。

婦人記者にあこがれたというだけあって、川辺は知識欲の強い女性であったのだろう。

英語やフランス語を勉強したいと語り、新聞や雑誌、話題の小説に目を通して政治経済から文学論まで客に混じって意見が言えるようにと努力を惜しまなかった。店の女給たちにも、週刊誌や新聞はなるべく何誌も読むよう教育したという。

川辺のインタビュー記事や、座談会での発言などを読んでいると、世間が許するように確かに頭のよく切れる女性であることがわかる。だが、それ以上に感じるのは、そういう女として見られたい、という川辺の強い、狂おしいまでの自意識である。

川口松太郎は、なぜ待合よりもバーがはやるのかという週刊誌の特集記事において、その理由を、「料金もかからず芸者が座敷にくるまで待たされることもないから」と前置きし、

「ふつう芸者はイエス・マンだが、たとえばエスポワールの女給などは仲々のインテリで、反ぱつをしてくる。よく自民党代議士などが、こういう理由で、自民党の政策は嫌いだなどと、彼女たちにやりこめられている場面を見かけるが、芸者も芸ばかりにたよる前に、知性を身につけないと、客が物足りなくなるんじゃァないか」（『週刊文春』昭和三十四年五月十一日号）

と述べている。ここで川口がいう「意見の言えるインテリ」、それこそが川辺の目指した女性像であったということになるのだろうか。

一流、といわれる文化人を客にして、一歩も引かずに口で渡り合う。できる限り彼ら

に近づき、対等にものが言えるようにと、川辺は精一杯の努力をした。男たちに伍《ご》し、政治や経済の話もでき、英語やフランス語が達者な女性像こそが川辺の目標であったのだろう。ところが自分が、その理想に向かおうとする最中、京都から、ある女が銀座にやってきたのだった。

その女は学校もろくに出てはいない。また、出ていないことを隠そうともしなかった。元は祇園の芸妓である。政治も経済も語ろうとせず、文士たちの発表した作品にも、ろくに目を通しはしない。英語とフランス語の違いも、おそらくはわからないだろう。ただ、ひたすら古風で、一歩も二歩も引いて控え、口数少なく、優しく包み込むような雰囲気を漂わせている。そして、なによりも客に尽くす。

川辺が進もうとする先にいる女、目標とする女ではなく、それは、むしろ川辺が後ろに捨て去ってきた古い、日本の女の姿だった。そんな女に、川辺の周辺にいた男たちが強く引き寄せられていく。秀が川辺に似たタイプの女だったなら、そして川辺の目指す、その先にいるような女であったならば、川辺の心は、もっと穏やかであったことだろう。

「エスポワール」、「おそめ」の両方によく通ったというある映画関係者は言う。

「ほんとうに、まるで個性の違うふたりだったからね。それでいて、いや、それだからこそ、銀座で人気を二分した。るみちゃんは悪い子じゃなかったけれど、少し偉ぶるというのかな、そういうところがあった。政財界の大物クラスか文壇、映画界の有名人が客で、彼らと友達のような振る舞いをするからね、自然と、そんな風に見えてしまうところがあった。一方、おそめさんはどこまでも、一歩下がって、つつましく相手を立てるやり方だった」

秀は秀で逆に、川辺が目指した「意見をいうインテリ」といった態度を自分自身はもとより、店の女給たちにも許さなかった。客の前で自分の知識をひけらかすような真似《まね》は慎ませ、知っていることも、知らないように振る舞えと注意した。あくまでも客に花を持たせるように一段、二段、自分たちが下がって尽くす。それは考えようによっては芸者的なサービスと言われるものであったかもしれない。

「東京のおなごはんいうたら、ほんまにきついどすなあ。うちらの店の女の子らは、お客さんにサービスする気イあんまりないんと違いますか。かえってサービスしてもろうてますねン」(『週刊文春』昭和三十四年五月十一日号)

「東京のお客は、スカッとしていて、お年寄りでも、ロマンス・グレーいうんですか、魅力がおすな。飲み方もきれいどす。京都に比べ、万事お客さんの方で気イつけてくれはります」(『週刊朝日』昭和三十二年五月十二日号)

『夜の蝶』が発表された直後、当時の銀座の名だたるバーのマダムを集めて誌上座談会が行われた。

その席でも、秀は十人近い銀座のマダムを前に司会者の十返肇《とがえりはじめ》に、東京と京都の違いを尋ねられ、こんな答え方をしている。
「東京はお客さんの方がサービスしてくれはりまんな。大体女の人はシャンとしてはったらいいところですもの。京都というところはこっちがサービスせぬと……」（『週刊読売』昭和三十二年八月十一日号）
「京都に比べたら、なんやうれしいなってきますもんね、お客さんがみなやってくれるもんで」、「別っぴんさんで澄ましている人は、東京の人のほうが多おすわ。黙ってジッとすわってていやはる。京都の女の人はこっちから一生懸命しゃべりかけてお相手する人が多いですけれどね」（同右）
東京はお客がよく、女がサービスしないでも商売が成り立つ。京都のような客の厳しい土地柄からすると信じられないほど、客、つまりは男たちが寛容であることに秀は驚きを隠せず、それをまた素直に口にしたのだった。秀のこういった発言が、銀座の女たちにどのように受け取られることになるか、そこまでは考えがいたらなかった。
秀の言葉を受けて、川辺るみ子の言葉が続く。
「私自身も東京で、それこそお客様のお呼ばれだけで方々遊んでいるけれども、一年に一回か二回京都へ伺って『芸こ（妓）』さんにお目にかかって、東京に帰ってくると、ときどき京都に行って、京都の女の人のサービスを少しは勉強しなければならないと思うほどサービスされますね」（同右）

穿《うが》った見方をすれば、秀の意見は、東京の男を褒めながら同時に東京の女を非難しているように聞こえる。また、川辺の言い分は、大変に京都の女を褒めているようでいて、芸なく男へ尽くすことで寵《ちょう》を得ようとするやり方への強烈な皮肉のように受け取れなくもない。

この座談会でも、川辺とほかの女たちはひとつにまとまっており、秀ひとりが浮いている印象を受ける。

座談会の最後では、これも銀座の老舗《しにせ》「らどんな」の女主人、瀬尾春がこう切り出している。

「わたし思うのだけれど、これ変におとりにならないでもらいたいのですが、女給さんをやらない人がよくバーをやっているけれど、あれよくできると思って感心しちゃうの」（同右）

これは、おそらくは秀に対する強烈な皮肉であったろう。ほかの出席者は皆、戦前から銀座で女給としてたたき上げられ戦後に独立して店を持ったものばかり。つまりは銀座のたたき上げである。一方、秀は女給としての経験はほとんどなく、京都では女の子もろくにおかないようなバーをやってきて、いきなり銀座マダムとなった。その経歴は皆に知られているところである。

司会の十返肇が、おもわず瀬尾春の発言を受けて「おそめさんは……」と聞き返し、秀は「わたくしかて、半年ばかり見習いにいきました」と答えている。

また、川辺と秀では、ふたりの仲を詮索《せんさく》しようとする週刊誌に対する態度も、あまりに違った。

川辺は、徹底してシラを切った。

「おそめさんは美しい人で、仲たがいなんて、うわさにすぎませんよ」（『週刊読売』昭和三十二年六月九日号）

別の週刊誌の取材でも、

「利口なきれいな方、銀座だけで生きて来た人には見られないものを持っていらっしゃる。でも、銀座の人が、かなわないというのじゃなく、これは個性で仕方がないのじゃないかしら」（『週刊朝日』昭和三十二年五月十二日号）

と発言している。ところが、秀は正直だった。

「あのママは好きやったし、あそこで、東京のこと、いろいろ覚えとう思うていました。囲《まわ》りが騒いでしもうて、このごろでは、ママの所に行きたい思うても、行かれしまへん。なんやおかしゅうなってしもうて……」（同右）

「エスポワールのママさんとの仲も、何や変なぐあいになりましたけれど、うちとしては、だれぞ、ちゃんとした人に間に立ってもろうて、早う仲直りせんならん思うてま

す」（『週刊読売』昭和三十二年六月九日号）

実際、川辺と秀の関係は、一貫して良好なものではなかった。あからさまな敵意を見せていたのは川辺のほうで、だからこそ、秀は戸惑っていた。

記者たちに聞かれたとき、秀は正直にそれを語ってしまう。それが火に油を注ぐ行為となることを想像できなかった。

「自分ばかりが被害者ぶって」

「ああやって、男の同情を掻《か》きたてようとする計算なのよ」

銀座中から非難されることになった。

秀は概して、無防備で正直な人である。

銀座マダムを特集した記事などでも、自分の過去をいつわりなく語っている。年齢も、生家の家業も、学歴も常に同じだ。だが、ほかの銀座マダムには年齢ひとつとっても経歴にしても粉飾をほどこす人のほうが多かった（川辺も年齢はずいぶんとまちまちに書かれており、ときに六歳年下であるはずの秀より若くなっていることがある）。それはまた、彼女たちの語れない過去の重さを物語っているようにも思う。

ふたりは仲良しです、と突っぱねる川辺に対して、人を立てて仲直りしたいと思っている、とまで取材者に話してしまう秀との落差は大きかった。

思ったこと、感じたこと、好きなこと、やりたいことを、そのまま口に出し、実行してしまう。秀はよく言えば天真爛漫、悪く言えば人の気持ちや世間の眼に無配慮なところがあった。一言で言えば、子どものような女である。それが、男には庇護《ひご》したいという気持ちを掻き立て、女からは激しく嫉妬《しっと》されるもととなっていることに、果して本人はどれだけ気づいていたのだろうか。

文士劇への差し入れ

文士劇への差し入れをめぐっても秀はちょっとした摩擦を周囲と起こしている。

当代の人気作家や漫画家らが参加して芝居を披露する文藝春秋社主催の文士劇には、彼らと付き合いのある銀座の女たちが差し入れを持って楽屋を訪れ観劇するのが慣わしだった。

秀も当然、顔を出した。ところが、その差し入れが、騒動のもととなる。

他店のマダムたちが、ウイスキーや菓子などを差し入れるなか、秀は名前をいれた上等の座布団《ざぶとん》を座長の川口松太郎らに贈ってしまったのである。

「いったいあの人は何を考えてるの」

「そこまでお振る舞いして、お客がほしいのかしらね」

名前入りグラスのときと同様に、たちまち激しい非難の狼煙《のろし》が銀座中から上がった。

秀は困惑した。なぜ、ここまで言われなければいけないのか。

秀は自身が花柳界の出であり、芸事が何よりも好きだった。だからこそ、舞台に立つ人には声援を送りたいと思う。舞台、というものに対する考え方がほかのマダムと秀とでは明らかに違ったのだ。もちろん、持ち前の派手で、目立ちたがりな性質が、人に抜きん出た贈り物を選ばせた部分もあろう。だが、すべては舞台に立つ人への心づくしからしたまでのことである。

だいたい、人様に迷惑をかけたわけではなかった。しかし、銀座という街において、すでに共通の敵と見なされていた秀は、この一事を以《も》ってすさまじく攻撃された。銀座も祇園と一緒だった。群れた女たちは、団結して秀の挙動をさぐり、隙《すき》あらば非難の矢を放つのである。

このとき、秀は全員に座布団を贈ったわけではなく、相手によって品物を変えた。自分とのつき合いの濃淡もあるし、その人の劇中での役柄の重さ、また相手の好みを考えて、それぞれにプレゼントを考えたのである。そのため、同じ「おそめ」の客でも座布団を贈られた人から、京菓子を贈られた人まで様々だった。それがまた揚げ足を取られるもととなる。

面と向かって他店のマダムに、

「ご存知じゃないかもしれないけれど、こういうときは、ご負担に思われないような品を贈るのが礼儀なのよ」

と注意されるのはまだよかった。

「あなたお菓子だったの、何々さんはウイスキー、何々さんは座布団よ。その程度にしか思われてないってことよ」

客に、そう吹き込まれるのには往生した。

これもまたすべては、秀の無邪気な発想が引き金になっての騒動であった。

川端康成と「おそめ」

秀は銀座へ出てきてからというもの、休みなく飛行機で空を飛び続けていた。『夜の蝶《ちょう》』以降は、飛行機に乗っていて、サインを客に請《こ》われることもあった。最も飛行機を利用した客のひとりとして日本航空から表彰されもした。毎週、羽田と伊丹を往復する。飛行機では座る席まで決まっていた。遅れそうになると、「もうすぐ着きますよって、ちょっと待っててておくれやっしゃ」と途中で電話を入れて駆けつけることも許された。そんな長閑《のどか》な時代だった。

先に大佛次郎作品と上羽秀とのかかわりを記し、さらに『夜の蝶』や『京まんだら』に触れたが、ここでは京都を舞台とした作品を数多く発表した川端康成と「おそめ」のつき合いに触れたいと思う。

川端が戦後、はじめて京都を訪れるのは昭和二十四年十一月のこと。日本ペンクラブの会長として広島市の招きに応じて原爆の傷跡を見て回り、その帰り路《みち》に立ち寄ったのだった。広島で戦争の無残さを目の当《ま》たりにした直後でもあり、焼かれなかった古都の佇《たたず》まいは、とりわけ深く川端の胸を打った。昭和二十四年といえば、折りしも大佛次郎が『帰郷』や『宗方姉妹』といった一連の京都ものの作品を発表した時期に重なる。

川端は翌月に再び京都を訪れ、今度は旅館・柊家《ひいらぎや》に長逗留《ながとうりゅう》し執筆に励んだ。それからというもの仕事をするために京都に長く滞在する習慣がつく。昭和二十五年四月から五月にかけても一ヶ月ほど過ごしている。

川端と木屋町「おそめ」との関係は、おそらくは、この頃から始まったのであろう。「おそめ」が銀座に出てからは、そちらでも常連客のひとりであった。

昭和三十二年、国際ペン大会が日本で開催され、日本ペンクラブの代表であった川端は主催国の責任者という大役を務める。ペン大会の閉会式は東京から場所を移し京都で行われたが、秀はこのとき、店の女給たちを連れてパーティ会場を訪れている。今では出版社主催の文学賞も、専門のコンパニオンが雇われるが、当時はバーの女給たちが会場に花を添える役回りを担《にな》っていた。秀は、このとき、外国の女性作家に着物姿を褒められると、その場で脱いで彼女にプレゼントしたと新聞に報じられている。

この国際ペン大会が行われた年、暮れも押し迫ってから川端は再び京都を訪れている。今度は誰も伴わない、たったひとりきりの旅だった。京都の大晦日《おおみそか》を知りたい、除夜の鐘を京都で聞きたいというのが、川端の希望だった。

川端に相談されて、秀は、やはり「おそめ」の常連客であった京都の老舗《しにせ》漆器屋の主人・初瀬川松太郎《はつせがわまつたろう》とともに、川端が除夜の鐘を聞くのに相応《ふさわ》しい場所を探した。知恩院近くの貸席、鐘隣閣《しょうりんかく》がいいだろう、ということになり、大晦日の夜、ふたりは川端をそこへ案内する。その折の写真が秀の手元に残っている。鐘隣閣に集まった川端、初瀬川、秀、それにふたりの舞妓《まいこ》たち。舞妓は秀が「鐘を聞く風情《ふぜい》に」と気を利《き》かして呼んだのだった。炬燵《こたつ》を囲んで五人は、除夜の鐘に耳をすませた。

それから三年後、左京区下鴨泉川町の屋敷に川端は居を移して一年ほど暮らし、京都を舞台にした本格的な長編小説を二本、同時に執筆する。ひとつが朝日新聞に昭和三十六年十月から三十七年一月まで連載された『古都』であり、もうひとつが同じく昭和三十六年一月から昭和三十八年十月にかけて『婦人公論』に発表された『美しさと哀《かな》しみと』である。『美しさと哀しみと』の冒頭では、京都で除夜の鐘を聞くシーンが重要な意味を持って描かれている。

物語は初老の小説家、北鎌倉に住む大木年雄が、京都を訪れるところから始まる。

はるか二十年以上もの昔、大木は妻子ある身でありながら、当時まだ高校生だった上野音子という少女と交際し妊娠させて捨てた。子どもを死産し、精神を病んだ音子は、京都へと移り住み、一方、大木は音子との恋愛を下地に小説「十六七の少女」を書いて発表、小説家としての名声を得る。歳月が経《た》ち、大木は作家としての地位を固め、音子は女流画家として、やはり名を知られる存在となっていた。別れの日から二十年以上の歳月が流れ、大木はふいに京都で音子に会い、ともに除夜の鐘を聞きたいという衝動に駆られる。

京都にひとりたどり着くと大木は音子の家に電話をかけた。除夜の鐘を一緒に聞きたいのだと告げ、音子の快諾に喜ぶ。だが、大木のもとへ車で迎えに来たのは音子自身ではなく、画《え》を学ぶ女弟子のけい子であり、その上、知恩院そばの貸席につくと、音子はさらに舞妓をふたり、従えているのだった——。

小説で川端はふたりの舞妓について、以下のように書いている。「舞妓は二人とも座敷へ出るよそおいではなくて、お召しなどを着ていた。帯もだらりではない。しかし、質が良くて、可愛い帯だった。花かんざしはなくて、きれいな櫛《くし》だけをさしていた。二人とも音子とはなじみのようだが、どうしてこんな親しい姿で来たのか、大木にはわからなかった」

昭和三十二年、秀が川端と除夜の鐘を聞いた際の写真を見ると、そこに写る舞妓たちは川端が小説に書いたとおりの普段着姿である。

小説では、除夜の鐘を聞いた後で「大木らは貸席を出てから祇園社に、おけらまいりをした。縄のさきに火をつけてもらい、火を振り振り帰る人がかなり見られた」となっているが、これも川端が秀らとともに実際に行ったことだった。

川端の京都滞在を詳しく記した河野仁昭『川端康成――内なる古都』（京都新聞社、平成七年）によれば、おけら参りのあと、川端は木屋町仏光寺の「おそめ」に寄り、その後、都ホテルに泊まって、翌日、元旦《がんたん》に鎌倉に戻ったという。同じように、小説の中の大木も都ホテルに泊まり、元日、鎌倉に帰っている。小説に省かれたのは「おそめ」に立ち寄ったという一点だけだ。

物語の主人公は老いた小説家であり、ヒロインは、その昔、彼に自分をモデルとした小説を発表された女性である。作中で主人公はモデル小説の是非を何度も問うている。「大木の小説でもっとも長い寿命を保って今も広く読みつづけられているのは、十六歳、十七歳の上野音子との恋愛を書いた長いものであった。その小説が出たことで、音子の世間態はなお傷つけられ、好奇の目を向けられたし、それが音子の結婚のさまたげになったにはちがいなかったけれども、二十幾年ののちの今となっては、そのモデルとしての音子は広い読者からむしろ愛されているのはなんとしたことであろうか」

『十六七の少女』のモデルとなった音子は、大木にたいして無償ではなかったのだろうか。音子は書かれたことについて大木についぞひとことも言っては来なかった。音子の母親からも苦情は来なかった。絵画や彫刻の写実的な記念像よりも、言葉と文字による小説であるから、音子の心のうちに立ち入り、顔形も好みにしたがい、大木の想像、虚構、美化などが加えられてあるが、それはまぎれもなく音子である。大木は若い恋の情熱がほとばしるままに、音子の困惑、未婚の音子のゆくさきの迷惑などは、あまり念頭になかった。それが読者をひきつけたのだろうけれども、あるいは音子の結婚はさまたげることにはなったかもしれなかった。大木は『十六七の少女』によって名と金を与えられた」

有名小説のモデルとされたことにより世間から好奇の目を向けられ、作中の少女像を現実の上に重ねられてしまうことになった音子という女の悲劇。この『美しさと哀しみと』の主要なテーマのひとつが、作品のモデルとされた女の苦悩と、文学作品そのものの価値、生命力の問題となっている。

作品中、除夜の鐘を聞く席に若い舞妓を連れて小説家・大木の前に現れたのは音子であり、現実に川端のもとに舞妓を連れて現れたのは上羽秀という女であった。

秀と音子、ふたりは、ともに一世を風靡《ふうび》した小説のモデルであるという点に共通項がある。

川端が秀と除夜の鐘を聞いたのは昭和三十二年の暮れ、作品を書き始めたのは昭和三十六年からのことである。『夜の蝶』が発表されたのが、まさに昭和三十二年、そのモデルと言われた秀が一躍、マスコミの寵児《ちようじ》とされるのを川端はつぶさに見ていたはずだ。

『夜の蝶』の中で、計算高く、奔放な性を持つ女として書かれた「お菊」と現実の秀の違い。モデルとされた以上、作中の女とともに生きなければならなくなり、ときにモデルとされた女の現実生活に小説作品が影響を及ぼす苦悩は音子のものであり、それはまた秀のものではなかったか。

川端は、昭和三十六年からの京都滞在中、足繁《あししげ》く「おそめ」に通っている。多いときは食事の前と後というように、日に二度も通った。

『美しさと哀しみと』は昭和三十八年まで『婦人公論』に連載され、四十年二月には単行本となり、さらに、同年、映画化もされた。

その直後、川端から秀に送られた手紙が残っている。

「拝啓　昭和三十五《ママ》年でしたか京の除夜の鐘を聞くためにお世話になりました。それを書き出しにいたしました小説が中央公論社版の全集に入っておりますが、お恥しい出来のため差上げませんでした　しかし映画の京都ロケも終りましたのでとにかくお送りします　なお近く単行本にもなります　それは改めてお送りします　二月三日　川端康成」（筆者が、適宜、句読点をつけ、旧字は新字体とした）

大佛次郎がそうであったように、川端もまた京都を主題とした一連の作品を書くにあたり、秀との交流を深くした作家のひとりであった。日本の美を追求し続けた川端という作家を刺激した京都という風土。歴史や伝統の風物と並んで、京都に息づく生身の女たちが与えた影響はさらに大きかったことだろう。とりわけ「おそめ」という酒場、上羽秀という女の果たした役割は彼の作家活動の上で無視できぬものではなかったかと思う。

「おそめ」の全盛

東京に進出を果たした昭和三十年からの「おそめ」の全盛がいかなるものであったのか。

秀自身に聞いても、「楽しかったです。ほんまに」という返事しか、返ってこない。自慢めいたことを何ひとつ漏らさぬ人だ。

秀に代わって証言してくれるのは、当時の雑誌や新聞に掲載された記事の数々である。例えば、高見順が伊藤整を伴って「おそめ」へやってくる。会員である高見の前には、その名の刻まれたグラスが出されるが、はじめてやってきた伊藤の前には特に名入りでない普通のグラスが出された。途端に伊藤はバーテンダーに「僕の名を知らないのか」と一説ぶち、それを高見が嬉《うれ》しそうに眺める、だとか――。

紀伊國屋《きのくにや》書店社長の田辺茂一は、ある日、水上勉を連れて「おそめ」に行った。銀座「おそめ」は言うまでもなく、会員か会員に伴われなければ入ることができない。水上は、はじめて銀座「おそめ」に足を踏み入れ、感激のあまり跪《ひざまず》いて秀の白足袋に接吻《せっぷん》した。「俺もようやく一流になれた」と。その姿を目《ま》の当たりにした田辺は「あっぱれだと思った」と日記に記したという。

また、『夜の蝶』を読んだ吉行淳之介は、近藤啓太郎とふたりで、「おい、一度、モデルになった店に行ってみようじゃないか」と、徒党を組んで銀座に繰り出した。ふたりはこのとき、「おそめ」ではなく「エスポワール」に足を踏み入れるのだが、後に当時を振り返って吉行はこう語る。「ずいぶん図々しい話だよ。だって、あの当時は新人作家があの店に入るなんてありえないことだったんだから」と。この感慨は「おそめ」に対しても同じであったろう。

あの店に相応《ふさわ》しい客になりたい、あの店の常連になりたい、そんな思いを「おそめ」は客たちに抱かせる敷居の高い、閉鎖的なサロンだった。だからこそ、水上は、その夢が叶《かな》ったとき、跪いて秀の白足袋に接吻したのである。

このように「おそめ」を憧《あこが》れて見つめていたのは、何も男たちばかりではなかった。銀座に働く、年若い後輩の女性たちの目に秀の成功はどう映っていたのか。ひとつの典型を、ある女性の手記から紹介したい。

あれは——いまからふた昔以上も以前《まえ》のこと。
雨あがりの夕方だった。

そこここが濡《ぬ》れそぼっている八丁目の金春湯の近く。私の店はそのころ、金春湯から数軒新橋寄りの小さなビルの地下にあった。

私は店の入り口になっている表の階段のところで、なんとなく通りを眺めていた。

そのとき、むこうのほうから紫いろのコートを着た女の人が歩いてきた。

たったいま止《や》んだ雨にきづかないのか、女の人は蛇の目を差していた。

鮮やかな紫のコートに、淡い水色の傘の色が映えて、アップに結い上げた衿足《えりあし》がどきりとするほど白い。

息を呑《の》むような美しさにぼんやりと見惚《みと》れていると、だれかが「あの人が有名なおそめのママですよ」と教えてくれた。

ああ、さすがに、と思ったことを覚えている。

当時は故川口松太郎先生が書かれて映画にもなった『夜の蝶』全盛時代で超一流の文化人や有名人、文壇の先生方が足繁《あししげ》く出入りをなさっている「おそめ」と「エスポワール」の華やかな噂《うわさ》は、常時耳にも入ってきていた。

だが、はじめて「おそめ」のマダムの妖麗《ようれい》な姿を目のあたりにして、私はぜひああいう風になりたいとも、羨望《せんぼう》の気持ちも抱かなかった。ああなりたいと願うにはあまりにも距離のありすぎる雲の上の女主人《マダム》だったし、私はそれより点《とも》したばかりの小さな看板の酒場《みせ》の借金を支払うのに必死だったからだ。

ただ私にとって生活の場、生きてゆくための街、そこにあんな美しい女性《ひと》が同じように働いているという事実が、新鮮で、ショックだった。

銀座というのはこういう場所なのだと、あらためてその深味と高級さを味わった気がした。

おそめのマダムは京都出身の方で、京人形のようだと形容されるべきなのかもしれないが、私にはむしろ、すっきりともの哀《がな》しげな博多人形にみえた。

後に「エスポワール」の川辺るみ子さんにも会う機会があった。何か大きなパーティーで一緒になったのだが、「おや、あんたみたいな駆け出しが、私と同席できるの」といった感じで、私の初対面の挨拶《あいさつ》を冷ややかな目つきで跳ね返された。

しかしその冷ややかさはやっぱり「銀座」で、私は不愉快に思ったり落ち込んだりするより、はるかなる「夜の銀座」の壁の厚さと高さを、感心しながら見上げていたような気がする。

（山口洋子「銀座の黄昏《たそがれ》」『銀座が好き』求龍堂、昭和六十年）

山口洋子は、クラブ「姫」のマダムとして一躍名を馳《は》せ、後に作詞家、小説家としても活躍する人である。その彼女をして「ああはなれない」と、ため息をつかせた銀座マダム。それが「おそめ」の上羽秀であった。

東映のニューフェースとしてデビューしたものの、生活のために銀座のバーで女給となり、わずか十九歳で店を持ち、「銀座最年少マダム」として山口洋子が囃《はや》されたのは、ちょうど昭和三十年代前半のこと。まさに「おそめ」が全盛を極めていた時代に重なる。

「あの頃は、皆、おそめさんといったら、憧れたものですよ。他店のマダムたちは、悔しさからよく言わない人もいたけれど、若い世代の女給たちは、あんなマダムになりたいと憧れたものでした。おそめさんは、やり手、といった人ではなく、どこまでも優雅だったから。なんだか霞《かすみ》を食べてるような。いつかあんな風に活躍したい、あんな出世をしたいと思ったものです」

「姉御肌のエスポワールの川辺さんを慕った人と、おそめさんみたいになりたいと思う人といたでしょうね。まるで個性が違うから。川辺さんは鉄火肌で、すっきりしていて人情家。一方、おそめさんはどこまでも清楚《せいそ》で、柔らかで、優しくて」

これは当時、銀座に働いた女性たちの言葉である。

常連客の名をここに書き連ねるのは意味がないように思う。当時、社会の一線で活躍した人のほとんどが、一度は「おそめ」を訪れたといって過言ではないだろう。政治家、財界人、文士、画家、漫画家、映画関係者に、新聞記者、編集者、いずれも各界のトップばかりだった。「おそめ」は「エスポワール」とともに「夜の政界」、「夜の財界」、「夜の文壇」の異名を恣《ほしいまま》にしていた。

「おそめ」の女たち

先にも書いたように「おそめ」はもともと木屋町仏光寺で、秀の自宅の玄関先を改築して始めた店だった。スタートの当初は、女給も置かず、秀ひとりで務めていた。

その後、仏光寺の店を改築して少し広くなってからは、女給も数人置くようになった。だが、それはあくまでも秀の補佐であり、店の広さからいっても女給がひしめくような店ではなかった。

はじめのうちは、二都を女給たちにも往復してもらったが、東京店が軌道に乗ってからは、それもやめた。また、京女へのこだわりも限界があり、秀は出身地にこだわらずに女給を集めるようになった。といってもスカウトはすべて俊藤任せである。

秀の好みは一貫していた。和服のよく似合う、日本的な面差しの上品な女を好んだ。銀座マダムの中には自分より器量の抜きんでた女を雇わないという人もいたが、秀はその点、まるで男のようだった。徹底した器量好みで何よりも美しい女が好きだった。自分好みの女の子が入るとめっぽう可愛がり、まるで男が女にするようにあれこれ買い与えて、見せびらかすように連れ歩く。秀は、依怙贔屓《えこひいき》の強い人間だった。人の目を気にするということがない。好きな女の子は、みなの前でも贔屓してしまう。それが、どれだけ店にとってマイナスになるか、考えることのできない人であった。

一方、「エスポワール」の川辺は自らスカウトの前面に立ったという。彼女は銭湯で身体《からだ》の線の美しい女の子を見つけると声をかけた、と週刊誌上で告白している。また、平均的な美人を探すのではなくて、客の顔を思い出しながらスカウトをしたとも語っている。「この娘を入れれば、あの人が通う」というように。そんなところも秀との大きな違いだった。

とはいえ「エスポワール」も「おそめ」も、どこまでもマダムが看板の店であった。だからこそ女給にはノルマも課せられない分、給料もそれほど高くはなかった。後には、これが「おそめ」「エスポワール」が凋落《ちようらく》する原因ともなるのだが、それは今、ここでは触れぬことにしよう。

京都と東京の「おそめ」を合わせれば、わずかな期間でも働いた人は、かなりの数になる。だが、その中で秀の記憶に残り、店をやめて数十年が経《た》つ今でも時候の挨拶《あいさつ》を取り交わす相手となると、数えるほどだ。

その中のひとりに、行方悦子《なめかたえつこ》さんがいる。秀にとっては片腕と言える存在であり、銀座「おそめ」で長くママ代理を務めた女性である。京都と東京を往《ゆ》き来《き》する秀の留守を預かるのがママ代理。京都では妹の掬子さんが、東京では小夜さん、という女性に続き、悦子さんが、その任に当たった。悦子さんは「おそめの李香蘭《りこうらん》」と評判を取る美貌《びぼう》の持ち主であり、その上、情に厚く裏表のない性質で徹頭徹尾、秀に忠誠を尽くし抜いた人である。

東京で、お姉さんとふたり、ひっそりと暮らす悦子さんのもとを私は尋ねた。お年を召しても華やかで、私は話を伺いながら、彼女の切れ長の目元に見とれた。シャープな容貌とは対照的に、人柄は温かく、人情家で、時おり昔話をしていて目尻《めじり》に涙が浮かぶことがあった。

「私がおそめのママに会ったのは、お友達の紹介なんですよ。マーちゃん、マーちゃんっていう昔からのお友達。マーちゃん、長塚マサ子さんのことは、ご存知かしら。『おそめ』をやめてから、『眉《まゆ》』という店を持って、有名になった人です」

私は悦子さんの回想に、耳を傾けた。

行方悦子は昭和四年、東京生まれ。十六歳で終戦を経験した。焼け跡と化した街には何もなかったが、戦争が終わった解放感に、何よりも喜びを感じた。

悦子はダンスと洋楽に夢中になった。ボーイフレンドに連れられて、よくダンスホールに遊びに行った。

ある日、目黒にあったダンスホールに行き、夢中になってジルバを踊った。すると、急に気分が悪くなった。甘いカクテルを飲んで、踊りに興じたのがいけなかったのだろうか。悦子は化粧室に駆け込むと、洗面台に突っ伏した。動くこともできなかった。

洗面所には化粧直しに次々と着飾った女たちがやってくる。だが、誰ひとりとして足を止めてはくれなかった。

「あら、大丈夫？」

と一声かけて足早に立ち去ってしまう。悦子は苦しくてならなかった。額には脂汗《あぶらあせ》がにじんできた。

どれぐらい経った頃だろう、悦子は背に、手のぬくもりを感じた。

「大丈夫ですか？」

声の主は立ち去ることなく、いつまでも背中をさすり続けてくれた。

悦子がようやく後ろを振り向くと、そこに憂《うれ》い顔の女がいた。見知らぬ女だった。色白で、ほっそりとした面差しをしていた。一文字の淋《さび》しげな眉が美しかった。

それが長塚マサ子との、出会いだった。

ふたりは、以来、親しくつき合うようになった。連れ立ってダンスホールに行ったり、洋服を見に出かけたり。アルバイトで貯《た》めたお金を握り締めて遊んだ。

しばらくして悦子は結婚し、長塚とも一時、疎遠《そえん》になった。ところが、ふたりは思いがけぬところで、再会を果たす。場所は銀座の鮨屋《すしや》だった。

「なんで、お鮨屋さんにいたんでしょう。誰に連れていっていただいたのか、それはもう思い出せないのです。それなのに、今でもあの日の、ママの姿と声だけははっきりと覚えています。本当に、ママをはじめて見たときのことといったら。ママは光の膜をかぶったように輝いて見えましたよ。本当に後光が射《さ》しているようでした」

時は、おそらく昭和三十年か三十一年。悦子は人に連れられて、銀座の鮨屋のカウンターにいた。鮨を摘《つま》もうとした瞬間、格子戸《こうしど》の開く音を聞いた。

「うちの子たち、まだ来てまへんか」

柔らかな京言葉に思わず戸口を振り返った。着物姿の若く美しい女がいた。女の擦れたところのない、においたつような立ち姿に、悦子は、しばし釘付《くぎづ》けにされた。いったい誰だろう……。呆然《ぼうぜん》と見とれる悦子の脳裏に、ある噂《うわさ》が思い浮かんだ。

「もしかしたら、この人が、話題の『空飛ぶマダム』?」

京都出身のマダムが銀座に店を開いて大変な評判であることを、悦子もすでに耳にしていた。マダムは京都と銀座を飛行機で往復する小柄な京女で、銀座は今、その人の噂で持ちきりである。耳に心地よい京都弁といい、この人がその噂の主であろうか。しかし、目の前の女《ひと》は水商売の女とも思えぬ風貌をしていた。飛行機で往復するやり手のマダムには、到底、見えなかった。

そのとき、再び格子戸の開く音がし、若い女たちが数人、飛び込んできた。中に見知った顔があった。長塚マサ子だった。

「やだ、悦っちゃん、悦っちゃんじゃないの」

マサ子も気づいて駆け寄ってきた。

「ちょうどよかった。今ね、私、こちらのママのところにお世話になってるの。こちら『おそめ』のママよ」

ああ、やはりそうだったのだ、と悦子は思った。その一方、風聞とはまるで異なる女の風姿に、悦子は戸惑った。長塚に紹介されて、胸の動悸《どうき》がいっそう高まった。間近に見て、女の肌の白さに改めて驚かされた。まるで毛穴さえないような肌理《きめ》の細かさ。化粧など、一切していないようだった。無地の地味な紬《つむぎ》は襟をきつく合わせ、やや裾短《すそみじか》に右前を上げて壺《つぼ》に着ていた。髪には櫛目《くしめ》が通り、派手に膨らませることなく後ろに撫《な》で付けられて、珊瑚玉《さんごだま》のかんざし一本でまとめられている。

「まあ、マーちゃんのお友達さんなん」

女は悦子のことを見ると、目を見開いて嬉《うれ》しそうに微笑《ほほえ》んだ。その仕草に悦子はいつになく、どぎまぎとした。

女たちの集団は、楽しそうに鮨を摘んだ。マダムの秀自身はろくに食べもしない。それでいて、勘定を済ますと、それとは別に思い切りチップを弾んで店を去って行った。

その夜、悦子は眠れなかった。寝床で天井を見上げていると鮨屋での光景が鮮やかに思い出されてならなかった。秀の姿が瞼《まぶた》に浮かぶ。どこまでも柔らかで優美な物腰。着飾ってもいないのに光り輝いて見えたのはなぜか。また、何よりも思い出されてならなかったのは、秀が店に入るなり口にした一言だった。「うちの子たち、まだ来てまへんか」

うちの子たち――。自分の店に働く女給たちを、うちの子たち、と、いかにもいとおしむように呼んだ、あの声。女給に対して、そんな呼び方をする銀座マダムがほかにいるだろうか、と悦子は思った。マサ子を含む、あの場にいた女たちの親密そうな様子、おそめを中心にしたまるで小さな家族のようなまとまりが、悦子には無性にうらやましく思えてならなかった。

鮨屋で再会したのをきっかけに、悦子はマサ子と再びつき合うようになる。が、ほどなくマサ子は「おそめ」で出会った人気挿絵画家の岩田《いわた》専太郎《せんたろう》に見初《みそ》められて、店をやめた。岩田の世話になって暮らすようになり、悦子はたびたび、そのマンションに呼ばれて歓待された。

幸せの絶頂にあるマサ子とは対照的に、悦子は当時、離婚を経験していた。実家に戻ったものの、自分自身が糊《のり》していく算段をなんとか考えなければならなかった。悩む悦子にマサ子が言った。

「それなら銀座で働いたらいいじゃないの。『おそめ』がいいわよ。働くなら絶対に。だってお客様がまるで違うんですもの」

マサ子は、悦子にそう語ると、かたわらにいる岩田のことを見上げて微笑んだ。岩田はマサ子に微笑み返し、悦子に向かってこう言った。

「それがいい。僕が推薦状を書いてあげるよ」

当時、「おそめ」には雇ってほしいという女の子たちが殺到し、働くには、それなりの伝手《つて》が必要とされていた。岩田専太郎は、その役を引き受けて悦子に推薦状を書いてくれたのだった。悦子は推薦状を持って、「おそめ」を訪れた。

応対に出てきたのは、マダムの秀ではなく俊藤という男だった。表向きは支配人ということになっているが、秀の内縁の夫であることはすでにマサ子から聞いていた。俊藤は一目で悦子を気に入り、その場で明日から来てくれと頼んだ。ちょうど昭和三十二年、『夜の蝶《ちょう》』が発表される前後のことで、「おそめ」は連日、店を開けた途端に客で埋まるという忙しさの最中にあった。

店に出た初日のこと、悦子の足はすくんだ。

何よりも驚かされたのは、客の顔ぶれである。新聞や雑誌に登場する政治家や財界人たち。評論家に文士、映画界の人間たちが綺羅星《きらぼし》のように集まっている。それまでも悦子は銀座でアルバイト程度に働いた経験があった。人に連れられて覗《のぞ》いた店もあった。だが、「おそめ」はほかのバーやナイトクラブとは、まるで格が違うという印象を受けた。

「いったい、私はここで何をしたらいいんだろう。こんな人たちと何を話せばいいの」

悦子は自信を失った。

ひらひらとテーブルを渡り歩く秀は、まさに天女のようだった。あちらからもこちらからも声がかかる。請《こ》われて、突然、舞を披露することもあった。途端に騒がしかった店内が水を打ったように静まり返り、客たちは秀の舞姿をうっとりと見守った。悦子は、ただ驚いて見つめていた。こんなマダムがほかにいるだろうか、と思った。どの店でもマダムと言われる人にはそれなりの魅力がある。だが、秀は明らかに異質だった。頭の回転が速く、気の利《き》いた会話で客を魅了する他店のマダムを動とすれば、秀は徹底して静の人だった。よく比較される「エスポワール」の川辺が太陽なら、秀は月だった。無言の魅力で他を圧倒してしまう。その不思議な力に悦子は同性でありながら、いや、同性だからこそひどく惹《ひ》かれた。

「おそめ」に出勤した最初の晩、悦子は再び寝付けなかった。店での光景が次々と蘇《よみがえ》ってくる。わけても秀の舞姿がまぶたに焼きつき、悦子を眠りから遠ざけるのだった。

そうして幾日か過ぎていった。悦子は、支配人である俊藤に呼び止められた。

「悦子、お前、まだママとゆっくり話したことないやろ」

確かに勤めてからというもの、秀とゆっくり会話をする機会はなかった。それほど店が連日、忙しかったのである。

「店だとゆっくりと話もできん。今度の日曜日空いてへんか。うちのマンションまできてほしいんや。そしたら、ゆっくりママとも話もできる」

言われたとおり、悦子は日曜日、俊藤と秀が暮らす日活アパートに出向いた。少し緊張した面持で悦子がチャイムを押すと、秀と俊藤に迎え入れられた。

「わざわざ休日にすまんことやな」

そう語る俊藤の陰に、秀が寄り添うように控えていた。店に出ているときとは、まるで様子の違うふたりに悦子は一瞬、戸惑った。目の前にいるのは、かいがいしく夫の世話を焼く古風な人妻だった。それほど、秀はつつましく、家の仕事を悦子の目の前で次々とこなしていた。

「ちょっと待っててね。仏様にお供えしたものいただいてしまうところやから」

秀はそういうと仏壇に手を合わせて供えものの皿を下ろし箸《はし》をつけた。よく片付いた仏壇に捧《ささ》げられた供え物の数々を見て、悦子はすべて秀が作ったのだろうかと目を見張った。

その上、秀は箸を使う間にも俊藤に何か言われると、すぐに立ち上がり、何くれとなく用を足してやる。ひざまずいて靴下をはかし、俊藤が薬を飲むといえば、盆にコップを捧げ袋から破いて薬を手のひらに乗せてやった。店ではオーナーマダムと陰の支配人という関係で、常に俊藤が秀の世話をやいているが、こうして見る限り、家ではまるで逆だった。秀の献身的な女房ぶりに驚きながらも、それを表情に出してはいけないように思えて、悦子はますます堅くなった。秀が優しい声で問いかける。

「あのなあ、悪いんやけど。これから、ちょっと銀座にお買い物、つきおうてくれる？」

柔らかな物言いに、悦子は、直立不動で、

「はい、もちろんです」

と返した。

買い物に訪れた先は、当時、銀座にあった女流作家・宇野千代が経営する和装の店だった。秀は次々、反物をとっては広げて首をかしげていたが、やがて一反に手を止めると柄を見て、

「これ、どうやろ」

と、悦子の顔を振り返った。

「はっ、結構な柄だと思います」

「じゃあ、こっちはどうえ」

「はい、お似合いになると思います」

秀はプッと吹き出して、反物で軽く悦子の胸元を叩《たた》いた。

「いややなあ。あんたの選んどるんやないの」

「えっ」

悦子はぼうっとなった。秀の言葉が続いた。

「あんたの着物、買いにきたんやないの」

秀がいたずらっ子のような笑みを浮かべて悦子の顔をじっと覗き込んでいた。

「そんな、結構です。私までお店も入らせてもらったばっかりで、そんな」

しきりに恐縮する悦子を遮って、秀は続けた。

「あんたさん、寸法はどないなの」

着物を誂《あつら》えたことはなかった。何もわからないという悦子に秀はその場で家に電話をかけさせた。悦子が母に事情を話し終えたところで、秀が電話を代わった。

「お嬢さんにお店を手伝うていただくようになりまして。ほんに助かってます。ご挨拶《あいさつ》も遅れて申し訳ないことでした」

宇野千代の店で二反、着物を買い終えるとふたりは店を出た。悦子は、なんと言っていいのかわからなかった。ただ言葉に尽くせぬ嬉しさが身体《からだ》の中を駆け巡っていた。


生まじめで忠誠心が強く、しかも李香蘭に瓜《うり》二つと言われた華やかな美貌《びぼう》の持ち主だった悦子は、すぐに店で頭角を現し、秀にも俊藤にも信用されて、やがてママ代理といわれる立場になる。しっかりもので律儀《りちぎ》な悦子は秀の欠点をよく補った。金銭感覚に疎《うと》く、どこか抜けたところのある秀のことを、俊藤と並び、俊藤以上に支え続けた。

秀は特別に気難しい客の相手を、すべて悦子に任せるようになった。客の中には、秀でなければ収まらない人がいる。しかし、他テーブルとの兼ね合いもあって、秀がすぐには飛んでいけない場合もある。客によっては、女給がいくら接待しても、マダムである秀がこなければ機嫌を損じてしまう人もいた。そんな難しい客のあしらいはすべて悦子に回った。白洲次郎も、それで悦子の担当になった。好みのうるさい白洲は気に入らない女給だと口も利かずに無視する。ところが、悦子のことははじめから気に入り、秀が来るまでの話し相手は、もっぱら悦子の係りとなった。

秀の期待に悦子が応《こた》える形でふたりの仲は強固なものになり、やがて悦子は秀が腹を割ってなんでも相談する同志となっていく。他店のマダムからさまざまに攻撃されていた秀だが、敵は必ずしも外だけにいるわけではなかった。むしろ自分の近く、手の内に潜んでいることもある。雇った女給に手ひどい裏切りをされることもしばしばだった。気の許されぬ女の戦場において悦子は秀の戦友だった。

勤めて数年後、悦子は独立して店を持つ。秀も応援してくれた。ところが悪質な不動産詐欺《さぎ》に遭い、一瞬にしてすべてを失ってしまった。その窮状を救ってくれたのも秀だったという。

「私は、すっかり落ち込んで、精神がおかしくなってしまって。とにかく誰にも会いたくない、何を見ても嬉しくも悲しくもなく、家に引きこもっていたんです。そんな時期にママから電話があって『寛美《かんび》さんのお芝居観《み》に行こう、寛美さんなら気晴らしになるやろ』って、引っ張って行ってくれて。『なあ、悦ちゃん、うちの店、大変なんよ。急にやめる女の子もいてなあ、あんた戻ってきてくれたら助かるんやけど、あかん？』って、気を遣った言い方で店に戻してくれて」

その後、悦子さんは、秀の傍らにあって「おそめ」の隆盛と、その崩壊の一部始終を見ることになる。しかし、「おそめ」がなくなって数十年が経《た》ち、今、思い出を振り返ったときに真っ先に思い浮かぶのは、やはり、その華やかな全盛の日々であるようだった。

「ほんとうに、あの頃の『おそめ』といったら……。なぜ、皆さんがあれだけ集まったのかわかりますか。社交場だったんですよ。完全な。『おそめ』に行く、『おそめ』の客だということがひとつのステータスだし、それが信用にも繋《つな》がったんです。だから皆さん、いらっしゃった。昼間、会えなかった人を探してやってくるような場合もありました。仕事の相談や根回しや打診、それをママに相談することもあります。昼の社会の延長に『おそめ』はあったんだと思います。今のバーやクラブとは、そこが違うのでしょう。単に女の子に会いに来るわけじゃない。お客さん同士のつながりが何よりも大事だったんです」

だが、やがて、時代が、その社交場を必要としなくなるときがくる。

悦子さんの目には、いつのまにか、うっすらと涙が浮かんでいた。

第五章　凋落《ちょうらく》の始まり

八丁目への移転

ブロマイドのような写真の数々は、やはり『夜の蝶《ちょう》』で騒がれた頃のものが多い。取材者に囲まれて撮ったスナップ、カウンターの中にいる秀が、婉然《えんぜん》として微笑《ほほえ》んでいる。『夜の蝶』が発表された頃、秀はちょうど三十代の半ばだった。掬子さんが一枚を手にして呟《つぶや》く。

「全盛やな……。姉さんの全盛の頃です」

秀と「おそめ」が最も輝いていたのは、いつのことか。やはり『夜の蝶』のモデルとして世間に知られた、あの頃、ということになるのだろうか。

それはなんといっても、『夜の蝶』で騒がれて、お店を八丁目に移した頃でしょう。広い店内に、たくさんの女給がいったりきたり。皆が名だたるマダムの顔を見るためにやってきた、その頃が「おそめ」の全盛でありましょう。

そんな声を、よく耳にした。「おそめ」の名が高まり、連日の繁盛《はんじょう》を続けた日々の記憶。

だが、今、「おそめ」の歴史を振り返ろうとする私には、その華やぎこそが、終わりの始まりであったように思われてならない。

昭和三十二年、小説『夜の蝶』が発表されてから始まる一連の騒動のただ中、実は銀座「おそめ」は八丁目へと店を移転している。三丁目の店では手狭になったというのが、その理由だった。新しく求めた場所は、てんぷら処《どころ》「天国《てんくに》」から三本ほど東寄りの道を入ったビルの地下。バンドを入れられるだけの申し分ない広さと、周辺に車を止めやすいという条件が整っていた。

八丁目に移り、「おそめ」はエスポワールよりも、また他のどのバーよりも広くなった。「おそめ」はこの瞬間からバーというよりも、クラブと呼ばれるにふさわしい形を整えたのである。「おそめ」の高まる名声に踊らされるように、秀は他店ひしめく銀座八丁目に、大きく、広い店を求めたのだった。

何が、秀を駆り立てたのか。

押し寄せる客に対応しきれない、戸口に順番待ちの客を並ばせるのが申し訳なかった、という理由もあろう。派手好きで一流好みな性格が一役買った部分もあるはずだ。他店のマダムたちから手厳しい洗礼を受けるうちに、競争心と対抗意識に火がついたとも想像できる。

加えて、時代の影響もあったことと思う。昭和三十年代に入って加速した高度経済成長の波は、豪華で派手なものを求めていた。

いずれにしても、木屋町「おそめ」の素朴なぬくもりと比べれば、それは異質の変化だった。古くからの常連客の中には、デラックスなクラブに形《なり》を改めた「おそめ」に、さびしさと違和感を持つ人も少なくなかったはずである。

広々としたフロアには当然、多くの女給やバーテンダーが必要とされる。従業員を集めるのは俊藤《しゅんどう》の仕事だった。店が大きくなるのに比例して、黒幕である俊藤の力が強くなり、俊藤のカラーが色濃くなるのは当然だった。店の移転自体、俊藤が強く望んだこと、という説もある。

大きくなった「おそめ」にはいくつもの役回りができた。誰を雇い入れるかは、すべて俊藤に委《ゆだ》ねられ、店の内装や音楽も、すべて俊藤が手がけることになった。ステージで歌わせる歌手の手配では興行界の人間と関わることになる。俊藤は、この頃から芸能プロダクションや、興行団体とのつき合いを深めていった。

一方、肥大化した「おそめ」の中で、秀はただマダムという役割を演じることになった。経営にも金にも興味のない秀にとってそれはむしろ好都合なことであったろう。仕入れの担当者、スカウト、会計と細かく分かれていれば、自分はひたすら客へのサービスに務めればいいのだから。

俊藤は自伝の中で、こう語っている。

「いま思うても、あの頃は面白かった。まず金が儲《もう》かる。店にくる大部分はいわゆる社用族と違うて、自分で金を払う人やから、かえってチップも張り込むし、気分次第で酒も飲む。（中略）私はプロデューサーとして店を仕切ったが、やることはいっぱいあった。音楽や店のデザインなんかに気を配り、どう店のムードを高めるかとか。それに女の子の世話。（中略）夜の銀座を描いた映画にはよく出てくるけど、女の子を引き抜かれたり引き抜いたり、水商売は女だけでは切り盛りできず、やっぱり男が裏方として動かなければやっていけない」

俊藤は実際、毎日、店に出てカウンターの奥で暖簾《のれん》の陰から店の様子を窺《うかが》い、細かい指示を出していたという。

考えてみれば、秀は商売を始めてからというもの、店を軌道に乗せるための苦労は一度として味わっていない。もちろん昭和二十三年に木屋町に店を開き、競争の激しい東京に出て、それなりの努力や苦労はあった。他店の女たちの嫉妬《しっと》に悩ませられもした。しかし、店の経営は常に順風満帆だった。京都と東京を飛び回り、皆に「おそめ、おそめ」と囃《はや》される日々は、それだけで楽しかった。

秀はあまりに恵まれた日々の中、次第に商売の嗅覚《きゅうかく》を失ってしまったのかもしれない。いや、彼女にははじめから商売の嗅覚などなかったのだろう。それどころか商売をしているという自覚すらなかったのではないか。ただ、客を迎え、ともに酒を飲み、楽しく過ごす。秀にとって店での時間は、労働でも仕事でもなかった。実際、秀は雑誌のインタビューでたびたび、「一日のうちで一番楽しい時は店にいるとき。遊ばしてもらっているよう」と答えている。おそらく本心であったことだろう。

確かに全盛の極みであったかもしれない。店は広く、大きくなり、ますます著名人を客に得て、連日、賑《にぎ》わうようになってゆく。

俊藤が言うように、金も儲かったのだろう。しかし、秀はもともと金に執着のある人間ではない。金が儲かって嬉《うれ》しいという感覚は、おそらくなかっただろう。もちろん、連日、客で賑わい、「おそめ、おそめ」と褒めそやされる日々には、虚栄心が満たされもしたであろうが。

大きく形《なり》を改めた「おそめ」は、かかる経費もまた大きかった。人を雇えば、人件費も相当な額にのぼる。しかも、依然として俊藤の扶養者は多い。秀はいっそう馬車馬のように働かなくてはならなかった。周りを見る余裕はなかった。前だけを見て、全速力で走ることだけを要求された。

京都御池《おいけ》の「おそめ会館」

疾走する秀は、もはや立ち止まることを忘れたのだろうか。高まる名声に酔い、歯止めが利《き》かなくなってしまったのだろう、そう評する人もいた。図に乗りすぎたのだ、と言う人もある。

だが、その一方で、まったく逆の証言もある。人の羨《うらや》む成功を銀座で果たしたことを晴れがましく思いながらも、秀自身は次第に商売の楽しさから遠のいていく不安を感じていたというのだ。

昔は、気心の知れた客が集まり「おそめ、おそめ」と囃《はや》されて楽しく飲んでいるうちに一日一日が過ぎていった。ところが、派手に世間に知られるようになり、店を大きくしてからの「おそめ」は明らかに何かが変質していた。

何よりも変わったのは客だった。昔からの常連客も、もちろん顔を出してはくれた。ところが、それ以上に新しい客が増えていった。店を大きくしたために、収容できる数が変わったのだ。紹介者がいないと入れないのは昔のままだが、「おそめ」はそれでも間口がだいぶ広くなった。

『夜の蝶』のモデルになった店を見てみたい、あのマダムに会ってみたい、そんな客たちが詰めかけるようになる。いずれも、金回りのいい、世間に名を知られた男たちである。しかし、古くからの常連客とは明らかに気質が違った。昔は、知る人ぞ知る隠れ家であったものが、日本一有名な店となったのである。その店で飲んでみたいという素直な欲求を持った客たちが全国から伝手《つて》を頼ってやってくる。間口狭くやっていたときと、店の雰囲気が変わるのは当然だった。

女給たちも変わった。手狭な三丁目の店では、女給もそう多くは置かなかった。あくまでも中心は秀で、秀を手伝ってくれる女の子が数人、脇《わき》を固めてくれれば、それでよかった。

ところが、広い八丁目の店では、たくさんの人手が必要となってくる。もちろん、女給のなり手はいくらでもいた。それほど女たちの間でも、「おそめ」の評判は高かった。しかし、「おそめ」に入ろうとする女たちの気質も明らかに変わり始めていた。

「あの店にいけば、いいパトロンが見つけられる」

そんな目的を持って、やってくる女たちが後を絶たなかった。もともと、「おそめ」はカウンター五、六席から始まった店であり、女給を置かずに商売をしていた秀である。女給たちを掌握し、監督する能力は持ち合わせていなかった。

女給をたくさん置くようになって、秀はたちまち女給たちから手痛い裏切りを受けることになる。客とねんごろになって金銭トラブルを起こすもの、雇ってすぐに客と特別な関係になり店をやめてしまうもの、秀の気前の良さを聞きつけ着物をもらうだけもらって他店に移っていくもの。

秀は客と金銭目当てで深い関係になる女を、何よりも嫌ったという。秀が花柳界を飛び出したのも、座敷勤めのほかに旦那《だんな》を持たなくてはならないという花街の慣習への抵抗が大きな理由だった。だからこそ、白井と別れて、何の定職もない俊藤を選び、芸妓をやめてバーのマダムになったのである。愛情のない男に身体《からだ》を任せなくても済むというところに、この仕事の大きな魅力があるのではないかと秀自身は思っていた。

好いた上のことならわかる、だが、金を引っ張るために男客に秋波を送る若い女の気持ちが、秀にはよくわからなかった。

「最近の女の子たちは、ようわからへん……」

秀は、そんな台詞《せりふ》をポツリと漏らすことがあった。

ある時、目にあまる女給を解雇した。すると、逆恨みを買った。その女給は他店に移ると、腹いせに、

「みんなママに勧められてやったことよ。ママに強要されたのよ」

と吹聴《ふいちよう》した。週刊誌が、その噂《うわさ》を記事にし、とんだ売春騒ぎの被害を受けたこともあった。

「おそめ」の隆盛。それは確かに、傍目には、人もうらやむ成功と映ったことだろう。

銀座八丁目に場所を移し、「エスポワール」よりも大きく広くなった。従業員の数も増

えた。規模、場所、すべてにおいて「おそめ」は紛れもなく銀座中のナンバーワンになったと囃されもした。だが、自分が選んで踏み切った「おそめ」の大型化であるのに、秀は嬌声《きょうせい》さざめくなかで「これでよかったのか」と自問していた。

銀座の店を大きくしてからというもの、秀は京都と東京を往復する毎日を送りながら、ふとした拍子に、むなしさを感じた。こんな生活をいつまで続けたものかと思う。いつまで続くわけでもないと思う。

夜の街は、女をいっそう早く老《ふ》けさせるのかもしれない。秀は時おり、死ぬならばやはり京都がいい、と思うようになった。鴨川と大文字の見えるところで死にたかった。まだ四十にも満たず、銀座マダムとして権勢をふるう立場にいながら、秀には人知れず、そんな思いに絡《から》め取られる瞬間があった。

いつかは京都に戻りましょう、京都で暮らして、京都で死にましょう。

店を大きくしてから、ますます同業者である銀座マダムたちは、秀のことを中傷した。嫌がらせや、競争に疲れると、京都への思慕が強くなってゆく。だが、その一方で持ち前の負けず嫌いな性格が、秀を奮い立たせることもあった。

こうした大きな心の振幅が、秀にまた、ひとつの行動を取らせてしまうことになる。銀座「おそめ」を八丁目に移転させた三年後の昭和三十五年、京都の「おそめ」をも、それまでの仏光寺を手放し、御池に二百坪の土地を求めて、大型化してしまうのである。

その理由を、週刊誌上で秀はこう説明している。

「いつまでもこういう商売をやってはいられまいから、退《ひ》き際《ぎわ》をきれいにえらんで、身軽になったら隠居所兼用の旅館をつくろうと思った」(「おそめ限界説への抵抗」『週刊新潮』昭和三十五年十二月十二日号)

ところが、そう考えたのもつかの間、土地を手に入れてから急に心変わりした。土地を遊ばせておくのが惜しくなった。将来は、終《つい》の住処《すみか》にするとも、それまでは、ここを新しい「おそめ」にして商売をするべきではないかと思い改めたのだ、と。

しかし、それは週刊誌向けに語った話であり、秀ははじめからバーを開くつもりであったはずだと周囲は証言する。バーをやり、駄目になったら旅館にでもしたらいいと、その程度に考えていたようである。

後で詳しく触れるが、時は昭和三十五年、銀座では折りしも大阪から企業資本の大型クラブが銀座に進出するらしいという噂が囁《ささや》かれていた。それが逆に消極的になっていた秀の心をあおり、奮い立たせてしまったのだろうか。一流の、高級の、と囃された「おそめ」の女主人としての矜持《きようじ》と競争心が、彼女を再び駆り立てたのかもしれない。

秀は、御池通りと鴨川が交差する西詰めに広大な土地を求めて、新しい「おそめ」を作った。二階建ての豪華なビルディング、総面積三百二十坪、それは「おそめ会館」と名づけられた。

それにしても、なぜ、と思う。なぜ、そこまで走ってしまったのか。

地元、京都の人たちは「おそめ会館」の着工を知り、度肝を抜かれた。また、京都にナイトクラブなどめずらしかった時代である。巨大なビルは、東京で華やかな活躍をする秀の権勢を見せつけるようだった。

けれども、その一方で秀のこの勢いを「いくらなんでも手を広げすぎではないか」と見る向きもなくはなかった。同業者たちはやっかみをこめて批判し、馴染《なじ》み客たちは、親切心から忠告した。

「おそめ会館」の建設を取材にきた週刊誌記者に、秀自身も以下のようにコメントしている。

「仕事を始めたら、自分のおもうようにゆくまでヤメしまへん。ブレーキがきかんのどす」、「無計画で数字に弱いことは自分にもわかっています。ですが、どうしてもやるところまでやらないとおさまらない」（同右）

また、ここでも「おそめ会館」の建設を勧めたのは俊藤であったという説がある。俊藤の意向に添いたいという気持ちからも、秀は突き進んでしまったのだろうか。銀座八丁目の店と同じようにでき上がった「おそめ会館」は、やはり俊藤のカラーが強くなった。俊藤の係累《けいるい》や知人がマネージャーや会計として新たに雇われ、逆に秀を支え続けてきた妹・掬子は、この機会に「おそめ」をやめて独立している。

一階に「ナイトクラブおそめ」、二階には「グリルおそめ」と「バーおそめ」が入った「おそめ会館」は、ついに昭和三十五年三月、開店の日を迎えることになった。木屋町仏光寺の店の面影は、かろうじて「バーおそめ」に反映されたが、一階は、ダンスホールとバンドの入るステージを備えて、これまでの「おそめ」とは違う豪奢《ごうしや》さであった。開店の当日、秀は飛行機を一機チャーターし、「おそめ号」と名づけて東京の客を招待するという派手なことをやってのけた。「飛行機マダム」の面目躍如であったのだろうが、実際には「おそめ」号のタラップを降りるところを週刊誌に撮られてはまずいと敬遠され、電車で駆けつける客のほうが多かったという。

開店パーティの席上、主賓として挨拶《あいさつ》に立ったのは、川口松太郎だった。ほかにも東京から東郷青児や、岩田専太郎など多数の著名人が顔を出したようである。妻の三益愛子とともに駆けつけた川口松太郎は、居並ぶ招待客を前に挨拶に立ち、「どうか贔屓《ひいき》にして守り立ててあげて下さい」と、いつになく熱弁を揮《ふる》って客たちに訴えた。口とは裏腹に、おそらく川口は、大きく豪勢に形《なり》を改めた新しい「おそめ」を一目見て、秀の手に余ることを瞬時に悟っていたのであろう。

その挨拶を聞いて、滅多に泣くことのない秀の瞳《ひとみ》に、うっすらと涙が浮かんだ。

「おそめちゃん、あなたもここに来て、皆さんによくご挨拶しなさい」

川口に促されて、秀はステージの中央に進み出た。人前で改まって話すのは不得手である。秀の言葉少ない挨拶に合わせて川口が横で盛大に拍手をし、皆もつられて手を叩《たた》いた。会場に詰めかけた、たくさんの人々の拍手に包まれた、あの日、あの時——。

秀にとって、それが「おそめ会館」での一番、楽しく忘れがたい思い出となってしまうことを、このとき、どれだけの人が予期したであろうか。

飛行機一機を借り切っての「おそめ会館」の幕開けは、たちまち噂となって駆け巡った。銀座でも京都でも同業者たちをますます刺激した。陰口が中傷へと早変わりするのに、時間はかからなかった。

「おそめ会館」の開店前後、秀はその準備のために、東京を留守にすることが多かった。すると途端に噂が駆け巡った。「おそめが東京の店をやめて京都に帰るらしい」、「東京の店を閉めるらしい」。驚いた常連客が飛んできて、秀は自分のおかれた状況を改めて知った。東京も決して手薄にはできないのだ。しかし、それで東京に力を注げば、「早くも京都の会館を売り払ったらしい」、「今は大借金を背負って大変なので、京都では酒の値段を下げて出血大サービスを始めたようだ」というデマが飛び、週刊誌を賑《にぎ》わせることになる。

「そういうマイナスがあると、私は逆にふるい立つ性質なんです。中傷にせよ、デマにせよ、うまくできているほど、せせら笑ってやる。そう思っています」（『週刊新潮』昭和三十五年十二月十二日号）

週刊誌記者に秀は敢然と、そう言い放っている。

このように「おそめ会館」の船出は、はじめから波乱含みであった。それでも、一たび走り出してしまった以上、秀には、もはや逃げ場はなかった。銀座と京都、二つの巨大化した店を抱えて、ただひたすら走るしかなかったのである。

クラブ「ラ・モール」の銀座進出、企業資本の参入

昭和三十五年という年は、振り返ってみるなら銀座の歴史の中で、ひとつの大きな節目の年であったと言えるように思う。

「おそめ会館」と時期を同じくして、銀座では、ある店の出現が話題を集めていた。店の名は「ラ・モール」、フランス語で「死んだ鼠《ねずみ》」の意。もとは山口県徳山にあった店で、大阪に進出して名を上げ、その余勢をかって銀座に乗り込んできたのだった。

このクラブ「ラ・モール」は大阪を中心に、レストランなどを手広く商う三好興産という企業が経営母体となっていた。つまり「ラ・モール」は企業資本の店だったのである。三好興産社長の名は、三好淳之という。戦後の混乱の中で金を掴《つか》み、それを元手に、レストランやバーの経営をして成功した男である。その資金を元手に銀座で一番といわれる店を開きたいという地方の成り上がり者らしい夢を抱いての銀座入りだった。三好は、まず銀座で一流の看板を持つ二つの店を意識した。言うまでもなく「おそめ」と

「エスポワール」である。

「あの店を二つとも潰《つぶ》して、私が銀座に一番の店を作ってみせますよ」

三好はそう豪語したと伝えられる。それまで銀座の酒場は、マダムが自分の才気と魅力をもって経営するのが伝統であった。しかし、その銀座に企業の潤沢な資本を手に、こうした男が乗り込んできたのである。

秀が京都に「おそめ会館」をオープンさせた昭和三十五年三月の翌四月、華々しく「ラ・モール」は銀座に店開きをした。

それまで銀座では、一流と言われる店でも、簡素で上品な内装を誇った。ところが、まず「ラ・モール」は、その形式を破る。

天井からは十六世紀風のシャンデリアを下げ、壁には梅原龍三郎、安井曽太郎、藤田嗣治《つぐはる》らの絵を飾り、分厚い絨毯《じゅうたん》を敷き詰め、大理石がきらめいた。そこへ大阪から連れられてきたホステスのほかに東京でスカウトされた三十人を超す女たちが、とびきり着飾った身なりで控えたのである。いかにも大阪らしい派手やかさだった。

経営者は先にも書いたように三好興産の社長・三好淳之。だが、店を表向き取り仕切ったのはマダムの花田美奈子という女性であった。花田は三重県出身で画家を目指していたが、夢破れて大阪で水商売に身を染め、大阪「ラ・モール」に勤めていたところ、その働きぶりを三好に買われて銀座店のマダムに抜擢《ばってき》されたのだという。

三好ははじめから、「銀座一」といわれることを目指した。銀座一豪華で、銀座一高い店。それを印象付けるように開店の挨拶状《あいさつ》は花田の名でパリから投函《とうかん》させた。外国郵便で目をひかせて、店の高級感を伝えようとしたのである。挨拶状には「新しく開店する『ラ・モール』はクラブ・ムーラン・ルージュと姉妹契約を結んだ店です」と書かれており、中にはフランスの有名デザイナーと一緒に映る花田の写真が入っていたという。徹底して、派手な噂《うわさ》を振りまいてのスタートだった。

「ラ・モール」はまた、はじめからマダムの魅力を売り物にした店ではなかった。店の看板は若い女給たちだった。開店にあたり、三好は、銀座で大掛かりな勧誘をし、あちこちから引き抜きをした。それまで銀座では店同士であからさまな引き抜きをするのは暗黙の了解で禁止されており、どうしても女給が他店に移りたいというときには、マダム同士が話し合うなど筋を通すのが礼儀だった。だが、この銀座における暗黙のルールを三好は公然と破ったのである。

人気の女給を引き抜かれれば、客も一緒にそちらに流れていく。三好のやり方は、ライバル店の力を削《そ》ぐと同時に、自分の店への集客を高めるという意味で二重の効果があった。

クラブ「ラ・モール」は、ひとつの象徴であったと言っていい。この時期、「ラ・モール」を先導として、地方から同じような企業資本の店が次々と銀座へ乗り込んできた。

「ラ・モール」開店の翌昭和三十六年には、ボリショイ・サーカスの興行などで急成長を遂げた北海道の本間興業が、やはり銀座にクラブ「バイカウント」を開いて話題をさらった。

この「バイカウント」も開店にあたり他店から大勢の人気ホステスを引き抜いている。また、「ラ・モール」の後を追うように大阪からは「じゅん」という店も銀座に進出した。こちらも大阪らしい、あからさまな商売を繰り広げることになる。

こうした地方勢の殴りこみ、企業資本の大型店の進出が銀座の夜を変えていく。銀座の店が、銀座の女たちが、銀座の客たちが大きく変わり始めるのは、この頃からのことだと言っていい。

それまで、銀座の店はどこまでもマダムのものであった。店はマダムを中心としたサロンであり、マダムの趣味で集められた女の子とともに客を迎える場所だったのだ。マダムは文字通り女主人であり、店のオーナーだった。

しかし、こうした企業資本の店は、マダムが実質的な経営者ではないことからも、店の売りは、マダムではなく女給ということになる。また、店が広ければ広いほど、女ひとりの魅力で客を集めるわけにはいかず、たくさんの女給が必要になってくる。必然的に、若く、美しい女をどれだけたくさん揃《そろ》えるかが勝負になった。勢い、女給たちの値が跳ね上がった。この傾向に拍車がかかった昭和四十年代になると、ホステスたちの月給は総理大臣よりも高いと週刊誌に書かれるようになる。

「エスポワール」にしろ「おそめ」にしろ、それまで女給（昭和三十八年頃からホステスと呼ばれるようになる）に支払われる金額は、そう高くはなかったという。

「エスポワール」はスタートの当初、その日、客が置いていったチップを箱に集めて頭割りにし、女給一人ひとりの日給にしていた。「おそめ」ははじめから月給制を取り、後に「エスポワール」も月給制に改めることになるのだが、それはともに、目を剝《む》くような金額ではなかったという。

「おそめ」に勤めていた、ある女性がいう。

「お給料は思ったよりも低かったので驚きました。『おそめ』の知名度から言ったらもっと高いんじゃないかと思って。でも、不満はありませんでした。ほかのお店とは客層がまるで違ったし、何より着るものやお客様との関係でママから無理を言われることがなかったからです。もっと高いお金を下さる店で、ずいぶん品のないところがありましたから」

また、「おそめ」はチップ制を早くから廃止していたという。そうしないとチップをはずむ客にばかり女給たちがサービスしてしまうからだ。客に物ねだりして、負担をかけさせないようにというのが秀の考えだった。それでも客がチップをくれる場合は、すべて店に申請させ、女給全体の頭数で割って分けるようにした。

だが、そんな中で新興の「ラ・モール」や「バイカウント」といった店々が女給たちに提示したのは、まるで違う金額であり、やり方だった。

このとき、「ラ・モール」を除く地方からの新興店が持ち込んだ制度に指名制がある。指名制とは、それまでカフェやキャバレーで用いられていた方法で、客が席につくホステスを指名し、それによって女たちに指名料という名の金銭が流れる仕組みをいう。「おそめ」や「エスポワール」などでは、客はあくまでも店の客である。しかし、指名制では、客を呼ぶのはホステス自身ということになる。どれだけ客を店に呼べるかにより指名料が変わり、手にする日給が違ってくる。故《ゆえ》に客を自分の力で呼べなければ、厳しい罰則が与えられる店すら登場することになる。

指名制の場合、客の支払いにいたるまでが女給の責任とされる。支払いを滞らせる客があれば、それは個々の女給の借金となった。この「売り上げ制」といわれるシステムも次第に銀座に定着していくことになる。

図式は簡単だ。つまりは女へ支払われる金が高ければ高いほど、女たちは必死になって男を呼び、金をむしり取らなくてはならないのである。

銀座の女も、店も、男たちも、明らかな変容を始めた。マダムがカリスマ的な魅力を持って客を引き寄せる時代は終わりを迎えつつあった。逆に言えば、マダムに求められる能力や才覚は、会話や人のあしらいなどではなく、有能な置屋の女将《おかみ》のそれとなっていく。

ホステスたちはわが物顔の闊歩《かつぽ》を始めた。どれだけ金を男たちからむしり取ることができるか、それが銀座の女の価値を決める物差しになった。

金を集められるホステスを確保しようと男たちは躍起になり、各店のスカウトが跋扈《ばつこ》するようになる。激しい引き抜き合戦が繰り広げられるようになるのも、この地方からの新興店が銀座に登場した昭和三十年代半ば過ぎからのことだった。

銀座の夜は突如として厚化粧を始めたのである。地方から一攫《かく》千金を狙《ねら》って銀座に乗り込み、あからさまな商売を繰り返す男たち、その勢いに乗ろうとする女たちの手によって。

しかし、考えてみるなら、その呼び水となったのは、「おそめ」の成功であったのかもしれない。京都から銀座へと進出し、「空飛ぶマダム」の異名を取った女の成功譚《せいこうたん》。それは『夜の蝶《ちよう》』という小説のモデルとなったことからも高らかに宣伝された。派手なマダムの存在は銀座という街、銀座の酒場というものの価値を広く世間に知らしめ、それが故に、多くのライバルたちを、この街に引き寄せることになったのではなかったか。

大金の流れる世界を男たちは見逃さない。銀座は、女たちがその細腕で切り盛りする世界から企業をバックに持つ男たちが、利潤を求めて鎬《しのぎ》を削る場へと変わったのである。

その変化は「おそめ」や「エスポワール」といった店々が築いた流れとは明らかに異

質のものであった。そして、この新しい潮流の中で、まっさきに蹴落《けお》とされる宿命を背負わされたのが、ほかならぬ「おそめ」だった。

「おそめ」は次第に苦戦を強《し》いられるようになってゆく。「おそめ」が三丁目の、あの素朴な隠れ家の風情《ふぜい》を残したままであったなら、それほどの打撃は受けなかったかもしれない。

だが、八丁目に移って大型化した「おそめ」は、ちょうど新興店にお株を奪われやすい存在となっていた。女給を横取りされ、客を奪われる。

そんな最中、追い討ちをかけるように、ある事件に「おそめ」は巻き込まれる。昭和三十六年の暮れ、新聞の社会面に「おそめ」の文字が躍った。

事件は、なんの前触れもなく突然に起こったのだった。

偽《にせ》洋酒事件

「あの事件は、本当に難儀なことでした。うちも、巻き込まれて嫌な思いもしましたが、それにしても姉さんは、あれでどれだけ痛手をこうむったか。大きな事件でした。災難でした。姉さんにとっても、お店にとっても、ほんまに……あれはいつの頃でしたか、たしかうちが姉さんのお店やめて最初に迎えた冬のことですわ」（秀の妹・掬子の回想）

その日、掬子の店「みどり」はとても混んでいた。

姉の片腕として務めてきた掬子だったが、昭和三十五年、御池木屋町に「おそめ会館」ができ上がると、独立して自分の店を持った。三条を下った先斗町《ぽんとちょう》の入り口近く、「みどり」という名の小さなバーだった。ざっくばらんで機転が利《き》き、何より話術がたくみな掬子は、秀とはまた別の魅力で客を魅了し、店はオープンからずっと繁盛《はんじょう》していた。

ある晩のこと、「みどり」に代議士の常連客が知人を二、三人連れてやってきた。

「ここの、みどりママいうたら、あの有名な、おそめの妹や」

常連客はそう言って掬子のことを自慢げに仲間に紹介した。みどりは、しばらく愛想よく接待して、そのテーブルを離れようとした。と、そのとき、テーブルにいた客のひとりが掬子に目配せを送ってきた。

「ママちょっと」

男は立ち上がり掬子を客たちから離れた壁際《かべぎわ》まで伴うと、いきなり切り出した。

「あんた、おそめの妹、いうのは本当か」

「へえ、そうですけど」

男はため息をつき、続けた。

「そしたら、今日、この店へ連れて来られたのも何かの縁や。あんたに教えといてやる。

あんたの姉さんの店のことやけどな、近いうち手入れがあるらしい、いうこっちゃ」

はじめて店にやってきた客から思いがけぬ話を聞かされ、掬子は言葉を失った。

「小耳に挟んだんや。早う姉さんに教えてやったらええ」

「あの、手入れって、手入れってなんどすやろ。どないなことですやろ」

思わず掬子が取りすがるように尋ねると、男客は頭を振った。

「そこまでは知らん。しかし、なんやろな。けど、知らせたら、なんやピンと来ることもあるのと違うか。とにかく、あんた早う知らしてやり。俺の名前は言わんと」

それだけ告げると、男客は何事もなかったようにテーブルに戻っていった。

翌朝、掬子は「おそめ会館」に俊藤を訪ねた。

開店にはまだ早い時刻だった。店には支配人の姿しかなかった。

「義兄《にい》さんは？」

「俊藤はんなら東京や」

「そう、そんなら、出直してきます」

そういって背中を向けた途端に、後ろから冷ややかな声が響いた。

「ちょっと待ってんか」

振り返ると男の射るような視線があった。

「俺には言えへんのか？　俺な、俊藤はんに雇われてここにいるもんなんやけどなっ」

そんなことはわかっている、私だってつい最近までここで働いていたのだから。そう怒鳴りつけたい気持ちを抑えて掬子はただ黙って男を見据えた。男の人相、風体、いざとなったときの凄《すご》みようが尋常のものでないこともよく知っていた。「おそめ会館」ができ上がってから、たくさんの人手が必要になった。今では従業員も女給たちも、人事はすべて俊藤に任せてある。俊藤の雇い入れた従業員の気質や雰囲気を嫌って離れていった客もいた。さまざまな思いが胸に去来するのを抑えて、掬子は大声を張り上げた。

「そんなら、お義兄はんに伝えてください。『おそめ』に近々手入れがあるらしいいうことです。うち、昨日ちょっと小耳に挟みましたさかい、お知らせに寄らせてもらいましたんです」

それだけ言うと、今度は男の呼び止める声も一切無視して掬子は御池通りを渡った。自分の店に戻ると、追いかけるように俊藤からの電話が鳴った。

「おい、掬子。手入れてなんや、なんの事や。いったい」

掬子はあらましを説明した。

「それ以上のことはわからしまへん。お義兄はん、心当たりおへんの」

俊藤はしばらく沈黙し、

「税金のことやろか……」

と、つぶやいた。

「どっちにしても、お姉さんは、知らんことどっしゃろ。姉さんにわからんようにあんじょうしてやってや」

秀は店の経営に一切、関係していないことを掬子はよく知っていた。客へのサービスには天性の才能を持っていたが、金勘定と計算はまるでできない。金を持たせるとあっという間に使ってしまい税金や財務の知識などかけらも持ち合わせていなかった。それに乗じて、俊藤や店の者たちが、かなり自由に金を回していることも掬子は知っていた。

それから二、三日、何事もなく時は過ぎた。

「おい、お前、聞いたのガセやったんと違うか。何にも起こらへんし、うちらもカサ入れされるようなこと、思いつかんのや」

そんな義兄の報告を受けた、翌日のことだった。

掬子は新聞を開いて愕然《がくぜん》とする。そこに「おそめ」の文字が躍っていた。

「偽洋酒、偽洋酒って……」

掬子は、新聞を持ったまま呆然《ぼうぜん》として、しばらく動くことができなかった。

偽洋酒を店で使っていたという疑いで、「おそめ」のバーテンダーが逮捕、という記事が新聞にはじめて大きく報道されたのは、「おそめ会館」を建てた翌年の昭和三十六年十一月二十八日のことであった。

偽洋酒とは、本物の洋酒の空き瓶に、カラメルや着色料などを混ぜ合わせた、でたらめな安酒を詰めたものをいう。本物そっくりのラベルやシールが貼《は》られるために、ひと目見ただけでは、まるで見分けがつかない。そんな、まがい物が闇《やみ》ルートを通じて市場に流れ、当時、大きな社会問題となっていた。しかし、よりによって銀座の高給クラブの代名詞である「おそめ」が、そんな酒を大量に購入していたとあって、世間に与えた衝撃は大きかった。

秀は、はじめ自分たちが大変な事件に巻き込まれたという自覚がまるでなかった。自宅にひっきりなしにかかってくる電話に、「うち何にもしらんのやわ」、「糸ちゃん（バーテンダーの名）帰ってこないと何にもわからへんし」、「何かの間違いやと思うし」とおっとり答えて、電話をかけた相手たちを逆に唖然《あぜん》とさせた。この出来事がどれだけの被害を「おそめ」に、また秀自身に及ぼすことになるのか、まるでわかっていないのだった。

秀自身も警察に参考人として呼ばれた。警察に出頭する秀の姿が大きく写真となり、再び一般紙の社会面に報じられた。

秀は、このときも警察に出頭して、よく事情を話せば、世間も周囲も納得してくれるものと考えていたらしい。なぜなら自分自身にやましいところはないと、心の底から思っていたからだった。秀は警察署で繰り返した。秀も仕入れに関わったバーテンダーも、それが偽洋酒だとは、まったく知らなかったのだ、と。本物だと思って買ったのに、それが偽洋酒だった。だから、むしろ自分たちは被害者なのではないだろうか。

「闇の酒は確かに仕入れてます。せやけど偽物だなんて、そんなんやとは知りまへんでした。ほんまです」

確かに正規の関税ルートを通じて手に入れたものではなく、闇のルートで仕入れをしていたことに関しては、非を認めなければならなかった。だが、偽洋酒を偽洋酒とわかった上で購入するようなことは決してしたことがない。それが、バーテンダーと秀の一貫した主張だった。

もちろん闇屋を利用して酒を仕入れること自体も罪である。その罪を問われるならば、「おそめ」は申し開きができなかった。とはいえ、時は昭和三十年代、まだ洋酒は輸入に制限があり、皆が入手に頭を痛めていた時代である。闇屋を通じて酒を手に入れずには商売が成り立たなかった。「おそめ」も古くは進駐軍関係の流れものを、後にはアメ横の闇屋を利用していた。闇屋に流れるのは、関税を逃れるルートで仕入れられた品と聞かされていた。だから闇屋を利用したという罪であれば確かに認めなければならない。しかし、当時、銀座で闇のルートに頼らぬ店など一軒もなかったはずである。それならば、偽洋酒をつかまされた店も「おそめ」一軒だけではないのではないか。そこまで考えると、秀は自分たちの不運を感じ、狙《ねら》い撃ちにされたような気持ちになるのだった。

高まる非難

新聞に偽洋酒《にせ》の記事が載ったその日から、銀座は蜂《はち》の巣をつついたような騒ぎになった。どの店も、この話題で持ちきりだった。あちらこちらで非難の声が上がった。他店のマダムたちは、ここぞとばかりに秀を叩《たた》き、「銀座の信用を失墜させた責任を取ってほしい」、「私たちの店も同じような酒を扱っていると思われて大変な損害だ」と、打ち騒いだ。

週刊誌記者たちが取材に訪れると私怨《しえん》を晴らすように、ののしった。いっせいに始まった「おそめ」バッシングのすさまじさを当時の週刊誌はつぶさに伝えている。

昭和三十六年十二月十一日号の『週刊新潮』、タイトルは「隠された『おそめ』への敵意——東京進出七年目の偽洋酒事件」。

「ニセ洋酒を売っていた有名なバー〝おそめ〟の事件は、文字通り銀座のバーのマダムたちの顔をケイレンさせた。『最高級のおふるまいだったのにねえ』（バー「L」マダム談）ざまアみやがれというのである。『飛行機で東京・京都の間を往復するとか、お客の名前入りのコップとか、大体京女になめられていたんですよ』（バーAマダム談）恨みつらみは積もり積もって——美人で成功すれば風当たりも強いです」

そんなリードから続く記事には、「おそめ」の偽洋酒事件に対する銀座マダムの紅唇《こうしん》から吐き出された秀への中傷が延々と続いている。

「銀座を堕落させたのも、銀座の信用を落としたのも〝おそめ〟といって言い過ぎじゃないと思います。銀座の信用問題だけでなしに国際問題とも思います。イギリスに対する信用問題ですね。（中略）生粋の祇園《ぎおん》ッ子だと言いますが、本当の意味での一流の人じゃなかったのですね。すべてが中途半端《はんぱ》な人だったのでしょう」、「あのぐらいの店では一年間に五百本ぐらい必要でしょう。そうすると、半分がニセ洋酒ということになりましょう。客を使い分けて飲ませていたということになりましょう。京都の〝おそめ〟にも相当流れていたでしょうね。京都の文化人もニセ洋酒を飲まされていたということになりましょう」、「京都時代は女も置かないような店をやっていたのに、飛行機で行ったり来たり、文士劇のとき、作家の皆さんに座ぶとんを贈ったり、どっかで手を抜かなくてはできるわけがないでしょう。作家の先生たちも完全に商売の宣伝に利用されたといえます。諸先生もおそめさんのあのトロリッとした目つきで、『シェンシェイ』といわれると、トロリッとなったのかもしれません」

　これらは、イニシャルだが、すべて銀座で一流といわれるマダムたちの発言として紹介されたものである。

「おそめ」は騙《だま》されて偽洋酒を摑《つか》まされたわけではない、むしろ、「おそめ」が偽洋酒を作らせていたのだという噂《うわさ》をまことしやかに立てる人もいた。噂は尾ひれがついて広まっていく。ついには偽洋酒作りの工場は「おそめ」の地下室にあったというデマまで飛ぶにいたった。

秀にとって唯一《ゆいいつ》の救いは、こうした同業者のヒステリックな意見に対して、むしろ常連客たちが一様に同情して騒ぎを見つめていたことである。

「ここだけの話にしておいてほしいんだが、マダムもある程度のことは知っていたのではないですか。経営者が全然知らないハズはない。もちろん使用人単独犯行ということで、自分は知らぬ存ぜぬで通すだろうが……」（「高級酒場と偽スコッチの危険な関係」『週刊文春』昭和三十六年十二月十一日号）という意見はわずかで、「ボクは、あのコは何も知らなかったと思うな。あのコは、わざわざ客に密造酒を売りつけるなんてことの絶対出来ない人なんだ……。自分も客と一緒に同じ酒を飲んでいた。密造酒だと知っていたら飲まないのじゃないかな」（川口松太郎談、同右）といった見方が多数を占めたのである。

それが証拠に、実際、事件の直後から「おそめ」は連日、心配して駆けつけた常連客たちで大入りの盛況となる。だが、それがまた週刊誌の記事として報じられると、他店のマダムたちを一層いきり立たせることになる。

中でも、秀がうっかり「自分がこんな目にあうのは自分が憎まれているからで、誰かに陥《おとしい》れられたような気がする」と週刊誌上に語ってしまったのがいけなかった。これを受けて、再び銀座中から攻撃に遭う。

「問題になったのは自分が憎まれているからだ、なんて考えるのは間違いよ。『おそめ』がはじまった頃は、お客さんなんかがきて、『おそめはすごい大したもんだ』なんていう話を聞かされたけど、われわれ口には出さないけどお客さんはなにを対象にそういうことをいうのか分からないし、第一問題にしていなかったわよ。こっちはそんなことでいちいち、こうするとかいうにしてはオトナだもの。なんといっても芸者上がりと、はえぬきのバーあがりじゃ違うわよ。やっぱり芸者の商法だから、そういうことをしなきゃやれないのね。銀座のはえぬきだったら絶対にないことよ」（『週刊新潮』昭和三十六年十二月十一日号）。これは、老舗《しにせ》で知られるバー「ブーケ」のマダム・若松みさの台詞《せりふ》である。

しかし、「陥れられた」、「スケープゴート」にされたと、秀が思いたくなるのも無理からぬことではあった。実際、今回の騒ぎは「おそめ」に悪意を持つライバル店が仕組んだことである、「おそめ」のバーテンダーに安い仕入れルートがあると吹き込み、大量に買わせたところで警察に情報を流したのだ、という噂も根強かった。

では、そのライバル店とは、どこをさすのか。長年のライバル「エスポワール」だ、いや新興勢力の「ラ・モール」だと、これも、さまざまな憶測が流れ飛んだ。

雑誌記者は、その「ライバル店」と目される店のコメントを取ろうと躍起になっている。

「エスポワール」の川辺るみ子のもとにも、取材の申し込みは殺到した。だが、彼女は一切、答えなかった。匿名《とくめい》でも応じようとはせず、「わたしは、そのことについては何も申し上げたくはありません。何をお聞きになっても、一言も答えません」と毅然《きぜん》として退け、「おそめ」叩きの尻馬《しりうま》には乗らなかった。

けれども、その分、川辺の懐刀《ふところがたな》である「エスポワール」支配人の金森幸男が雑誌上で答えている。

「お酒は大事にしなきゃいけませんですよ。よく吟味しなくてはねえ。そりゃあ、それぞれの店のいき方がございましょうけれども、ニセ酒についてチーフバーテンダーしか知らないというのも妙ですしねえ。経営者は一応お客様に差し上げる以上、直接調べなくてもよく知っておかねばならないし、銀座のバーといたしましては、自分のところのお酒について知っているのが常識でございますからねえ。私どもの方は、メンツもございますので、ヤミ洋酒というのは一切やっていないんです」（『週刊新潮』昭和三十六年十二月十一日号）

しかし、金森のこのコメントを鵜《う》呑《の》みにするわけにはいかない。

当時の洋酒の入手ルートを考えれば、個人が愉《たの》しむ分にはともかく、商売として大量の酒を必要とする店の場合、闇のルートに頼らずに賄えたはずはないと見るのが自然だからだ。

今のように洋酒が自由に手に入る時代ではない。国内に入ってくる絶対量が圧倒的に少ないのである。どうやって仕入れるかは店にとって常に頭痛の種であった。

正規のルートだけでは商売に必要なだけの品物を店の棚に並べることは難しい。だからこそ必要なだけ迅速に、しかも、どれだけ安く仕入れられるかが、バーテンダーの腕の見せ所だったのだ。それには闇のルートと、どれだけわたりをつけるかが勝負であった。

「闇で仕入れたウイスキーの貯蔵場所というか隠し場所も、いま想《おも》えばいかにもあの時代ならではの雰囲気でしたね。そのころの『クール』の床下の一角に簡単な防空壕《ぼうくうごう》が残ってましてね。床板をはがして下にトントンと降りていくと、一間半ほどの防空壕が掘ってあった。そこに闇で手に入れたウイスキーなんかをとりあえず仕舞っておいて、毎晩、必要な分だけ出してきてお商売してたんですよ。当時はどちらの家にも残ってましたよ、そういった穴ぼこが。アメ横に仕入れにいかなくてすむようになったのは、そうですねぇ、朝鮮戦争が始まったころあたりからですかねぇ。とにかく、アメ横あたりで働いていた人が小さな輸入雑貨商を始めて、それでお店まで洋酒をもってきてくれるようになってからですよ。そのころには、この界隈《かいわい》にもぽつぽつ酒屋さんが復活してきてましたし。それまでは、本当にアメ横にはお世話になりましたね。確かスコッチ・ウイスキーが一本千五百円から千六百円ぐらいで手に入った。もちろん闇の値段ですよ」（伊藤精介著『銀座　名バーテンダー物語』晶文社、平成元年）

これは銀座の老舗バー「クール」のオーナーバーテンダー古川緑郎の言葉だが、いかに洋酒の仕入れが困難であり、また、闇のルートで手に入れることが当然であったかを証言している。

同書の中で著者の伊藤精介は「正規の輸入ルートによってスコッチ・ウイスキーなど舶来の洋酒類が入ってくるようになったのは、通関実績によると昭和二十六年以降のことである。さらに舶来の洋酒類の輸入が自由化され、日本のバーテンダーたちが本当に想いどおりに洋酒を扱えるようになるには、昭和四十年代まで待たねばならない」と述べているが、「おそめ」が偽洋酒事件に巻き込まれるのは、まさに昭和三十六年のことだった。

闇のルートで品物を揃《そろ》えるのは銀座の店ならどこでもしていること。だが、「おそめ」が偽洋酒を摑まされ、それが社会的に大きく報道されると、同業者たちは火の粉が及ぶのを恐れて、あるいは、これがライバルのたたきどころとばかりに石を投げたのである。

事件から、もう半世紀近い時が流れている。

「あの頃は、どの店も闇屋から仕入れていたんですよ。だから、どこも同じような被害には遭ったはずなんです。なのに『おそめ』だけが大きく取り上げられてしまって」

当時、銀座でバーテンダーをしていた人は、そう証言する。

偽洋酒事件に関しては、いまだにわからぬことも多い。

事件が起こったとき、常連の客たちの中には、秀はやるまいが、あの男なら、と思った人もいたという。「おそめ」に寄り添い、「おそめ」を陰で仕切る男、俊藤浩滋の噂は銀座において、あまり芳《かんば》しいものではなかった。

「『おそめ』は男で失敗した」

「組んだ男が悪かった」

偽洋酒事件の頃から、一層、男客たちは感慨を込めてそう呟《つぶや》くようになったという。

また、「おそめ」の偽洋酒事件を仕組んだのは、「ラ・モール」だ、という噂も根強く銀座を駆け巡った。ある銀座の女性は、今でもこう語る。

「『エスポワール』のママじゃないわ。ママはそんなことする人じゃないもの。やっぱり当時の新興勢力、企業資本で地方から出てきた『ラ・モール』とか、ああいった連中にやられたんじゃないかしら」

確かに、偽洋酒事件は「ラ・モール」が東京進出で勢いづくなかで起こり、実際、事件でイメージの傷ついた「おそめ」の客はずいぶんと「ラ・モール」に流れたと言われる。

「エスポワール」と「おそめ」を潰《つぶ》すことが目標、と常に公言していた三好社長は、この事件の直後、マスコミの人間に向かって「おそめ」を強く非難した。それも、そんな疑惑を生むきっかけになったのかもしれない。

また、滑稽《こっけい》なようだが国産ウイスキーメーカーの関与も噂された。実際、この事件の結果、危なげな洋酒よりも、素性のはっきりした国産のほうがよいと、宣伝されたらしい。それまで銀座では一流を自認する店ほど、国産ウイスキーを置くことは少なかった。

思えば、ホステスを売りにする大型店の登場は酒の飲み方も変えていた。「エスポワール」や「おそめ」は、客の注文に応じて一杯ずつバーテンダーがショットで出すやり方を貫いていた。また、「エスポワール」、「おそめ」ともに、いや特に「おそめ」は、そもそもがカウンターを主とした店であった。だが、新興店はカウンターではなくテーブル席が主流であり、そこに若い女給が膝《ひざ》を突き合わせて侍《はべ》る。テーブル席が主体となり、酒もショットではなく、ボトルを丸々、客に注文させ、席でホステスに水割りを作らせるスタイル、つまりはボトルキープ制へと変わっていった。そんななかで、国産ウイスキーは次第に銀座に浸透していくことになるのだが、この事件の背景には、そんな流れがあったことをも押さえておくべきであろうか。

なお、偽《にせ》洋酒事件はまた、京都にいる掬子にも飛び火している。

「おそめ」の件が新聞に載ってからというもの客たちから「ここの酒は大丈夫なんか」、「この店もこの床板めくったら偽洋酒、仰山出てくるのとちゃうか」と掬子は冷やかされるようになった。常連たちの反応は、「おそめ」同様、温かいものであったが、それでも掬子は神経を磨《す》り減らした。その上、事件から数日が過ぎた頃、思いがけぬことが今度は掬子の店「みどり」で起こる。手入れを受けたのだった。

「ママ、大変や。警察がきて、洋酒の瓶を持っていきましたんやっ」

店に入るなり、バーテンダーが走りよって告げた一言に、掬子は呆然《ぼうぜん》とした。

「なんやて、なんでうちの洋酒をっ」

驚く間もなく、翌朝、掬子は出頭させられた。机の上には、昨日、刑事たちが持ち帰った洋酒の瓶が並べられていた。

「お前の店、仕入れはどこからや」

「うちの店どすか。うちは〇〇商事と神戸の……と」

掬子が胸を張って答えると、刑事が前かがみになって詰め寄った。

「神戸の……やて、そんならやっぱり知ってたんやな」

掬子は思わず刑事の顔を見上げた。

「なんのことです」

「神戸の……、これ偽洋酒の専門やないか」

「えっ」

言葉を失った掬子に刑事が畳みかけた。

「知ってたんやろ。知ってて買《こ》うたんやろっ」

掬子はあわてて、刑事の声を遮った。

「知りまへん。なんでうちが、なんでうちが、偽洋酒買わなあかんのどす」

思わず声を張り上げると、刑事の声も大きくなった。

「お前、知ってたはずや。お前の姉のとこかて、偽洋酒でひっかかったやないかっ」

掬子は一瞬、唇を嚙《か》んだが、声を低くして続けた。

「うちは、こう聞いてましたんや。神戸へ外国から船がつく。その際、本数制限で引っかかって税関で取り上げられることがある。それを特別なルートで手に入れる商店があると。確かに闇の酒です。でも、中身は本物や、偽洋酒と違う。うちは、そう聞かされて買《こ》うていたんです」

闇のルートを使ってでも仕入れなければ、酒場で消費する洋酒は集めきれない。どの酒場も伝手《つて》をたよってかき集める。それは東京も京都も、またどの土地でも変わらなかった。

「考えてもみておくれやす。姉のとこが、あないなことになって。どれだけ大変なことか。うちが承知で偽洋酒使ってたら、まっさきに証拠隠滅はかってまっしゃろ。確かに闇の酒です、それ買うてることは認めます。せやけど偽洋酒やなんてっ」

しばらく、警察に出頭し同じ質問を繰り返され、その足で、店に入る日々が続いた。だが、最終的には「おそめ」の場合と違って偽洋酒を扱っていた商事会社の名前だけが新聞に載り、「みどり」は難を逃れた。その際、掬子は改めて姉の不運を思った。

「洋酒の件は今振り返っても災難やった。おねえさんも警察に引かれたらしいけど、あんなお人形さんみたいな人、引いたかてどうにもならん。あの人は、人を呼ぶお人形さん、何も知らんのやもの。お店のことも、仕入れのことかて……。人に任せたら任せたきり。疑ったりもせん性分の人です。うちは女の子のスカウトから、お酒の仕入れから自分でやってたけど、姉さんは、そういうこと一度もしたことおへんのです。ぜんぶ、お義兄《にい》はんにまかせっきりやった。それにしても、『おそめ』の名前が高かったさかいに、体よく見せしめみたいにさせられて」

一流と言われた「おそめ」であればこそ、受けた傷は深かった。

偽洋酒事件の火事場見舞いも済んでみると、「おそめ」は緩やかに下降していった。銀座で一番と言われた敵なしの状態から、トップ集団の中の一軒に、やがてはそこからも脱落していく。その上、偽洋酒事件で屋台骨が揺らいだところを容赦なく、「ラ・モール」に女給を引き抜かれて二重の痛手を受けもした。

この頃から、銀座の主役は有名マダムではなく、若く美しい女給たちへといよいよ、はっきりと移行しつつあった。女給が蔑称《べっしょう》にあたるとしてホステスという言葉が使われるようになったのも、ちょうどこの昭和三十七、八年頃からのことである。女たちの値は、どんどんと釣り上がり、やがて、ホステスたちのわが物顔の闊歩《かっぽ》が始まった。「エスポワール」も「おそめ」も給料制をとっていたが、それはもはや古いスタイルだった。高い保証金を用意してホステスを引っ張り、客をどれだけ呼べるかによって給料が変わってくる指名制が銀座にあっという間に広がった。客は店のホステスを目指してやってくる。ホステスは、その日に、何人、客を呼び、どれだけ客に金を支払わせるかによって手にする金が変わる。

ホステスはやっきになって客を呼び、必死になって飲み食いし、客から金をふんだくった。店はホステスに高給を支払い、客は店に眼の玉が飛び出るような金額を要求された。それだけの金を支払わせるとなれば客の要求もあからさまなものとなる。それが、いつのまにか新しい銀座のスタイルになった。この頃、「おそめ」や「エスポワール」の常連客であった井上友一郎ら作家の何人かは、そんな銀座の変化を週刊誌上で、厳しく批判している。また、作家の高見順は、「ラ・モール」の三好社長を捕まえると、「お前が銀座を悪くした張本人だ。細腕で商売する女たちを迫害して楽しいか」と、ののしったという噂もあった。

しかし、高度成長期を迎えて社用族が増えると、この傾向に、ますます拍車がかかっていった。交際費といわれる自分の懐《ふところ》の痛まぬ金の出費、また「接待」という名の宴席が持たれるようになり、客の遊び方はあからさまに変わっていった。

　ホステスの給料が、上場企業の重役クラスの月給と変わらぬ額になっていく。それに伴い、身なりも変わっていった。美容室で悪趣味に結いたてた派手な頭に、濃い化粧。けばけばしい豪華な訪問着やドレスに身を包み、宝石で飾り立てる。ひと目で「金がかかっている」ということがわかりやすく表現された姿、それが「銀座の女」のステレオタイプとなってゆく。

　秀は最初から最後まで、水商売の女たちが高価なものを身につけることを嫌った。着物も、自身は肩に染があるようなものや刺繡《ししゅう》や絞りの入った派手派手しいものは決して着なかった。ましてや指輪、宝石のついた帯留め、あるいは腕時計など言うまでもない。「水商売の女が、宝石などしてはいけない」というのが秀の口癖だった。飲み代を払うお客様に申し訳ない。また「おそめ」には夫婦で来る客も多く、そんなとき、奥様方よりも豪勢なものを店の女が身につけているのはよくない、というのが秀の考えだった。着物は地味でも質と仕立てのいいものを、よく手入れして着ればいいと女給たちに語った。

　だが、秀のような、あるいは大岡昇平『花影』のモデルになった坂本睦子のような地味な着物に身を包み、抑えた中に色気がこぼれるような床しい姿の女たちは、もはや銀座から姿を消しつつあった。派手でけばけばしく飾り立てた女たち、それが「銀座の女」となり、彼女たちこそが「夜の蝶」と呼ばれるようになってゆく。

あくどいほどに飾り立て、男たちの目をひきつけようと必死の乱舞を繰り広げるありさまは、確かに夜の闇《やみ》に毒々しい翅《はね》を広げる蝶の姿を連想させもした。川口松太郎が作り出した小説のタイトルから生まれた流行語は、そのまま変容したホステスたちを指す言葉となり、世間に定着していった。昭和三十年代後半から四十年代、週刊誌を繰れば、売れっ子ホステスの売り上げや暮らしぶりを取材した記事にならんで、売掛金の処理に困ったホステスの窮状を特集した記事や、企業接待という名の下に行われるホステスの売春をリポートした記事などが「夜の蝶」という枕詞《まくらことば》とともに目を惹《ひ》くようになる。銀座の女、金、売春がキーワードのように並ぶようになるのも、この時代からの特徴だろうか。

銀座は変わった。

まるでそれは、戦前のカフェの歴史を思い起こさせる。大正時代「タイガー」と「ライオン」の二店が華やかに鎬《しのぎ》を削りあっていたところへ、大阪から露骨で直截《ちょくせつ》な女のサービスを売り物にしたカフェが多数乗り込んできた昭和初期。その勢いに負け、「タイガー」も「ライオン」も銀座から姿を消した。

昭和三十年代、やはり女そのものを売り物としたサービスの登場により、「おそめ」

は凋落《ちょうらく》した。オーナーマダムのカリスマ性で客を呼ぶ時代は過去のものとされ、時代の主役は若いホステスを揃えた店へと移った。木のぬくもりのある素朴な室内から、シャンデリアが天井から下がり絨毯《じゅうたん》が敷き詰められた店へと。あくどい厚化粧を始めた銀座という街の中で、「おそめ」は行き場を失い、転落を余儀なくされたのだった。ただひとつ、「夜の蝶」という言葉だけを残して。そして、「夜の蝶」という言葉は、秀とはまるで対極にいるような女たちを指す言葉として使われ続けることになるのである。

確かに偽洋酒事件は「おそめ」が凋落していく、ひとつの大きなきっかけになったことは疑いようがない。だが、あの事件が仮になかったとしても、「おそめ」は下降を免れえなかったことだろう。それは「エスポワール」もまた他店の追い上げにあい、次第に銀座一と言われた座から滑り落ちていったことに証明されているように思う。「おそめ」、「エスポワール」が他を寄せ付けぬ隆盛を誇ったのは昭和三十年代の半ばまで。長く見ても、その後半までと言えよう。後は緩やかな下降を続けた。それは、マダムを売りにしたサロンがたどる当然の道筋であったかもしれない。美貌《びぼう》と才気で人気を集めた人も例外なく年を取る。客は常に新しいものを好む。それに加えて、時代の変化があった。

ホステスの色香を売り物にしていれば、次々と入れ替えて客の目を楽しませることもできる。だが、川辺も秀も、特に秀は、どこまでも自分自身を看板として商売をしてきた人だった。

時代の移り変わりに、自分を頼みとしすぎたことが、「おそめ」凋落の大きな原因であったとも言えようか。

変わる文壇

「夜の銀座の美しき支配者たち」というタイトルの特集が『国際写真情報』（国際情報社、昭和三十九年一月号）という雑誌で組まれている。取り上げられたのは銀座を代表するマダム四人ということで「ラ・モール」の花田美奈子、「エスポワール」の川辺るみ子、「アリババ」の輪島昭子（織田作之助未亡人）、それに「おそめ」の上羽秀である。

それぞれが成功の理由を尋ねられて語るなかで、「ラ・モール」の花田はこう述べている。

「うちが銀座で一流だというのは、ほかのお店が一流だというのと意味がちょっとちがうんじゃない？　うちは自称一流よ。最高級バーを出すということで出てきたんだから。

（中略）

（筆者注・普通に）やってたのではとても銀座の古い他のお店にかないっこなかったわよ。私自身、お客さんを惹《ひ》きつけるような美人じゃないもの。それでまあ早い話がＰＲなんかを派手にやって、ちがう面からのバックアップに力を入れてきたんだけど、それがおかげさまでうまくいっているということなんじゃないかしら。古い意味での水商売じゃなく、これも一つの企業であるくらいに考えているのよね。（中略）高いってこと？　それはね、うちは高いってことでPRしてきたんだから」

花田がいうPRとは、先に挙げたような、例えば開店の挨拶《あいさつ》状をパリから投函《とうかん》することであり、「銀座一高い店」として世間に宣伝することであり、積極的に営業して客を捕まえていくやり方であった。中でも、特に作家たちには特別なサービスをした。文士や文壇関係者、その他、著名人といわれる文化人からは、決して規定の料金を取らなかったのである。文士を客に持つことが店の宣伝にもなりステータスにもなった時代である。安い広告費だと考え、極端な話、金を取らぬことさえあった。美女が集い、しかも銀座一高いと言われる店で、安く飲める、あるいは、ただ酒が飲める。この条件につられて文士たちの間でも、次第に「ラ・モール」へと足を運ぶ人間が増えていった。その上、「ラ・モール」は「エスポワール」や「おそめ」には入れない、あるいは入っても小さくならざるをえない新人の小説家や風俗作家たちに対しても、大御所と変わらぬ態度で、「先生」と呼んで、相手を立てた。

そんな様子を見て、「おそめ」「エスポワール」の古い常連である朝日新聞記者の門田勲は、「おそめ、お前の店から乞食《こじき》がいなくなってちょうどよかったじゃないか」と語った。大阪で編集局長まで勤めた門田であったが、持ち前の反骨精神が災いして、社主一族と反目し、東京に戻ってからは要職を外されていた。だが、その分、筆を持つ機会が与えられると、一躍、朝日一の名文家として評判が立ち、数々の著作を発表する身となっていた。文筆家としての評価は高く、文士たちの間でも門田は一目も二目も置かれる存在であった。

門田は最初から最後まで、徹底して自分の金で飲んだ男だった。朝日新聞社会部の後輩たちを引き連れて、「おそめ」に通った。

昔は、門田に限らず文士たちも皆、自分の金で酒を飲んだ。編集者を連れてきても、編集者の分まで作家が払ったという。しかし、昭和三十年代に入って、そんな出版業界のあり方も変わってゆく。出版社は次々と週刊誌を刊行し、月刊誌も増え、好景気に沸きだした。大衆化にいっそう拍車がかかり、新しいタイプの書き手たちが大量に迎えられるようになる。それはまた、文壇と呼ばれたものが崩壊していく過程でもあった。編集者たちは会社の金で銀座に繰り出し、作家もまた編集者に連れられて、その懐《ふところ》で飲むことが増えていった。門田は、そんな彼らを「乞食ども」と冷ややかに見たのだった。この頃、門田は親しい間柄にあった作家・大佛次郎に「お前さんの小説が面白くないのは、人格と教養が邪魔するからだ。小説はやつらにまかせておいて、史伝のようなものを書いたらどうだ」と助言し、それが『パリ燃ゆ』といった一連のノンフィクション作品を大佛が手がける契機になったとも言われている。

「おそめ」も「エスポワール」も、文士、文壇に愛された店であった。特に「おそめ」は彼らの手引きによって東京へ来たと言っても過言ではなかった。「ラ・モール」が取った文壇関係者やマスコミを優遇する方法は、明らかに「おそめ」と文壇の関係にヒントを得ての戦略だった。違ったのは、秀の場合、そこに一切、計算がなかった点であろう。作家たちを利用して名を売るつもりはなかった。ただ、友達づきあいの延長として作家たちが応援を買って出てくれ、それに乗ったままのことだった。だからこそ、料金で特別なサービスをするということも「おそめ」はしていなかった。そこが「ラ・モール」との大きな違いだった。

そこには、文士の質という問題もあったろう。「おそめ」の客であったのは皆、戦前から名を知られた国民作家とでも言うべき大御所たちだった。里見弴、吉井勇、大佛次郎、川端康成、中山義秀、吉川英治……。だからこそ、下の世代の作家たちからすれば、少し煙たい店ということになる。大御所と顔を合わせるのを敬遠して、若い世代は、もう少し気楽な店を愛用したくなる。また、雑誌の編集者たちからしても、自分たちの会社の社長や役員、それに大新聞社の政治部、社会部、文化部の編集幹部や記者がたむろする店は、はばかられたのではないだろうか。

つまりは、ちょうど時代が変わろうとしていたのである。古い勢力から新しい勢力へと。戦前の作家から、戦後の世代へと。新聞の連載小説が力を持った時代から、週刊誌や月刊誌における中間小説が人気を博す時代へ、と。

秀は、週刊誌で好きな客のタイプを問われて、「年上の人」と、いつも答えている。それは紛れもない本心で、秀は二十、三十と年の離れた五十代後半から六十代の社会的地位も確立された男たちを好んできた。年若い世代がやがて中堅となり、大御所となっていく。かわって、今現在の大家たちは、年老いて仕事からも遊びの席からも第一線を退いていく。それがわかっていても。

柴田錬三郎は自身も登場するモデル小説『大将』の中で、川辺るみ子のことを「レスポール」のマダム花辺ルナ、上羽秀を「お蝶《ちょう》」のマダム野添サヨとして、以下のように書いている。

「ようやく名がうれはじめた若い作家や、駆け出しのジャーナリストなど、大家のお供をして、やってきても、終始黙殺された。花辺ルナも野添サヨも、やがて、彼らが、流行作家になり、編集長になることを、すこしも考慮しなかった。ただ、いまをときめく大家にばかり、ホステスたちをサービスさせた。

——この野郎！　いまに見ていろ！

心中穏やかならぬ憤懣《ふんまん》を抱いて、店を出て行く若い客がすくなくないことを、二人のマダムは、気がつかなかった」

柴田の観察は正しくもあろうが、勝手な逆恨みという気がしなくもない。

秀が若い世代を大事にしなかったことが「おそめ」凋落《ちょうらく》の原因のひとつだという指摘は多い。若い客を大事にせず、功成り名を遂げた客ばかりを大事にしたせいだ、自業《じごう》自得だと。だが、その見方は正しいのだろうか。

なるほど、見ようによっては、そう取れもしよう。しかし、秀が目先の欲や得に駆られて、古い大家ばかりを優遇したとは思えない。秀は、だいたいにおいて計算の利かない人だ。むしろ、金銭感覚に優れていたのなら、すでに盛りの時をすぎた戦前派の老人たちを相手にするよりも、巨大化したジャーナリズムの中で花形と守り立てられることになる若い客層を大事にしたはずである。

秀は、なにかにつけ義理に堅かった。それまで世話になった人には、その人の境遇がどうなろうとも終生尽くす。秀は古い世代と心中する道をあえて選んだのではないだろうか。今風の若く、どこか浮かれた調子の人間たちよりも、終焉《しゅうえん》を迎えようとする男たちを、客として、という以前に人間として好いていた。だからこそ、そちらを取った。

若い流行作家やジャーナリストたちが、「おそめ」よりも自分たちを持ち上げてくれる店を好むようになるのは、必然であった。そうした客層を捉《とら》えた店が隆盛していくのも必然であった。そして「おそめ」の静かな凋落もまた、必然のことだったのである。

「眉《まゆ》」長塚マサ子との確執

このように「ラ・モール」のような企業資本の大型店が参入する一方で、銀座にはまた、新しいオーナーマダムの店も昭和三十年代半ばより、続々と増えていった。

「エスポワール」からは井上みちこが独立して「葡萄屋《ぶどうや》」を開き、「おそめ」にいた長塚マサ子は「眉」を始め、東映のニューフェースだった山口洋子は「姫」を開いた。

「『お染《ママ》』『エスポワール』は先輩作家やふるい編集者の行きつけで煙たい、いや畏《おそ》れ多い。ちょうど『姫《うち》』くらいが恰好《かっこう》と、いまはベテラン、大御所になられた先生方の御贔屓《ひいき》を頂戴《ちょうだい》していた」

山口は著書『ザ・ラスト・ワルツ「姫」という酒場』（双葉社、平成八年）にそう記しているが、まさに、こうした若い世代、伸び盛りの作家を客に迎えた店々が、新しく「文壇バー」の名を冠せられることになっていくのである。

「眉」を開いた長塚マサ子について、ここに改めて記したい。

「おそめ」に勤めていたところを挿絵画家・岩田専太郎にひかされて囲われるようになったいきさつは、すでに記した。

だが、マサ子は四年ほど岩田と同棲《どうせい》生活を続けた末に、突然の破局を経験する。原因は、岩田の心変わりで、新しい恋人もまた、「おそめ」の女給であった。

岩田に新しい情人ができたことを知り半狂乱になったマサ子は、「おそめ」に勤める親友・悦子の家に電話をよこした。悦子はその頃、胃をわずらって「おそめ」を休み自宅で療養していた。

「電話口でマーちゃんは狂ったように泣き叫んでいました」

「おそめ」を休んでいた悦子は何も知らなかった。電話口で泣き叫ぶマサ子をどうにかなだめて、「おそめ」に連絡すると、岩田の浮気騒ぎが事実とわかった。

「『おそめ』も次第に集まってくる女の子たちの質が変わっていきましたから。入ってきて堂々と、『私はここでいい男の人をできるだけ早く見つけてやめるのが目的なの』と公言するような若い子が増えていて」

岩田の新しい恋人も、女のほうから積極的に近づいていき、あっという間にそんなことになってしまったのだという話だった。「おそめ」も、すでにやめてしまったという。秀もただ困惑していた。悦子は、とりあえずマサ子と岩田の暮らすマンションに飛んで行った。

「マーちゃんは、それはショックで、うわごとのように『私はお金なんか一銭ももらわないで別れるんだ、私は、そんな女じゃない、お金のために先生とつき合ってたんじゃない、それを先生にわからせてやるんだって』、狂ったように、それればかり繰り返していました」

一方、岩田は岩田で、別れるにあたってはマサ子が生活していけるだけのことをしたいのだと悦子に連絡してきた。ふたりの仲がもはや修復されないのならばと、悦子は間に入ってマサ子の説得に回った。

ようやくマサ子は岩田からの手切れ金を受け取った。そして、その金で銀座に舞い戻り「眉」を開いたのだった。

「眉」は当初、「おそめ」などとは比べようもない、とても小さな店であった。

悦子は「眉」の開店にあたって「おそめ」を休んで、手伝いにしばらく通った。計算に弱く、長らく水商売からも遠ざかっていたマサ子が店を持つことを悦子ははじめ、とても心配していたという。

「それが、あんなに立派なママさんになるなんて、今でも信じられません。だって昔のマーちゃんは本当におっとりしていたんです。『おそめ』のママと同じで、お金にも疎《うと》かった。だから、お店を持ってもうまくやっていけるのかどうか心配で。それが、あんなに立派な、あんなにしっかりした、あんなに大きなママさんになるなんて。マーちゃんは、変わりました。『眉』のママになって、本当に変わったと思います」

「眉」は成功した。その鍵《かぎ》は、まず世代交代の波をうまく捉《とら》えたことにあったと言われる。

「エスポワール」や「おそめ」は敷居が高すぎて通いにくい、という若手作家や新人たち、あるいは風俗作家たちを摑《つか》んで勢いに乗ったのである。

もうひとつ、「おそめ」と明らかに違ったことは、はじめから自分の女としての魅力ではなく、店に置くホステスで勝負しようとした点であろう。いい女たちを集めて、しかも徹底して教育することにより店の強みとしたのだ。それが同じオーナーマダムとはいえ「おそめ」や「エスポワール」との大きな違いだった。秀や川辺は、いつまでも自分が主役だと思い続けていた。客は皆、自分に会いにやってくる、そう信じ、また、実際にそうだった。しかし、時は流れていた。容色も衰える。にもかかわらず、若いときから、男たちに褒めそやされた女たちは、移ろう時の流れに疎かったのである。

マサ子はホステスたちに、出版物や発表作品には軒並み目を通すように申し付けた。そんなやり方も「おそめ」とは大きな違いだった。秀は逆に活字にはほとんど目を通したことがなかった。店の女たちにも、むしろ「私たち風情《ふぜい》が、お仕事の話に口を挟むのは僭越《せんえつ》だから」と注意していた。飲みに来るお客様に対し、こちらから仕事の話に触れたりしないようにというのが、秀の方針であり気遣いだったのだ。だが、中には、ホステスたちに「先生、作品、読みました」、「すばらしかったです」、「面白かったです」と世辞を言われて虚栄心を満足させるタイプもいる。むしろ最近は、そんな手合いが多いのだということに、秀は気づいていなかった。

「眉」は、若く、無名であっても、風俗作家であっても、差別せずに「先生」と呼ばせて大家と違わず厚くもてなすようにした。「エスポワール」や「おそめ」では、純文学系の大御所を前に小さくならざるをえない戦後の新人たちや、ポルノ小説の書き手たちも、丁重なもてなしを受けることになる。それも隆盛の大きな理由だった。

「おそめ」と「エスポワール」からは、長い歴史の間にたくさんのホステスたちが独立し店を持った。だが、数の割りに大成した人はあまりいない、と言われている。「おそめ」も「エスポワール」も、マダムを売り物とした分、そこに働く女給たちは、どこまでも添え物であった。厳しいノルマも与えられず、ママからしごかれるという経験もしていない。だからこそ、「おそめ」や「エスポワール」出身の女性たちは、どこかおっとりしていて、商売上手というタイプにはならなかったのだという。そんななかで、長塚マサ子は異色の存在と言っていい。彼女の成功は、「おそめ」を反面教師とすることで得られた成果であったと言えよう。

私は何度か秀に長塚マサ子について直接に尋ねてみたことがある。しかし、秀の反応はいつも冷ややかだった。たいていは懐《なつ》かしい名前に、顔をほころばすのに比して、マサ子の名には、無表情を通した。秀はマサ子のことをよくも悪くも言わない。ただ、私が話題を向けても興味がなさそうに聞き流すのである。

その一方で、マサ子が「おそめ」にいた当時、細面で柳腰の美しい容貌《ようぼう》の持ち主だった彼女のことを、器量好みの秀は誰よりも可愛《かわい》がっていた、という話を伝え聞きもした。

いったい、ふたりの間に何があったのか。

マサ子が岩田専太郎と別れた原因は新しい女の出現で、「おそめ」の女給であったという。そのため、「おそめ」のマダムである秀に対してマサ子がわだかまりを抱いたのか。それとも「おそめ」が凋落《ちょうらく》していくなかで、確実に新しい客を押さえて賢い商いをして上り詰めたマサ子に、秀が嫉妬《しっと》したのか。経営者としての能力は明らかにマサ子が勝っていた。秀と違って、客を好き嫌いでなく見極め、従業員に対しても甘いばかりの秀と違って厳しかった。マサ子は徹底して店全体に目を配り、店の経営や帳簿へもきちんと目を通した。何より女給たちを監督し、掌握する術を持っていた。

マサ子には商才があったのだ。秀には、まるで欠落していた商才が。

先にも書いたが、秀は、客の懐《ふところ》を目当てに肉体関係を持つような女を好かなかった。秀が花柳界を去った理由も、もとはといえばそこから始まっている。旦那《だんな》を持たずにはやっていけぬ花柳界への違和感から、バーのマダムという仕事に就いた。だからこそ、秀は恋多き女には理解を示す一方で、好きでもない客に平気で身体《からだ》を投げ出し見返りを得ようとする女を嫌った。しかしながら、女給がいれば客との間にそうした関係が生じ、あれこれと揉《も》め事が起きるのは夜の世界では当然のことだ。長《た》けたマダムであれば、手腕を発揮して上手にそこを捌《さば》き、それなりの利益が店にもたらされるようにするものを、秀にはそんな才覚がまるでなかった。そのため、たびたび客と女給の揉め事に手を焼き、ただ、うろたえている。

　長塚マサ子は逆に、女給と客の関係を上手に交通整理したと言われている。女たちを使った商売を上手に展開していくマサ子と、秀の距離は遠かったのかもしれない。

　マサ子は、岩田と別れて「眉」を開いてから、ある洋菓子店のオーナー社長と昵懇《じっこん》になったという。従業員や女給への教育方法、帳簿のつけ方、税金の対処にいたるまですべては、その男性に仕込まれた、とも聞く。実は、この洋菓子店のオーナーが絡《から》んで、マサ子と秀は決定的な仲たがいをすることになった、という証言がある。
件《くだん》の洋菓子店の名物はリング型のシュークリームで、秀はそれを何十個と買っては、京都への土産にしていた。ところが、ある日、何気なく、こんな台詞《せりふ》を漏らしてしまう。

「最近、クリームの量、減ったのと違う」

　秀がマサ子にじかにそう言ったのか、酔客の口を通じて先方に伝わったのか。ともかく、その話を聞いた洋菓子店の社長は、「おそめには今後、一切物を売るな」と血相を変えて怒った。

　その上、銀座のある店で、間の悪いことに、ふたりは鉢合わせしてしまう。

　怒鳴りつける社長に向かって、

「うちが言ったのと違います。うちは甘党違いますから、いっぺんも食べたことおへんのですわ。差し上げたお客さまに言われたことどす」

秀が、そうおっとり言い返して、余計にこじれたという説もある。

私は長塚マサ子さんに、じかに会って話を伺おうと、「眉」出身の銀座マダムに仲介の労をとってもらった。だが、遅かった。平成十五年十月、その訃報《ふほう》に接した。酒場に勤めた女の職業病とでもいうのか、肝臓を病んでの死だった。私は、それを京都にいる秀に伝えた。だが、彼女はしばらく沈黙し、ただ一言「そうですか……」と、呟《つぶや》いただけだった。

「おそめ会館」の苦戦

この時期、偽《にせ》洋酒事件に、新興店の乱入と多難が続く中で、なおかつ、秀を苦しめたことがもうひとつある。京都「おそめ会館」の不振である。

鳴り物入りで開店した「おそめ会館」だが、出足から苦戦を強《し》いられた。その理由は、ひとえに金がかかり過ぎた点にあった。店が、いかんせん大き過ぎたのである。大型化したことにより、たくさんの人手が必要となった。その人件費だけでも大変な出費だった。特に、一階のナイトクラブが大きな赤字となっていた。

「おそめ会館」はスタートの当初から、二階のバーを除いて、一階のナイトクラブ、二階のグリルともに、それぞれに俊藤が連れて来た責任者が立てられていた。世間の人は、その名からも当然、おそめの、つまりは上羽秀の店だと見たが、実際には秀が直接に務めていたのは二階のバーだけだった。一階のナイトクラブには、知り合いの客でも来ない限り、顔を出すことは少なかったそうだ。

ナイトクラブのステージには、名だたる歌手、俳優が立っている。

アイ・ジョージ、鶴田浩二、雪村いづみ、松尾和子、美空ひばり……。美空ひばりがナイトクラブのステージに立ったのは、後にも先にも、「おそめ」だけであろう。このとき、美空は「お金はいらないわ。その代わり、おそめちゃんの着物を私にちょうだい」と言い、秀の着ていた着物をその場で脱がせてまとい、ステージに立ったという。後日、俊藤は美空ひばりの興行権を持っていた山口組の田岡一雄組長に呼び出されたが、美空の母親が「今度の件は、仕事と違います」と、田岡に直談判し不問になった。田岡は「ひばりをただでナイトクラブに立たせられたのはお前だけやで」と笑ったという。その田岡もまた「おそめ」には、よく顔を見せた。

秀は俊藤が親しくするその世界の人たちや、芸能人などをあまり好いてはいなかった、と聞いたことがある。だが、京都の「おそめ会館」には特に、山口組をはじめとしてさまざまな人間が出入りするようになった。俊藤の幼友達である菅谷正雄が山口組の幹部として上り詰めたという事情もある。

それはともかく、有名人のショーを開いて華やかな話題を振りまく一方で、「おそめ」のナイトクラブは、経営の上では、大きな荷物だった。従業員の数が多く、いくら客が入っても、金が出て行くばかりだったのである。秀も俊藤も、数字には弱い。常に収支が合わなかった。

京都店のホステスを除く従業員は、俊藤の係累《けいるい》や知り合いがほとんどだった。そんななかで俊藤はさらに、ある男を「おそめ」の梃入《てこい》れのために顧問として迎え入れる。男の名は、山段芳春《さんだんよしはる》。後に、亀井静香といった大物代議士が土下座するほどの権力を築き、イトマン事件などに関与、京都の黒幕として恐れられることになる山段だが、当時はまだ、小さな経理事務所のようなものを開いたばかりの身の上であった。

俊藤と山段のつき合いは古く、終戦直後の京都で出会ったという。顔が広く、経理に明るく、裏の道にも通じている。それが、俊藤が「おそめ」の顧問として山段を迎えた理由だった。

しかし、これがひとつの分岐点となる。

銀座と京都を飛行機で往復していた秀は、店の経営には、まるで無頓着《むとんちゃく》だった。特に、京都の「おそめ」はまるで人任せにしていた。自分はただ、店のマダムとしてカウンターの中で微笑《ほほえ》んでいればいいのだと思い込んでいた。

ところが、思いがけぬことから、秀はある事実を突きつけられる。

「おそめ会館」をスタートさせて間もなくの頃、芸能ジャーナリズムは、ある女優のスキャンダルに沸いていた。女優の名は高倉みゆき。東映の大部屋女優から新東宝に引き抜かれて主演女優として活躍したが、新東宝との契約で揉《も》め、女優生命を絶たれようとしていた。高倉は、その理由を新東宝社長・大蔵貢《みつぎ》に、執拗《しつよう》に肉体関係を迫られ、それを断ったためだと世間に訴えた。一方、大蔵は大蔵で、この高倉の手記を真っ向から批判し、「高倉は元から私の二号だった」といい、世間の「女優を二号にしようとした」という批判に対し「二号を女優にしたんだ」と開き直って、芸能ジャーナリズムに恰好《かっこう》の話題をふりまいていた。そんな騒ぎの最中、高倉は突如、雲隠れしてしまう。高倉の行方をマスコミは追った。そこに、突然、「おそめ」の名が挙がったのである。

週刊誌が、高倉は有名クラブ「おそめ」の支配人である俊藤と深い関係にあり、女優をやめて京都「おそめ」のマダムにおさまる予定だと報じたのだ。

週刊誌に書きたてられるだけでなく、この頃、秀のもとには匿名《とくめい》の手紙も舞い込んだ。「あなたのファンより」という差出人からのもので、中には俊藤が秀と別れて、深い関係にある女優を京都「おそめ」の新しいママとして迎えようとしている、気をつけてくれと書かれてあったという。

俊藤は、秀の貞操に関しては厳しく、嫉妬《しっと》深くもあった。にもかかわらず自分自身に関しては、まるで放縦であり、秀をたびたび深く悩ませてきた。そんな仕打ちに多少、馴《な》らされた秀も、この高倉との一件にはそれまでになく、深い衝撃を受けた。ただの浮気騒ぎというだけでなく、店の名義が絡《から》んでいることに、何とも言えぬ不安を感じたのである。

だが、まさかそんなことはあるまい、と秀は思った。「おそめ」は自分の店であり、店の名義はあくまでも上羽秀である。勝手にマダムをすげ替えることなどできるわけがなかった。しかし、そう自分に言い聞かそうとするなかで、この騒動から思いがけぬ事実を秀は知った。

「おそめ会館」の名義が、上羽秀ではなく、いつのまにか俊藤浩滋になっていたのである。

秀は、足元が揺らぐほどの衝撃を受けた。

「おそめ会館」は、言うまでもなく仏光寺の家を売った資金をもとに秀が購入したものである。さらにもとを糺《ただ》せば、仏光寺の家は、秀の旦那《だんな》が手切れの際に、秀の名義にしてくれた家だった。その家を処分した金を元手に御池《おいけ》へと移ったのだ。なのに、なぜ、その土地、建物の名義が、秀ではなく俊藤になっているのか。秀にはまるで見当がつかなかった。

「だから言うたやないか。財産全部取られてしもうてどないする気や。あんた籍に入ってへんのやで。あの男に名義書き換えられたら、一文無しやないか。あんたの実印、ここに置いといたらあかん、うちに預けよし、お母ちゃん、何度そない言った思うんやっ」

事情を知った母のよしゑが、血相を変えて秀の前で叫んだ。

この頃、客の引いた後の「おそめ」で、日ごろは声を荒げることのない秀がひどく泥酔して「実印を返して、うちの実印を返してっ」と、俊藤の胸をたたく姿を見たという人もいる。

ところが、その一方で噂《うわさ》をかぎつけて取材にやってきた週刊誌記者に対して、秀は徹底して俊藤をかばい通している。

「〝登記名義〟は上羽秀になっておりますし、私が実印をもっている限り、まったくの絵空ごとにすぎません」（「おそめ限界説への抵抗」『週刊新潮』昭和三十五年十二月十二日号）

高倉とのことは、その後、噂されることなく立ち消えた。もちろん京都「おそめ」のマダムに高倉が納まることなどなかった。

だが、秀は一連の騒ぎがあってから、京都の店にほとんど顔を出さなくなった。

代わって、店にしげく顔を出すようになったのが山段芳春だった。ホステスたちを集めたミーティングにも加わり、あれこれと指図を始めた。

ある日、山段が上等のコートを着て、いつになく得意げに店にやってきた。

「どうや、ええコートやろ」

クロークの前で両手を広げて一回りして見せた。

「お前も、そろそろ身なりに気ぃつかわなあかん、これぐらいのもん着てみい、言うて、○○さん（おそめの客）が買《こ》うてくれたんや。どうや、似合うてるやろ」

山段はひとしきり自慢すると、クロークにコートを預けて立ち去った。すると、少し離れたところで一部始終を見ていたよし叡が、クロークにつかつかと歩み寄った。

「そのコート、こっちへ貸しやっ」

うろたえるクローク係の手から、よし叡は山段のコートを引ったくった。そして、皆が見守るなかで、それを思い切り床に叩《たた》きつけた。

「ようもこないなことしよって」

よし叡は、何度も何度も床にコートを叩きつけ、草履で力いっぱい踏みにじった。

「ようも、ようも、うちら騙《だま》しよってっ、おそめを騙しよって」

従業員たちは止めることもできず、ただ、よし叡を遠巻きにして固唾《かたず》を飲むだけだった。

「おそめ会館」は、それから間もなく力尽きる。昭和四十年頃、一階のナイトクラブがまず閉められた。間際《まぎわ》には、このナイトクラブで働いていた俊藤の実弟の手元から、拳《けん》銃《じゅう》が押収《おうしゅう》されるという事件も起こっている。後にこれはおもちゃの拳銃であったとも報じられたが、受けたダメージは消しようがなかった。

二階のバー「おそめ」だけは、その後もしばらく営業を続けた。しかし、それも長くは続かなかった。昭和四十年をすぎて数年後、ついに閉鎖される。

昭和二十三年に木屋町で始まった京都「おそめ」の灯は、こうして、消えたのだった。巨大な「おそめ会館」を建ててから、十年ももたず、「飛行機マダム」の名を秀は返上することになったのである。

「おそめ会館」の土地、建物の処理には、俊藤と山段芳春があたった。

その結果、秀の手元には何も残されなかった。壁に飾られたマリー・ローランサンや東郷青児の絵は、どう処分されたのか。いや、借金がいったい、どれほどの額であり、土地と建物を売ってどれだけの金になったのか。秀には一切、詳細が語られることはなかった。秀もまた聞かなかった。「すべて借金の返済にあてたさかい。ちょうどチャラや」という俊藤の説明を秀はただ聞き流した。

今、登記簿を改めて見ると、「おそめ」は抵当に何重にも入れられ、たびたび、税金を滞納して京都府の差し押さえを受けていたことがわかる。

債権者の名には、いろいろな人が登場するが、最後に出てくるのが山段芳春の名である。

昭和三十年代の山段は、まだ何者でもなかった。だが、「おそめ」の会計を預かったことを足がかりに、大きな飛躍を遂げたのだろうか。

山段はこの後、昭和四十年代に入ってから、京都の政界、財界、裏社会まで広く交友を持ち、京都の黒幕として知られる存在へと成長していく。一方、その山段の飛躍の前に「おそめ会館」は、この世から姿を消した。今、その跡地には「かもがわホール」という巨大な葬儀場が立っている。

秀の母・よしゑは、この「おそめ会館」のいきさつから、前にも増して俊藤を激しく憎むようになった。よしゑの目には、山段と俊藤が共謀して、「おそめ」を潰《つぶ》し、その残りの資産を山分けしたように映ったのだった。わが娘が東京と京都を往復し極限まで働かされ、そのすべてを俊藤と、その係累、周囲の人間たちに取られたように思えてならなかった。母は悔し涙を流した。

「秀みたいな、こないな子、こないな観音様みたいな子騙しよってからに、今に罰が当たるえ、今に罰が当たるわっ」

俊藤は百合子夫人との籍を解消しなかったために、秀は実質的な夫婦関係を営みながらも、正式には妻と呼ばれる立場ではなかった。俊藤から経済的な援助を受けているならまだしも、秀が働き、その稼ぎによって俊藤の母、姉、弟、はじめの結婚でもうけた子どもから、百合子夫人とその三人の子どもたちにいたるまで、言ってみれば秀の細腕で係累を養ってきたのである。それなのに、事情をよく知らぬ人の中には籍に入っていないがために、妾《めかけ》だ、二号だと噂する人もいた。俊藤の稼ぎで秀が囲われているならまだしも、そんな言われようはないだろうと母は常々、悔しくてならなかった。その上、秀が心血を注いできた店も、いつのまにか名義を変えられ、姿を消すことになってしまったのである。

母は叫んだ。

「俊藤にごまかされよったんや。ぜんぶ財産巻き上げられて、上羽のものを、秀のものを、全部、あの男に吸い上げられてしもうたんやないかっ」

俊藤が憎かった。それでも俊藤と添い遂げようとする娘が情けなかった。

「おそめ、よくお聞きや、あんた、じきに捨てられまっせ。ぜんぶ財産しぼり取られたら、それで俊藤に捨てられよるわっ」

だが、この母の予言は幸いにして当たらない。俊藤に突然の転機が訪れるのである。それも「おそめ」の凋落《ちょうらく》を救うように。

第六章　俊藤浩滋《しゅんどうこうじ》の妻として

俊藤浩滋の転進

俊藤浩滋、この男、どう捉《とら》えたらいいのか。私の中でいまだに、ひとつの像を結び得ないでいる。

私が秀と出会うのは、俊藤が亡《な》くなってからのこと。彼の死と入れ替わるように、私は上羽家に出入りするようになった。

俊藤浩滋が亡くなってから、この数年、任侠《にんきょう》映画を見直す動きが生まれ、さまざまな本が出版されている。任侠映画に対する一連のオマージュとも言える、それらの作品の中に彼の名が書かれぬものは一冊としてない。冠せられた異名は、「任俠映画の父」、「東映の大プロデューサー」、「『仁義なき戦い』を作った男」。どの著作においても、俊藤という男の人望と才能が高く評価され、俊藤なくして日本任俠映画の一時代はなかったと評価されている。稀代《きたい》の名プロデューサー俊藤浩滋、しかし、彼がそこにいたるまでの道筋を知る人は少なく、粉飾なく事実の書かれた本も少ない。

俊藤浩滋――。上羽秀が惚《ほ》れて、惚れて、惚れ抜いた男。上羽秀が、尽くし、尽くし、尽くし抜いた男。

辛《つら》い思いを重ねながら、なお離れづらかった唯一《ゆいいつ》の男である。俊藤と秀の関係を見かねて、意見を言う人は、母・よしゑに限らず多かった。客の中には、真剣に俊藤と別れるべきだと言う人もあった。俊藤と別れて自分の後妻になってくれないかと頼む著名人もいた。

「ママは、あんなに男の人たちに優しくされて、ちやほやされているさかい、かえって自分が尽くして、尽くし抜くいう、男に惚れるんやろうか」

店の女給や従業員たちは、そう噂《うわさ》したという。

俊藤のことを本物のやくざだった、と思いこんでいる人も多い。

「おそめはんの旦那《だんな》はん言うたら、これやったさかい」

私の親しい、ある老妓《ろうぎ》は、そういうと自分の右頰を示して斜めに指を滑らせたことがあった。秀はそんな噂を人一倍嫌っている。

「うちのおとうさんのこと、怖い人や、いうこと言わはる人がいはります。せやけど、そんなのと違います。お知り合いがいてただけ。うちのおとうさんは、そうと違う。お仕事でおつき合いあっただけですのに」

晩年、俊藤を取材に来たある映画ライターが恐る恐る、そんな噂に触れたことがあった。

「ほんなら、この場で服を脱いで背中をお見せしましょうか」

俊藤は、喜んでそう答えたという。

俊藤と秀の関係をよく知る人は、「ふたりで一対だった」と語る。片方が勢いに乗れば、片方がその足元を支えた。片方がつまずけば、片方が飛躍した、と。

確かに、「おそめ」が偽洋酒《にせ》事件のスキャンダルに巻きこまれて転落の道をたどるなか、俊藤は逆に、華やかな転進を遂げた。四十代も半ばを過ぎながら突如、映画界に迎えられたのである。

映画プロデューサー俊藤浩滋の誕生、そのきっかけを作ったのも「おそめ」であり、秀であった。だが、秀は、いつでもこう繰り返す。

「おとうさん、いうたら本当にえらいですよ。中途から始めはったのに、二百何十本も映画作らはって、ほんまに、えらいことやと思います」

私は俊藤、という男を掴《つか》むために、彼がこの世に送り出した任侠映画の数々を見た。もちろん、すべてを見尽くすことはできなかった。なにしろ、彼の手がけた作品はクレジットにプロデューサーとして名が記されたものだけでも三百に近いのだから。

感じたことは、ただひとつ。よくもこれだけ矢継ぎ早に作品を発表したという一事に尽きる。俊藤が映画界に入るのは秀が語るように「途中から」、四十代も半ばを過ぎてのことだ。それで、この本数である。

映画を作ることにかけた俊藤の並々でない熱情、それは私に、改めてこの男がかこった無聊《ぶりょう》の長さを思わせた。

前半生を上羽秀に頼り、支え、支えられて暮らした俊藤である。妻が酒席で男の傍らで過ごす時間をやり過ごし、何者にもなれぬ自分を抱えた日々の長さ。もちろん、「気楽なものだった、おそめさんに働かせて、自分は好き放題に暮らしてはった」という意見もある。しかし、もしそんな根っからの怠け者であれば、後年、あれほどの仕事を成し遂げられず、そして秀のこともまた、あっさりと切り捨てたのではないかと思う。

店が終わった後、客に誘われて秀と女給たちが食事に出かける。そうした際も、俊藤が車のハンドルを握ることがあった。

客は、俊藤を「おそめ」の運転手だと思っている。秀と女給たちの肩を抱いて車を降り際《ぎわ》、丸めた札をチップとして俊藤に投げる客もいた。

「さっきの客、こんなものよこしよったわ」

店に戻り、俊藤はポケットから、しわくちゃの百円札をカウンターに放り投げて、自《じ》嘲《ちょう》するように笑う。だが、そんな気持ちも知らぬ人たちの中には、秀と客を車で送り出す俊藤を「とんだ女衒《ぜげん》だ」と見る向きもあった。

そうした日々と、俊藤の後半生の隆盛は無関係ではないはずだ。

俊藤の自室には、死ぬ間際まで対の写真立てが飾られていた。ひとつには、二つ折りした半紙に筆書きされた言葉が記してある。

「夢は見続けることによって必ず希望は実現する」

線の細い女文字のような手蹟《しゅせき》、達筆である。荒々しい任俠映画の作り手だったことから、俊藤を乱暴で粗野な男だと想像する人がいるかもしれない。しかし、実際の俊藤は物静かで、読書家、知的な人間であったという。秀に対しても手を上げたことはもとより、声を荒げたことさえ一度としてなかった。

対の、もう一方には秀の写真、『夜の蝶《ちょう》』のモデルとして騒がれた頃に撮られた一枚が飾られていた。俊藤が一番、気に入っていた写真だという。

もともと、映画界と縁が深かったのは秀であった。

芸妓時代の旦那が松竹の白井であったこともあり、映画界には昔から知己が多かった。特にマキノ雅弘は座敷に出ていた時分からの知り合いで、つき合いが深かった。秀が白井と別れて木屋町で「おそめ」を始めてからは熱心な客として通ってくれた。轟《とどろき》夕起子《ゆきこ》とマキノの暮らした家が、店の二軒隣だったという縁もある。

マキノは秀と白井のいきさつも、また俊藤と暮らすようになる事情も、すべてを知っていた。そんなマキノが木屋町仏光寺でバー「おそめ」を始めたばかりの頃、秀を通して俊藤に頼み事をしたことがあった。神戸でロケをするにあたって、その手伝いをしてほしい、というのだ。もちろん俊藤が、神戸の五島《ごしま》組と深い縁を持っていることを知ってのことだった。当時、映画ロケを行うには、土地のそうした筋と渡りをつけなくてはならないことが多かった。俊藤は、マキノをよく助けて立ち働いた。

しかし、このときは、それだけの縁に終わった。

俊藤が再び映画界、わけても東映と接点を持つようになるのは、「おそめ」が東京へ進出した後のことである。俳優・鶴田浩二の東映への移籍に介在したことがすべての始まりだった。鶴田は人に連れられて「おそめ」を訪れ、俊藤と知り合う。年も近く遊び好きなふたりは、すぐに肝胆相照らす仲となった。心安いつき合いの中、俊藤は、鶴田から所属先である東宝への不満をたびたび聞く。また、そんな折、東映が俳優を広く集め始めたことを知った。東映の幹部も大川博社長以下「おそめ」の常連客だったからである。俊藤は、両者の間に渡りをつけた。鶴田は、東映に移籍し、すぐに主役として再出発を果たした。

鶴田の移籍で手腕を発揮して認められた俊藤は、東映・大川博社長の心証をよくした。俊藤を見込んだ大川社長は、すぐに次の相談を持ちかけた。東映が所有する野球チーム・東映フライヤーズの監督に巨人軍の名監督・水原茂を迎えたい、というのだ。大川がそんな相談をするのも、水原茂がやはり「おそめ」の常連客であったからだった。特に秀と水原夫人は親しく、水原夫妻と俊藤・秀の四人は同じ小唄《こうた》の師匠について稽古《けいこ》するなど、家族ぐるみのつき合いをしていた。

巨人に骨を埋めるつもりだと公言していた水原は、東映からの申し出を簡単に承知しようとはしなかった。だが、俊藤は秀を通じて徹底して夫人に攻略をかけた。そんななか、ちょうど巨人軍のオーナー連と水原の間に微妙な感情の行き違いが起こる。俊藤は、その機を逃さなかった。結局、昭和三十五年十二月、水原は巨人を離れて東映フライヤーズの監督に就任することになった。その際、最終的には野村證券の瀬川美能留社長が水原と大川社長の間に入ったという。瀬川も「おそめ」の常連であったことは言うまでもない。つまり、この水原移籍は、すべて「おそめ」を舞台にして行なわれたのだった。

鶴田、水原の移籍を成功させて、大川博社長の俊藤に対する信任は、ますます厚くなった。大川ばかりではなく、後に社長の座につく岡田茂も「おそめ」にやってきては、俊藤をテーブルに呼び、あれこれと会社の相談を漏らすようになる。

当時、大量生産路線を取っていた東映は、常に映画の題材に窮していた。

「おい、なにかいい企画ないか」

そう畳みかける岡田茂に、俊藤は、「おそめ」のショーに出ているアイ・ジョージという歌手を売り込む。アイ・ジョージは確かな歌唱力と風貌《ふうぼう》が魅力のラテン歌手で、人気、実力ともに抜きん出ていた。俊藤は、このアイ・ジョージを主役にして彼の半生を描き、劇中歌も披露させればおもしろいはずだと提言した。岡田は、その話にのった。

こうして東映映画「太陽の子　アイ・ジョージ物語」が完成する。

この作品は昭和三十七年九月に公開されて人気を博し、たちどころに二作目、三作目が作られた。俊藤の天性のカンを認めた岡田はほかにも企画を出せと詰め寄り、俊藤はテレビで人気を博していた「てなもんや三度笠《さんどがさ》」の映画化を進言。これも翌年公開されて、大ヒットする。

俊藤の鋭く旺盛《おうせい》な企画力に、大川も岡田も舌を巻いた。はじめこそ酒の場で話半分にアイデアを聞き出していたが、すぐにそれを改め、俊藤を外部プロデューサーとして抜《ばっ》擢《てき》した。

大学を出て東映に入社し何年も下積みを経て、プロデューサーになるのが通常のコースというものである。それが四十も半ばを超えた中年の素人《しろうと》が突然、横道から映画界に入りプロデューサーに納まるとは、異例中の異例と言っていい人事だった。

昭和三十八年にはアイ・ジョージものの続編を含む七本の作品に俊藤はプロデューサーとして携わっている。大抜擢に報いる活躍だったが、俊藤の勢いは、それでもまだ止まらなかった。

翌年の昭和三十九年、俊藤は東映の方向性を示すことになる決定的な作品をプロデュースする。東映の任俠映画第一作と言われる「博徒《ばくと》」。いわゆる「やくざもの」を描いた作品で、この作品の爆発的なヒットにより東映に任俠映画と呼ばれる路線が確立される。そして、「任俠もの」は、その後約十年間、東映を隆盛へと導くのである。

他社も任俠路線に追随しようとしたが、どうしても東映に及ばなかった。それはひとえにプロデューサーとして俊藤浩滋という男が控えているからだと噂された。任俠映画を作る際には、モデルとなった組への挨拶《あいさつ》や、その他、映画の中で描かれる博打場《ばくちば》や襲名の流儀など、長《た》けた知識や人脈が必要とされる。その点、俊藤の右に出る人間はいないといわれていた。

昭和三十九年になると俊藤の手がける作品は年間、十本にも及ぶ。わずか二年前に、「アイ・ジョージ物語」を進言した男は、一挙に東映の屋台骨を支える大プロデューサーとなったのだった。チャンスを与えられても生かしきれぬ人は多い。俊藤は逆に、小さな端緒を捉《とら》えて大きく飛躍する器量を持っていたのだろう。

もちろん、東映に大きな収益を上げさせながらも、やはり俊藤は全面的に受け入れられたわけでなく、社内には、むしろ反発する空気も濃かったという。

「正規のプロデューサーではない（正体不明で、やくざのような）俊藤さんへの反感はまぎれもなく存在した」（『映画はやくざなり』新潮社、平成十五年）。当時を振り返り脚本家の笠原和夫はそう述べている。

それでも、俊藤は確実に、また、したたかに地歩を固めていった。脚本に口をはさみ、出演者を決め、監督を誰にするかまで、すべてにおいて最大限に自分の意を通して作品を作った。脚本への注文、役者へのアドバイス、しかも、どれもがピタリと的を射ていた。俊藤への中傷はやがてやみ、代わって、その才能が畏敬《いけい》の対象となっていく。「映画はプロデューサーが作るもの」と公言しつつも尊大になることがなく、常に幹部から、大道具にいたるまで細やかな気配りを見せる俊藤への信頼は高まっていった。

俊藤がその昔、堅気でありながら博打場に出入りし、その世界の男たちに可愛《かわい》がられたのも、俊藤が人の心を読み解き、摑む、特別の才に恵まれていたからだった。監督、俳優、経営者の思惑を機敏に察知し、それぞれの立場を考えて間を取り結ばなくてはならぬ映画プロデューサーという仕事は、人心を掌握するのに長けた俊藤にとって、まさに天職であると言ってよかった。

俊藤は、もともとが大の映画好きであった。若い頃から、貧しい生活の中でも小遣いをためて映画を観《み》に行った。秀と暮らすようになってからも、近くで撮影をしていると聞けば自転車をこいで駆けつけ、なかなか帰ってこなかったという。

それゆえ、俊藤は「おそめ」で、どの客よりも映画人を好いた。「おそめ」にやってくるマキノ雅弘や、川島雄三、小津安二郎らが、俊藤にはどれだけ綺羅星《きらぼし》のごとく見えたことだろう。

ところが、その憧《あこが》れの世界に、俊藤はいつのまにか横滑りをしたのだった。それだけでなく、あっという間に地位を築いた。瞬時にして、「おそめ」の客であった映画監督のマキノ雅弘や俳優たちに、仕事を振る立場へと変わったのである。

振り返れば、俊藤と映画界との縁は、すべて「おそめ」から始まったものだった。「おそめ」の客であった読売巨人軍の水原茂、俳優・鶴田浩二、東映の大川博社長に岡田茂、それにステージで歌っていたアイ・ジョージ。すべては「おそめ」という舞台に集まった人間たちである。その間を縫うように泳ぎ、映画プロデューサー俊藤浩滋は誕生したのだった。

もちろん、俊藤に才が備わっていたことは言うまでもない。しかし、「おそめ」という母体がなければ、その才能を発揮できる機会は永遠に与えられず、俊藤は「有名クラブマダムの実質的な亭主兼支配人」として一生を終えたことだろう。

「おそめ」は、「エスポワール」とならんで「夜の政界」、「夜の財界」、「夜の文壇」と異名を冠せられた。それは「おそめ」という場を通じ、秀という女を触媒として、人と人が繋《つな》がり、何かが生じたからだった。

映画プロデューサー俊藤も、「おそめ」というサロンがなければ間違いなく誕生しえなかったろう。いや、映画プロデューサー俊藤浩滋こそ「おそめ」が、その終焉《しゅうえん》に生んだ最後の産物であったのだ。事実、「おそめ」は映画プロデューサー俊藤浩滋を産み落としたことにより、まるで使命を終えたかのように、力尽きていく。

俊藤の活躍を「おそめ」と重ねて振り返れば、それがよくわかる。

彼がはじめてのプロデュース作品「太陽の子　アイ・ジョージ物語」を発表するのは、ちょうど「おそめ」が偽《にせ》洋酒事件で痛手を受ける昭和三十六年の翌年。それから年々、「おそめ」は下降し、入れ替わるように映画プロデューサー俊藤浩滋が、活躍の場を広げていくのである。俊藤が「おそめ」の経営に興味を失い、映画の世界に夢中になったことが「おそめ」の凋落《ちょうらく》を早めた部分もあるだろう。俊藤がもっと厳しく目を光らせて経営にあたっていれば、「おそめ」は、まだ今しばらくその輝きを保っていたのかもしれない。

映画プロデューサー俊藤浩滋の誕生、それを秀自身は、どう見ていたのだろうか。

「そりゃ、姉さんは、なにより義兄《にい》さんが好きやったさかい。ほんまに、何をおいても。せやから、おとうさんが大好きな映画の仕事に就けたのは嬉《うれ》しかったんやないかと思いますよ」

妹の掬子さんは言う。

「せやから姉さん、頼んでましたもの。川口松太郎先生やら水上勉さんやら、映画の世界に力ありそうな先生方に、『俊藤のことよろしう』って。何度も頼んでましたもの」

長い間、自分の影となってきた俊藤に、大好きな映画の世界で男らしい張り合いのある仕事をしてもらいたい。それが秀の希望であり喜びであったということか。だが、同時に今まで「おそめ」の経営という面で手を携えていた俊藤が別の世界へと走り出してゆくことに、寂しさと不安を感じていたこともまた事実のようである。映画界入りした俊藤は、ロケで不在がちとなり、また、家にいても心身はすべて映画のことで占められるようになっていく。

偽洋酒事件の後から秀は深酒するようになった、と言われている。しかし、実際は偽洋酒事件のせいばかりでなく、俊藤が映画界へと去ってしまった寂しさに出来していたのではないだろうか。

店がはねてから女給たちを連れて、秀は、さかんにナイトクラブやバーに飲みにいった。華やかな一行はどこでも人目を惹《ひ》く。ホステスたちが夜食を取るレストランやナイトクラブでは他所《よそ》のテーブルにいる銀座の女たちに話しかけられることも多かった。

「おそめのママさんですね」

なかには礼儀正しく、わざわざ席を立って挨拶にくる女もいる。

いつもお綺麗ですね、素敵な帯ですね、素敵な着物ですね……。そんな言葉が嬉しくて、秀は相好を崩し見ず知らずの女たちに、突然、財布から札を摑《つか》むと祝儀《しゅりぎ》を弾んでしまうことがあった。褒められた帯をその場でするりと脱いで、あげてしまうこともあった。

酔った秀を部屋に送り届ける役は、俊藤に代わってママ代理の悦子に回ってきた。常連客が遠のいた寂しさ、時代の流れに取り残されて、銀座のナンバーワンの座からすべり落ちていく辛《つら》さ、離れていく俊藤への不安が、秀を深く泥酔させていたのだった。

東京へ出てきてから、京都と往復し夢中で走り抜けていた秀は、この頃から、再び空虚さにさいなまれるようになっていた。銀座に続いて京都も店を大きくし、苦戦が続いていた。走ろうと思う。しかし、どちらに向かって走ればいいのか、それがわからなかった。そんな中で「おそめ会館」はあえなく人手に渡ってしまったのである。

映画の仕事を始めてからも俊藤は今までどおり、秀とともに生活を送った。だが、俊藤の情熱は、もはや「おそめ」に向けられることはなかった。「おそめ」の経営に、ふたりで手を携えて夢中になった日々は、もはや完全に過去のものとなった。俊藤の心は映画へと向けられ、その傍らに秀の居場所はなかった。代わりに、俊藤に新しく強力なパートナーが誕生していた。

傍らの女《ひと》

それは百合子夫人が産んだ次女の純子だった。

俊藤の戸籍上の妻、百合子には俊藤との間に、男、女、女と三人の子どもがあり、純子は、その次女である。秀の娘、高子にとっては一歳年長の義姉だった。

俊藤が百合子とその子どもたちを見捨てるようにして、秀と所帯を築いたいきさつは先にも書いた。秀は事実を知ってからは、ずっと百合子夫人のもとへ送金を続け、子どもたちはまた、秀と俊藤の住まいへたびたび、顔を出した。奇妙な人間関係だった。百合子の生んだ長男は大学を出ると、銀座の「おそめ」に勤めていた。

次女の純子は、大阪の高校から芸能活動に自由の利《き》く京都の女子校へ転校した。母・百合子と暮らす大阪の自宅からでは通えない。そこで俊藤は、純子を秀の母・よしゑの家へ下宿させた。自分と秀は東京と京都を往復する身である。そのため、よしゑと高子が暮らす銀閣寺そばの家に、純子を引き取らせたのである。それにしても、俊藤を憎む秀の母・よしゑのもとに、腹違いの姉妹である純子と高子を同居させるとは。互いに、暮らしにくかったことと思う。

こうしたエピソードからもわかるように、秀は秀なりに、俊藤や、その子どもたちに義理を通してきた。しかし、だからといって、この俊藤を仲立ちとした二つの家族が和気藹々《あいあい》とした家族関係を築くことなど、はじめから無理な話であった。

百合子夫人にとってみれば、秀はあくまで夫を奪った女である。しかも、その女はバーのマダムとなり嬌名《きようめい》を轟《とどろ》かせ、小説のモデルとして全国に名を知られる華やかな存在となっていった。三人の子どもを育てることに、ただ必死にならざるをえなかった百合子夫人は、雑誌のグラビアやテレビに取り上げられて、笑顔を振りまく秀に、どのような感情を抱いたことであろうか。秀が金銭的な援助を積もうとも、決して心の痛みは解消されなかったに違いない。

百合子は、その思いを子どもたちに訴えた。母の心を誰よりも汲《く》むのは、息子より娘たちであろう。子どもたちは自分たちを見捨てた父と、母からその父を奪った女の存在を心から許すことはできなかったのではないか。

木屋町仏光寺の家で、幼い女の子たちは出会う。

物心つく頃には、相手がすでに存在していた。自分たちがどういう関係にあるのか、はっきりとはわからなかった。だが、心は感じ取ることができる。

百合子は、つましい暮らしの中から次女の純子に日本舞踊を習わせた。その成長に賭《か》けたい気持ちがあったのだろう。確かに純子は小さな頃から人目を惹《ひ》く美貌《びぼう》に恵まれていた。秀も、発表会の際には、着物を贈ったり、祝いを届けて気を遣った。秀も娘の高子に踊りを習わせていたが、高子は踊りよりも外で走り回るほうが好きな性分で、親の期待には応《こた》えなかった。

同じ父親を持ち、違う母親を持つ、ひとつ違いの姉妹、俊藤浩滋という男を間に向き合った百合子と秀の関係は、娘たちの世代に形を変えて踏襲されたように思えてならない。

俊藤の自伝によれば、純子は成長し、姉とともにテレビのカバーガールなどを務めるようになり、宝塚入りを強く望むようになった。そのために芸能活動に理解のある京都の高校へと転校したのである。父・俊藤は、その頃、まさに映画プロデューサーとして軌道に乗り始めたところだった。女優になりたいという娘を、父は女優にした。

高校生だった純子は東映から急遽《きゆうきよ》、売り出されることになった。デビュー作は父のプロデュース作品で、監督はマキノ雅弘だった。

俊藤は第一作に続いて、次々と自分のプロデュース作品に純子を振り当てていった。俊藤と縁の深い役者も監督も純子を取り立てた。

こうして純子は一気にスター街道を駆け上ることになった。当時、女優たちが任侠《にんきよう》映画への出演を敬遠したこともあり、あっという間に「任侠映画の花」と言われる存在になった。俊藤の娘であったことが彼女に女優への道を授けた。しかし、それをも上回ったのは純子の持って生まれた才能と魅力だった。純子はファンの人気に支えられた完全なスターになった。

スターには力がつく、発言力も生じる。今度は俊藤が、その恩恵を受ける番だった。絶対的なドル箱スターの実父であるということが、俊藤の立場をより強固にした。父はプロデューサーとして娘を守り、娘はスターとなって父を守った。東映の中で、また映画界の中で、ふたりは手を携えて階段を上り詰めていった。同じ世界に身を置き、労苦と喜びをともにし、突き進む。それは、少し前までの俊藤と秀の関係に当てはまるものだった。「おそめ」を東京に開き、成功させようとふたりで力を合わせて邁進《まいしん》した頃。ともに同じ方角を見て、ともに走った。映画界に入った俊藤の伴走者は秀から、この純子へと移行したのだった。

大勢いる子どもたちのなかで、純子だけが特別の存在になるのは当然のことだった。俊藤は純子のことしか目に入らなくなった。仕事場はもとより、家でも部屋にふたりでこもって仕事の話に熱中した。そんな様子を高子も秀も少し離れたところから、見つめるしかなかった。

一方、それを誰よりも満足した気持ちで見つめていたのは純子の母、百合子夫人であったろう。

なお余談になるが、純子がNHK大河ドラマの静御前《しずかごぜん》役を務めたいと強く希望したことがあった。だが、「やくざ女優」のイメージが強い純子の起用は危ぶまれる面もあった。秀はその際、「おそめ」の常連客であった大河ドラマの原作者・村上元三らに純子の起用を強く頼んだという。

このように俊藤が映画界で地歩を固めていくのに反して「おそめ」の凋落《ちょうらく》はもはや止

めようがなかった。京都の「おそめ」を手放してから、秀は「空飛ぶマダム」の名を返上し、銀座の「おそめ」のみを守っていた。しかし、その銀座でも、もはや「おそめ」の立場は芳《かんば》しいものではなかった。昭和四十年代になると、「おそめ二流バーへの転落」「時代の流れには逆らえず近く引退」といった記事が週刊誌や月刊誌の誌面をさかんに飾るようになる。東京オリンピックをはさんだ時代の新しい波は、俊藤を世の中の中心に押し上げ、同時に「おそめ」と秀を失墜させたのであった。

その上、俊藤が映画プロデューサーとして活躍するようになればなるほど、秀には妻としての仕事が増えていった。ロケでいない日々はともかく、家にいれば外出しにくかった。

俊藤は昔から外食を好まず、秀の用意したものしか口にしない。しかも、食べるものには大変、口やかましかった。映画の仕事を始めるようになると、深夜でも仕事の関係者を十人、二十人と引き連れて帰ってきた。家で打ち合わせをすることも、たびたびだった。「おそめ」から戻った秀は、そのまま台所に立ち、酔いの回った身体《からだ》をぐらつかせながら、うどんやそばを夜食に作って出した。もちろん出汁《だし》からすべてきちんと手を抜かずに作る。高子さんは言う。

「まるで、その頃の家といったら、食堂のようなものでした。朝から父がキャビアを食べるので、早くから玉葱《たまねぎ》を刻む音が響いて。お昼が終わったと思う間もなく、三時のしたく、夜のしたくと続いて、ようやく終わってから母は店に行くようなありさまで」

店に行くのは、次第に遅くなり、おさんどんに疲れ果てたマダムがカウンターの中に立つことになる。昔は夕方には、店に入った人であるのに。

母のよしゑは、上京して秀の様子を見ては、小言を並べた。いつまでも台所にいる秀に、

「早く店にいかなあかん」

と、注意した。間際《まぎわ》まで、台所で葱など刻んでいるのを見て、苦々しく舌打ちをした。よしゑからすれば京都の店を結局は俊藤にいいように巻き上げられてしまった、という思いがある。残るのは東京の店だけだ。今、それをしっかりと守らなくては、秀に残るものはもう何もない。ところが、それを娘に言い聞かせても、思うような反応を得られなかった。

俊藤を憎みきっている母のよしゑである。母は、いずれ俊藤は秀を捨てると見ていた。そのとき、店さえも残っていなければ、秀はいったい、どうなってしまうのか。

「財産もみんな取られて、尽くすだけ尽くさせられて最後には捨てられよる。秀はそれで乞食《こじき》になりよるんや」

それが、変わらぬよしゑの口癖だった。

常連たちの死

また、この時期、常連客たちの相次ぐ訃報《ふほう》も、秀の心を曇らせ、店への情熱を失わせる一因となっていたという。

昭和三十六年には、秀に銀座にくるよう便宜をはかってくれた舞踊芸術家の伊藤道郎が亡《な》くなる。その二年後の昭和三十八年には、秀がとりわけ深く友情を結んだ映画監督が相次いで、世を去った。川島雄三に続く、小津安二郎の死――。

川島が死去した日、秀は店から帰るとすぐさま川島の部屋へ弔問に訪れた。川島は、秀と俊藤が暮らす同じ日活アパートの別階に部屋を持っていたという。

しかし、訪れた川島家は、どこかよそよそしかった。

川島は一時期、「おそめ」の女給と同棲《どうせい》生活をしていたともいう。そんな夫の死に、内縁関係にあった夫人の心は重く閉ざされ、弔問客を拒んだのであろうか。どこかうら寂しい晩であったと、秀は回想する。

常に進行する病魔を見つめ死を意識し続けた川島は、喜劇といわれる作品の中にも独特の死生観を反映させた。よく知られているようにときには奇抜な振る舞いで周囲の人間をとまどわせる一面もあったらしいが、それも死を常に意識する刹那《せつな》のせいであったのだろう。秀とは、どういうわけかウマが合い、とりわけ気の合う飲み仲間だった。正月は仏光寺の家で一緒に年越しをしたこともあった。俊藤とともに秀の作った雑煮を食べて過ごした人だった。

小津安二郎もまた、秀にとっては別れがたい遊び仲間であった。銀座と京都、ともに贔屓《ひいき》を受け、また鎌倉に秀が遊びに行けば、いつも歓待して迎えてくれた。

「鎌倉は小さい町やさかい、うちが里見先生の家でも遊びに行かしてもらうと、パッと皆さん、電話で連絡して集まってくれはって、楽しう過ごしたりしました。そんなときは小津ちゃんも一緒やった。小津ちゃん、ほんま楽しい人やった、酔っ払ったら踊ったりしはって……」

里見弴や大佛次郎の家で、祝い事や映画の完成を祝うパーティが開かれる際、秀は女給たちを連れて参加し料理の準備などを手伝って、夜が更《ふ》けるまでともに過ごした。

小津が「おそめ」で遅くなり、電車で帰れなくなると、俊藤がハンドルを握り、女給たちとともに鎌倉まで送り届けたこともあった。秀と俊藤の暮らす日活アパートに一泊して翌朝、帰っていったこともある。秀のこしらえたお茶漬けをすすって、俊藤とともに三人で川の字になって寝た。その思い出が今も、秀の胸に懐《なつ》かしく蘇《よみがえ》る。

古い写真の中には、里見弴邸でのスナップもあった。小津や里見、それに女優たちに混じって秀が笑っている。隣には、原節子の姿もあった。

「小津ちゃん……」

秀がそんなスナップの一枚を取り上げて懐かしそうに呟《つぶや》く。古い写真は、小津の頬のあたりに傷がついてしまっている。秀にはそれが埃《ほこり》のように見えるのだろう、袂《たもと》で何度も拭《ぬぐ》いながら、「小津ちゃん……」と語りかけるように呟く。

小津作品の中にはよくバーが登場する。こぢんまりとして、カウンターにマダムひとりが立つような、小体《こてい》な店だ。「おそめ」でいうならば京都木屋町の店が一番それに近かった。「ルパン」といい「エスポワール」といい「おそめ」といい、小津が実際に通って贔屓にした店に共通したのは、マダムが主体の店であり、一流の、と言われても、どこまでも飾り気のない素朴さを持った店だった。小津はおそらくは、大さく、豪華になった「おそめ」よりも、スタートした際の、どこまでも小さな隠れ家のようだった「おそめ」を愛していたことだろう。

常連客の訃報に接すると、秀は必ず弔問に訪れた。そして、後日、今まで贔屓に与《あずか》ったことの礼を込めて、「おそめ」の名前入りグラスを家族のもとに届けるのだった。

客の訃報は続き、秀は喪服を着る機会の多さに、気が塞《ふさ》ぐ毎日を送るようになる。

昭和四十五年には三島由紀夫が割腹自殺を遂げ、四十七年には川端康成がガス自殺した。四十八年には大佛次郎も亡くなっている。秀はそのたびに衝撃を受け、肩の力を落とし、気持ちを消沈させた。

存命であっても、歳《とし》を取り、飲み歩けなくなる人も多かった。

秀が、本当に商売のことだけを考える人間であったなら、そんな旧世代に早めに見切りをつけて、若い人たちを拾い、それこそ他所《よそ》の店がしたように「学割」という特別料金で飲ませて客をつなぐような芸当をしたことだろう。だが、秀はあくまでも自分を支え、自分を導いてくれた世代への義理を果たして客の層を守り、それがゆえに彼らと命運をともにしたのだった。

文壇、という言葉をもって何を指すかは人によって定義が異なるであろう。しかし、私は、この戦前の純文学作家たちが権威を維持していた時代の終結をもって、日本にあった「文壇」と呼ばれたものの形は潰《つい》えたのだと思う。「おそめ」は、まさに文壇の終《しゅう》焉《えん》を見届け、ともに滅びていったのではなかったろうか。

確かに、その後も、いや、むしろ三十年代後半から四十年代以降、出版界は肥大化し隆盛を続けていく。だが、それはすでに昔とは大きく違う社会だった。作品は大量に書かれ、大量に消費され、忘れられていった。週刊誌が次々と発刊され、大衆化した活字文化が生まれた。作家と呼ばれる人たちも芥《あくた》のように誕生している。しかし、それは決して、かつての「文壇」と同じものではなかった。だから私は、「おそめ」以降の店で、文壇酒場と呼ばれるべきものは、ひとつもないと考える。それは単に、出版関係者や、作家たちが客に多いというだけのことではないか。「眉《まゆ》」にしても、「姫」にしても……。勢いづくマスコミ社会を背景に、書き手は安易に女の接待を受ける。作家は、銀座で飲めることで、かつてこの街に遊んだ文豪たちの列に連なったような錯覚に酔う。

文壇関係者だけでなく、「おそめ」を愛した客たちは次々と鬼籍に入った。政界においても実業界においても事情は同じだ。そんななかで、昭和四十六年、「おそめ」と秀を深く愛した、ある常連客が静かに息を引き取っている。

男の名は、三浦義一。児玉誉士夫《よしお》の兄貴分として知られた右翼の大物である。政財界の黒幕として恐れられ、日本政治を陰で操り「室町将軍」の異名で知られた男である。三浦は明治三十一年、大分市長や衆議院議員を務める父のもとに生を享《う》けた。家は大分では知られた名家である。早大に進学し、北原白秋門下の内弟子となり短歌に親しむ一方、国粋主義運動に染まっていった。戦後はＧＨＱと渡り合い、政財界を陰から操る闇《やみ》将軍となる。

大の癇癪《かんしやく》持ちで、気に入らないことがあると相手かまわずステッキで叩《たた》きつけ、周囲を震え上がらせたという。殴られるほうは、ひたすら平身低頭する。「おそめ」でもよく癇癪を爆発させて、しばしば、時の総理大臣や閣僚たちをステッキで滅多打ちにした。石田博英、吉田茂、佐藤栄作、田中角栄、中曽根康弘にいたるまで、「おそめ」に集まった政治家は多いが、いずれも三浦との縁は深かったのであろうか。

「最後の恋だ、叶《かな》わぬ恋だ」

その三浦が秀への思いを、「おそめ」の女給に、そう打ち明けたという。

あるとき、新橋の料亭にいる三浦から「おそめ」に電話が入った。ママ代理の悦子が出ると三浦が、「おそめは店にいるか」と弱りきった声で問う。

「いいえ、まだ、こちらには」

悦子が答えると、三浦は事情をポツリポツリと語り始めた。

今まで、向き合って食事をしていたが、何かの拍子に秀を怒らせてしまったこと。怒った秀はバッグもそこに置いたまま、憤慨して玄関から履物も履かずに白足袋のまま飛び出していってしまったこと。

「あんなに怒って、車に撥《は》ねられでもしたら……」

三浦は気弱な声を出した。

悦子が調べると三浦の心配をよそに秀は店にも出ずに自宅にサッサと帰って、スヤスヤと寝息を立てていることがわかった。それを電話で三浦に知らせてやると、「よかった、よかった」と繰り返し、悦子に礼を述べて電話を切ったという。

三浦は、秀に好かれようと必死だった。将を射んとすればで、秀の母親にも徹底して尽くした。あるとき、母のよしゑと悦子と秀の三人を、相撲の地方興行に誘ってくれたことがあった。出発する東京駅には黒服の男たちがずらりと控えて長い列を作った。

「室町将軍」の異名を持つ男の見送りである。途端に、秀は火がついたように怒り出した。

「こんな恥ずかしいこと。うちはごめんです。こんなん、人さん、並ばさせて、うち、こういうの大っ嫌いどす」

よしゑも悦子もなだめようとするが、秀の機嫌は直らなかった。三浦は狼狽《ろうばい》して、ただただ秀に謝り続けた。それでも、秀はきっぱりと言い切った。

「こんなことやったら、うちはもう二度と先生とお出かけするのはかないまへんさかい」

ところが、着いた先にも、同じように黒服の男たちがずらりと並んでいた。途端に三浦は汽車から飛び出すと、不自由な足を引きずりながらステッキを振り上げ、男たちを蹴散《けち》らしたという。

秀に恋焦《こいこ》がれた頃、三浦は、すでに七十に近かった。戦前から花柳界で遊び、戦後は銀座でも派手な噂《うわさ》を振りまいた三浦が秀に対してだけは、まるで初恋のような初々《ういうい》しさだったという。

妹の掬子も一度だけ三浦に会っている。

「姉に言われて、なんでも先生がうちに会いたがってるから、言われて東京でお会いしました。そのときのことはよう覚えてます。料亭のようなとこやったと思います」

おずおずと座敷に入ると三浦が床の間を背にして、座っていた。

「あんたが、おそめの妹か」

「へえ、そうです。掬子、いいます……」

三浦は、そんな掬子の挨拶《あいさつ》を遮るように、藪《やぶ》から棒に切り出した。

「お前、姉のこと、どう思う」

実姉のことをどう思うかと聞かれて掬子はうろたえた。困惑をよそに、三浦が続けた。

「おそめはな、無欲な女だ、違うか」

掬子は三浦の顔を見上げた。

「なにも物ねだりせん。宝石ひとつほしがらん。そういう女だ。ただ楽しくお酒を飲んで機嫌よく過ごせたらそれでいい。そんな女だ。俺はあんな女をはじめて知った。あんな女が銀座にいるとはな」

確かに秀は物欲のない女だった。身を飾る品々には、ほとんど何の興味も示さなかった。指輪ひとつ身につけたことがない。草履やバッグなどは、老舗《しにせ》店のオーナーが軒並み「おそめ」の客であったことから、つき合いで買ったが、それもすべて人にやってしまう。自分はいつも同じバッグをひとつ、ふたつ持つばかりである。銀座の女たちがこれみよがしに光る大きな石で飾り立てようとする時代にあって、秀はいつも地味な身なりをしていた。金を何に使うといえば、チップだった。人に金を撒《ま》くのが趣味である。

三浦はいつも秀や「おそめ」の女給を連れて食事に行くと、財布を秀に渡して支払いからチップまで、自由にやらせた。秀が、せっせと仲居や板場にチップを撒いて歩くのを、いかにもいとおしげに見つめて、「おそめ見てたら、金はただの紙切れだとよくわかる」と語った。

物ねだりしない女、それは、秀の生き方の本質を見た三浦の言葉だった。

掬子の耳に再び、三浦の声が響いた。

「あんたを今日、呼んだのはな。おそめのことを頼みたいと思うからだ。あれは、世間には疎《うと》すぎる。そこへいくと、あんたは小さな頃から苦労した分、しっかりした妹さんだと聞いている。あんた、これからもしっかり見てやってくれ」

袱紗《ふくさ》が目の前に出された。

「わざわざ東京まで出てきてくれて、ご苦労さんだった」

三浦が声をかけると、廊下に控えた男が掬子を見送るために部屋に飛び込んできた。

三浦は、もちろん俊藤の存在を知っていた。その複雑な関係をも含めて理解していた。

恋情をあからさまにして秀を損なうよりも、父親のような存在として受け入れられる道を三浦は選んだ。秀のことを自宅に呼び、妻にも紹介して「娘代わりだ」と口にし、親しいつき合いをした。秀の行く末を三浦はどこまでも心配していたのだろう。金に執着が薄く、手にすれば片端から人に配って使い切ってしまう秀の金銭感覚。惚《ほ》れぬいた男だという俊藤とは籍に入っていない。俊藤には戸籍上の妻がおり子どももいる。秀の名義だった持ち家を売り、店の名義が俊藤のものにされていたいきさつも、母のよしゑから聞かされていた。

三浦は案じた。この先なにがあっても秀に苦労をさせないでやりたいと思う。自分の寿命が尽きようとしていることも、おそらく三浦はわかっていたのだろう。

秀と母のよしゑに、東京の地価は高騰《こうとう》するであろうから早めに住まいを確保したほうがいいと助言したのも三浦だった。その助言に従い秀は都心の一等地に三浦の口利《くちき》きでマンションを割引き価格で購入した。

俊藤と暮らすのはいい。だが、名義だけは絶対に秀のものにするようにと、三浦は、よしゑにも秀にも厳しく注意した。「おそめ会館」のいきさつもあるなら、できれば名義は、上羽よしゑにしたほうがいいとまで言った。なお、三浦の助言で秀が購入したマンションは、青山にあり、階下には白洲次郎も部屋を持っていた。白洲は、やはり後にこの部屋を顔なじみの秀にならと、ごく安い値段で譲った。しかし、その部屋は、すぐに俊藤の名義となり、彼の仕事場として使われるようになる。

三浦は間もなく病に倒れた。秀はすぐさま自宅に見舞いに訪れたが、容態がすぐれないという理由で玄関から上げてもらえなかった。そんなことが何度か続いて、秀ははじめて、それまで優しく接してくれていた夫人が自分を強烈に拒絶していることを知る。夫の手前隠していた秀への嫉妬心《しっとしん》が一挙に炸裂《さくれつ》した部分もあったろう。また、一説には、この頃、三浦の経理を預かるものが勝手な流用をし、「三浦が秀にあげてしまった」

と秀に濡《ぬ》れ衣《ぎぬ》を着せたことが原因とも言われている。

ともかくも、三浦の病床を見舞うことはついに一度も許されぬまま、昭和四十六年四月、三浦は亡《な》くなった。七十三年の生涯だった。秀には、葬式にも来てくれるなという達しがあったという。

三浦が亡くなった昭和四十六年、秀は四十八歳だった。

この頃の写真を見ると、秀は、それまでと一転し、どこか陰りのある険しい表情をしている。また写真は、お店で撮ったスナップよりも、舞姿を収めた舞台写真のほうが多い。

秀は、ちょうど偽《にせ》洋酒事件に巻き込まれた直後から、能を習うようになり、のめり込んでいた。師匠に選んだのは、黄薔薇《きばら》の男《ひと》、祇園《ぎおん》時代の初恋の相手、梅若猶義《うめわかなおよし》だった。出会いの頃は、ともに若かった。秀は披露目を果たしたばかりの芸妓であり、梅若も、また一介の若き能楽師だった。しかし、それから二十年という月日が経《た》ち、秀は押しも押されもせぬ日本一有名なクラブのマダムとなり、梅若もまた観世流シテ方の重鎮となっていた。かつて淡い恋心を通わせながらも、廓《くるわ》の定めのなかで成就《じょうじゅ》しえなかったふたりの仲は、時を経て師匠と弟子という形で縁を結ぶことになったのである。

秀は能を始めると、一年後には初舞台を踏んだ。演目は「羽衣」、週刊誌が「〝天女〟

になったおそめのマダム」（『週刊読売』昭和四十年十二月十九日号）というタイトルで秀の初舞台の報を伝えている。

たくさんの舞台写真が秀の手元にある。

能を始めた頃、秀はすでに四十の坂を越えていた。顔には老いの兆《きざ》しが見える。若い頃は、どちらかというとあどけない顔をしていた秀であるが、この頃は、まるで「見るべきものは見つ」とでも言いたげな透徹した表情をしている。見ようによっては妖《あや》しく美しいとはいえ、どこか冷たく、凄味《すごみ》を潜ませた面差しである。

仕舞の写真がある。秀の表情はまるで能面のようだ。舞台の上で表情を消すのは、能の約束とはいえ、何ものをも跳ね返す、この静かな冷たさは、彼女の深い孤独を現しているように思えてならない。

娘の結婚

何かと心塞《こころふさ》がれる毎日のなか、しかし慶事もあった。

一人娘である高子の結婚が決まったのだ。相手は誰もが知っている日本を代表するホテルのオーナーの御曹司だった。見合いだと思われがちな組み合わせだが、純然たる恋愛結婚だった。

高子は、父母との縁薄く育った。物心ついた頃から母親はバーのマダムで、顔を合わせる時間は普通の親子に比べて極端に短かった。そんな高子を両親に代わって手塩にかけて育ててくれたのは、祖母のよしゑである。高子は完全な「おばあちゃん子」として成長した。祖母と父の俊藤は犬猿の仲だった。その祖母に慈《いつく》しまれて育つうちに高子自身もすっかり父親嫌いになっていた。

高子にとって母・秀は、常にスポットライトを浴びている人だった。狭い京都では「空飛ぶマダム」の名声はますます高い。派手やかな話題を振りまく美しい母は子ども心に、晴れがましく思われる一方、重い存在でもあった。少女時代は、母と並んで歩くのがなによりも苦痛だった。

「綺麗《きれい》な人やね」

と言いながらすれ違う女たち、露骨なにやけ顔で振り返る男たち。

何も言わずに黙って歩くだけで、人の注目を集めてしまう母の隣で、幼いながらも高子は肩身の狭さを感じることがあった。何かと目立つ母の隣にいるのがやりきれなかった。なによりも辛《つら》かったのは母と見比べられることだった。

「えっ、おそめさんの娘さんなの。あんまり似ていないのね」

という何気ない一言に胸を射られたこともあった。持つ必要のない劣等感を、秀という母親を持ったために、味わわされた。

外に出れば常に注目を集める母はまた、家においては徹底して夫のことをのみ想《おも》う人でもあった。女は子どもを持つと、夫よりも腹を痛めた存在に愛情を移すというが、秀はその例に当てはまらず、娘よりも常に夫のことを優先した。

仏光寺の家には同じような年の子どもが何人も出入りし、それぞれが自分の父親である俊藤のことを「お父さん」と呼んだ。秀は、そんな子らに気を遣って高子のことは後回しにする。高子は、孤独だった。さみしい子ども時代だったと、今でも思う。

しかし、成長するにつれ高子を取り巻く環境は変わっていった。父親譲りの華やかな容貌《ようぼう》と明るい気質に恵まれ、友人も多かった。取り巻くボーイフレンドも誕生すれば、自然と、父母への不満も薄らいでいく。京都の高校を卒業してからは、東京に生活の拠点を移し、ついに結婚する相手にもめぐりあった。

ところが、喜びのうちに結婚の準備を進める最中、高子はある事実に愕然《がくぜん》とする。戸籍謄本《とうほん》を取り寄せたところ自分が父親に認知されていないことを知るのである。

「どういうことやの」

震える声で高子は両親にせまった。自分の父と母が正式に籍に入った夫婦でないことは子どもの頃から百も承知だった。しかし、認知さえされていないとは……。そこまで自分はないがしろにされてきたのかと思うと、無性に悲しかった。無頓着《むとんちゃく》な母も母だが、それ以上に、父のことが許せなかった。ちょうど映画界で、父と義姉の純子がひときわ強く結びついて仕事をしている時期でもあった。高子の抗議を受けて、俊藤は言われるままに認知の手続きをとったものの、高子の受けた心の傷は深かった。

結婚式は、まさに華燭《かしょく》の典という言葉があてはまる盛大なものだった。会場となったのは、もちろん新郎の実家にあたる東京・赤坂近くの大ホテルである。日本を代表するホテルのオーナー一族の息子と、東映の幹部となった父、有名なクラブのマダムを母に持つ娘の結婚は、各界の著名人を集めて華やかだった。ずっと純子の活躍ばかりが注目されてきたが、この結婚は大きく高子という存在に光を当てた。

式には高子が幼い頃から慕った鶴田浩二ら、俊藤の関係で芸能人も数多く姿を見せた。新婦側の主賓は東映の大川博社長が務めた。しかし、招かれた関係者は一様にホテルのロビーに着いて当惑した。どこにも「俊藤家」の文字が見当たらなかったからである。

「認知のことがあったからではありません。ずっと以前から胸に抱いていたんです。私には上羽の姓しか与えられなかった。だから、どんなときにも上羽の姓を貫き通そうと。当時は、母よりもすでに父のほうが社会的にも有名だった。父の姓を名乗ったほうが通りがいいと言ってくれる人もありました。でも、私は絶対に嫌だったんです。私は俊藤じゃない、上羽だ、だから上羽で嫁に行くんだと……私の意地でした」

それは育ててくれた祖母に対する感謝の思いでもあり、同時に父に対する精一杯の反抗だった。

ひときわ華やかな話題を振りまいた高子の後を追うように、翌年、義姉・純子が婚約を発表した。相手は歌舞伎界名流の嫡男《ちゃくなん》だった。任俠《にんきょう》映画の女優を迎えることに歌舞伎界の反対が強いとも報道されるなかで純子は婚約し、女優は辞めると発表した。ドル箱である娘・純子の引退に、俊藤ははじめ強く反対したという。

昭和四十六年八月、俊藤を引き立ててきた東映社長の大川博が死去していた。純子が婚約し、引退することを発表したのは、同年秋のことである。ふたりが去った東映の中で、俊藤の置かれた状況は微妙なものとなった。十年間、隆盛を誇った任俠映画の人気にも陰りが出始めていた。新社長の座には岡田茂が就いた。

俊藤はそんななかで「仁義なき戦い」をプロデュースし昭和四十八年一月に発表。実録ものといわれる新しい作品は、世間の話題を攫《さら》い、大ヒットしてシリーズ化が決まった。

ところが、その直後から盟友であったはずの岡田茂新社長との間に確執が生じた。秀は、この頃、岡田からの電話に出ようとしない俊藤の前で受話器を持って、オロオロとしていたという。

俊藤は映画界に入って破格の給料を手にするようになった。だが、それでも秀と俊藤の間には毎月いくらも残らなかった。この頃には、すでに「おそめ」が打ち出の小槌《こづち》どころか、毎月、大きな赤字を出すようになっていたからだ。加えて、秀の金銭感覚では、金がいくら入ってきても瞬《また》く間に出て行ってしまう。

俊藤も金には鷹揚《おうよう》だったが、秀のそれは並外れている。秀は、物欲が薄い。だからこそ、ただひたすら人に撒《ま》いてしまう。買い物をしても釣銭を受け取ったことは一度もなかった。千円のものを買って、一万円出して受け取らない。タクシーに乗れば、料金と別にチップを渡し、食事に行っても、目を見張るようなチップをはずむ。それが秀の若いときからの流儀だった。

新幹線に乗れば、切符の点検に回ってくる車掌にも一万円札を渡した。車掌が通るたびに、それを繰り返した。駅に着けば、秀の姿を見つけた赤帽たちが、争うように走り寄った。誰もが秀の荷物を持ちたがり、たったひとつの黒革のバッグを奪い合った。タクシー会社に電話をして、車を頼めば、営業所の中は、誰が行くかで殴り合いになった。皆、秀がどれだけのチップをはずむか知っているからだった。だから、秀の手元には何も残らない。ただ金だけが消えていった。

「金がないって、お前いったい、この前の金、何に使ったんだ」

俊藤に問われても秀は答えられない。ちょっと出歩くうちになくなってしまうからだ。また、それでいいと秀は思っていた。

ある晩、酔った秀は長襦袢《ながじゅばん》一枚で店から帰ってきた。バッグの中には一銭もなかった。飲みに行った先で、お金も着ているものもすべて、撒いてきてしまったらしい。

俊藤がさすがに注意すると、秀は酔眼を向けてめずらしく俊藤に言い返した。

「うちは、物もお金も残す気持ちなんてありまへん」

その気迫に俊藤は押された。俊藤を見据えて、秀が続ける。

「うちが残したいのは名前だけです」

言うだけ言って、ベッドにぐったりと倒れ込んだ。

「ほんまに、こいつ、名前が大事やて、武士みたいなこと言いよって」

俊藤は舌打ちしながら、秀に布団《ふとん》をかけてやった。

秀は、この頃、「おそめ」の凋落《ちょうらく》を自覚していた。自分自身が、店に興味を失いつつもあった。でも、なかなか決心がつかなかった。だからこそ、深く酔った。

いつ閉めようかと悩みながらの数年が続いていた。

「五十歳になるまではやらせていただきます。それで気持ちよく引退させていただきます」

秀はそれまで閉店説が出るたびにマスコミにそう語っていた。ところが、実際には昭和四十八年、天命の歳《とし》を迎えながらも店を畳まなかった。

客足は落ち、往年の輝きを失いながらも、どうして「おそめ」を手放す気になれなかったのか。行くところまで行きつかなくては、やめられない秀の性分によるのだろうか。

俊藤が映画に夢中になるなかで、店を手放すことが怖かったのか。

そう考えると、「おそめ」が終焉《しゅうえん》を迎える間近、娘の高子が店を手伝ったのも、不思議な因縁であるように思う。

高子の結婚生活は短く、数年後に離婚を経験していた。高子は、それを機にはじめてのひとり暮らしを経験する。とにかく、自分で自分を養っていかなくてはならなかった。そんなとき、乃木坂の街を歩いていて、ふと一枚の張り紙が目に飛び込んできた。スナックなのかバーなのか、それは、アルバイトのホステスを募集する張り紙だった。

軽い気持ちで面接を受けに行った。応対してくれた店主はひと目で高子を気に入り、高子も、店主の人柄に相性のよさを感じた。母も叔母も有名なクラブのマダムという環境で育ったが、高子自身に水商売の経験はまったくなく、母の店を手伝ったこともなかった。それなのに、なぜホステス募集の張り紙が目に飛び込んできたのか。今でもわからないという。

初日は緊張して店に行った。だが、すぐに店に馴染《なじ》んだ。そして、それまでになく母のことを思うようになった。人を迎えてもてなすというビジネスの世界で、家では頼りなく父の後ろ姿ばかり追っている母が成功者であるということを改めて考えさせられるようになった。

高子は親子として一緒に暮らした頃よりも、むしろ結婚してから、秀と心安く話をするようになっていた。夫や夫の両親や親族とのつき合いで困り果てると、よく秀に相談の電話をかけた。たくさんの人に接してきただけに秀のアドバイスはいつでも的を射ていた。離婚を思い立ってからも、もっぱら頼りにしたのは母の助言だった。

頃合いを見計らい秀に乃木坂で働いていることを打ち明けると、秀の反応は思ったとおりで、店主にお礼を兼ねて挨拶《あいさつ》に行きたい、と言い出した。

「だめよ。ママはこの世界では有名人だから、うちのママさんがかえって気を遣って、私のことが扱いにくくなってしまわはるやろ」

「それやったら、高ちゃん、うちが親やっていうことはわからんようにするさかい。それならいいやろ。お客さんと一緒にうかがうし」

秀は当日、約束どおり男客を引き連れてやってきた。事前の打ち合わせで、男客と高子が知り合いで、秀と高子は初対面、という筋書きを決めておいた。

秀を含む一行は明らかに乃木坂あたりの客とは一目で違う銀座の客だった。店のママは、風格のある年配の男客の中に秀の顔を見て仰天した。

高子の袖《そで》を引っ張って、店の隅に呼ぶと、

「ちょっと、大変。あれ、おそめのママさんよ。夜の蝶《ちょう》の、空飛ぶママさんよっ」

と、興奮して訴えた。席についてからも、秀と高子はぎこちなく芝居を通した。男の常連客は万事、事情を飲み込んでいて、楽しそうに芝居を打った。

「やあ、高ちゃん久しぶり。この店に勤めたって知らせてくれたから、さっきまで『おそめ』で飲んでいたんだけれどね。ママを連れて寄せてもらったよ。これ有名な『おそめ』のママだ」

周りの男客も、ニヤニヤしながらふたりの様子を窺《うかが》う。

「ママさんようこそ」

「はじめまして、あなた、お名前は……」

一行が引き上げると、店のママが興奮冷めやらぬ様子で、高子に飛びついてきた。

「さすがねえ、おそめのママさん、綺麗で品がよくって。やっぱり全然違うわね」

高子は苦笑いしながら受け流した。

秀はその後も折を見ては客を引き連れて高子の店にやってきた。しかし、周りを巻き込んでの下手な芝居はじきにばれた。

そんなこともあり、「よそで働くならうちを手伝ってほしい」と秀に言われて高子は乃木坂の店をやめると、「おそめ」に勤めた。時代は昭和五十年代に突入していた。

ところが、はじめて「おそめ」に入って、高子は店の実態に愕然とする。

マダムの秀自身が、俊藤の世話を終えてようやく店に出てくるのが夜の十時に近い。二十代のホステスは高子ひとりだけ、古参のホステスたちは客たちよりも年上で「ここは年増園《としまえん》だな」と口の悪い客にからかわれている始末だった。

月給制だったために、客がたくさん来ても来なくてもホステスの収入に変化はない。加えて経営者である秀が、俊藤の世話に明け暮れて心ここにあらずの様子では、店に倦《けん》怠感《たいかん》が漂うのも当然だった。このままでは遠からず店は破綻《はたん》する。高子は思わず意見を言った。しかし、秀にも数十年を夜の街で過ごしてきた自負がある。高子があまりしゃかりきになれば、元からの従業員や女性たちとの間に軋轢《あつれき》が生じてしまうことにもなりかねなかった。

高子はほどなく店をやめ、自分の店を持った。「おそめ」が姿を消すのは、その翌年のことである。

「おそめ」閉店の日

昭和五十三年二月、一枚の張り紙が、突如として「おそめ」のドアに張り出された。「店内工事のため休業させていただきます」。それが事実上、閉店を告げる張り紙であった。

昭和三十年に銀座へ進出して二十三年、京都木屋町時代を含めれば三十年間続いた「おそめ」が、ついに、その灯火《ともしび》を消した瞬間だった。

思えば、開店の日には銀座中の話題を攫《さら》い、銀座中の嫉妬《しっと》を買った。

吉井勇が案内状を書き、開店の当日は座る場所もないほどに客が詰めかけた。「おそめ」へ駆けつけた客たちで賑《にぎわ》い、店の外まで順番待ちの客で溢《あふ》れた。著名人が連日たむろし、銀座のそこかしこで女たちが悔しがって唇をかんだ、あの日――。

それから二十数年、「おそめ」は、ついに力尽き、幕引きの日を迎えたのである。凋落《ちょうらく》ぶりが伝えられていたとはいえ、やはり、銀座の代名詞であった店の閉店は、大きなニュースだった。

「あの田中角栄、川端康成も常連だった　銀座高級クラブ『おそめ』休業のてんまつ」

(『週刊ポスト』昭和五十三年三月三十一日号)と、週刊誌も記事を載せている。

いや、それよりも、やはり一般紙に大きく扱われたところが、「おそめ」の「おそめ」たる所以《ゆえん》であろう。

東京新聞は、実に一ページ分を割いて、「おそめ」閉店の特集を組み、この店の華やかな歴史を詳細に語った上で、「改装と偽っているが、おそらくは閉店であろう」と結んでいる。

改装と偽っての閉店、しかし、銀座でただひとりだけ、その秘密を秀から事前に打ち明けられた人があった。「エスポワール」の川辺るみ子である。

「エスポワール」と「おそめ」、銀座を代表する店のマダムとして華やかな脚光を浴び、ともに銀座の名を高からしめたふたりには確かに激しく対立した時代もあった。しかし、時を経て、ふたりは、いつのまにか、最も親しい戦友となっていた。

「今までは、辛《つら》いこともたんとありましたけれど、このごろでは主人がやさしうに、ちゃんと面倒見てくれますよってに、家に入って生きることにしました」

秀が「エスポワール」に出向いて、そう告げたとき、川辺は、

「よかったわね。おそめちゃん、本当に……」

そういって、秀を強く抱きしめ泣いた。

その頃、「エスポワール」をめぐる状況もすでに芳《かんば》しくはなかった。昔は名士たちが夜ごと詰めかけ、時には政府の組閣人事まで話し合われた店だった。しかし、そんな話も遠い過去のものとなっていた。何よりもマダムの川辺るみ子が、その心身を壊し始めていた。

早い時間から酔っている。呂律《ろれつ》が回らない。いつまでも繰り返し同じ昔話をする。懐《なつ》かしがって泣く、そうかと思うと突然、着物の裾《すそ》をまくって踊りだし、そのまま床に倒れて寝てしまう……。天下の論客たちに舌を巻かせた頭の回転の良さと、爛熟《らんじゅく》した美貌《びぼう》と風格で銀座の歴史を築いた川辺に関する、あまりにさみしい証言の数々がある。アル中だったとも、一種のノイローゼだったとも、語られている。

若き日に離婚し独身を貫いた川辺には頼れる夫もおらず、息子がひとりいるだけだった。その息子は三十を過ぎても定職につかず、夜になると銀座の店を梯子《はしご》し、その支払いはすべて川辺のもとに寄せられたという。そうした事情からも、川辺には秀のように銀座から引退することは許されなかったのであろうか。

川辺るみ子の死

秀は、銀座から身を引くことができた。だが、ひとり銀座に残ることになった「エスポワール」の川辺るみ子は、その後、どうなったのか。

川辺の姿は、ある日、忽然《こつぜん》と銀座から消える。それは、ちょうど「おそめ」が閉店し、一年が経《た》とうという頃であった。川辺が店に現れなくなった理由を「身体《からだ》を壊したので、しばらく入院して静養することになった」と、支配人の金森は皆に説明した。そして、その日から店は川辺に代わって金森が取り仕切るようになった。

金森と川辺るみ子の息子の莞司《かんじ》のほかには、川辺の入院先を誰も知らなかった。ホステスたちや客が何度、尋ねても頑として秘匿《ひとく》された。「見舞いは一切断りたいというのが本人の希望だから」と。それでも、はじめのうちは客もホステスたちも、また他店のマダムたちも、じきに川辺が退院して姿を現すものと信じていた。

しかし、川辺は一年が過ぎても「エスポワール」に戻らなかった。のみならず川辺が不在のうちに、突如として「エスポワール」の改装が決まった。木造二階建ての建物であった「エスポワール」は取り壊されて、昭和五十六年十二月、五階建てのビルに生まれ変わった。地下には、るみ子の息子・莞司の経営する「ドン・ジョバンニ」というクラブも入った。また支配人であった金森は、「エスポワール」の社長として店の経営全般に携わることになった。

この頃から、金森と息子の共謀により店を乗っ取られ、川辺ママは幽閉されてしまったのではないかという噂《うわさ》が真《まこと》しやかにささやかれるようになった。川辺るみ子はどこに消えてしまったのか、銀座に風評が広まる中で、週刊誌も何度か大々的にその不在に疑問を投げかける記事を特集している。常連客や、「エスポワール」出身のママたちの談話が寄せられたが、皆が口々に訴えるのは、どんなに金森社長や息子の莞司に頼んでも、入院先を教えてもらえず、見舞いを許してくれないことへの不信であった。

そんな意見に対して、金森は「お見舞いに行きたい、との申し入れがあるんですが、ママのたっての希望でお断りしているんです」と答えている。病状に関しても、莞司は、「過労と高血圧による肝臓疾患」と誌上で説明したが、「アル中から精神を病んだ」という説から、もっと忌《い》むべき悲しい病名まで、さまざまな噂が乱れ飛んだ。

噂は秀の耳にも飛び込んできた。お見舞いに伺わせてほしいと秀も金森に何度も頼んだ。そのたびに断られた。病状を聞いても、いつ退院するかを聞いても満足な答えがかえってこない。世間にいう「エスポワールのママは店を乗っ取られてどこかに監禁されている」という話が、あながち嘘《うそ》ではないように思えて秀は暗い気持ちになった。店をやめ、これからは気安く川辺ともつき合っていけると考えていた矢先の出来事だった。

川辺るみ子はどうなってしまったのか。さまざまに噂されるなかで、月日だけが流れていった。姿を消してから二年、三年と経過し、ついに十年の歳月が過ぎた。

年号が改まった平成元年一月、唐突にその訃報《ふほう》は伝えられた。入院先で病死したという。川辺るみ子、享年《きようねん》七十一。死因を息子の莞司は、高血圧症による合併症であったと週刊誌に語った。カマイタチ症、糖尿病、動脈硬化、脳梗塞《のうこうそく》を併発して、死の直前には壊疽《えそ》により右足を大腿《だいたい》から切断する手術も受けていたという。

悲惨な闘病のありさまを他人に見られ、また、それが世間の風評となることを嫌ったのは川辺本人であったと週刊誌上において莞司も金森も繰り返した。だが、金森と息子のふたりにしか会わずに、他者とは手紙のやりとりもせず十年を病院で過ごし、死亡したという経過はやはり奇異なものと世間には映った。

川辺の病気と死亡にいたる経過については今でも、さまざまに囁《ささや》かれ、それが故《ゆえ》に金森に対する風評も、真っ二つに分かれている。

息子の莞司と組んで「エスポワール」を乗っ取ってしまったのだと語る人は多い。

その一方で、川辺が看板であった「エスポワール」の留守を預かり、マダム不在のままに十年間、店を切り盛りした苦労と功績は並大抵でなかったはずと同情し、あらぬ嫌疑をかけられることに憤慨する人もいる。

川辺が亡《な》くなった平成元年の暮れ、金森は「エスポワール」を閉店した。銀座の夜を作り上げてきた「エスポワール」の灯は、「おそめ」が閉店した約十年後、こうして消えたのである。しかし、振り返って考えるなら、マダムである川辺自身が銀座から姿を消したのは、「おそめ」が閉店した翌年のこと。同じ昭和二十三年にそれぞれ京都と銀座で産声《うぶごえ》を上げた二つの店は、その終焉《しゅうえん》もほとんど時を同じくしたと言っていいだろう。

なお、川辺の死をもって「エスポワール」は銀座から姿を消し、その土地建物はすぐに売却されている。

私は金森氏の行方を捜した。彼は、「エスポワール」を改装した後、同じ銀座に自分名義の「ヨーソロ」というバーを持ち、「エスポワール」を閉店してからは、もっぱら「ヨーソロ」の経営に力を入れたという。「ヨーソロ」は今も銀座にある。金森氏は、「海軍にいた」と自著の中で語っている（それも「金森の作り上げた理想の過去」であると話す人もいる）。潜水艦を模した造りの「ヨーソロ」は、しかし、すでに所有者を変えていた。

金森氏は大正十四年生まれ、今もご存命であるらしい。手を尽くしたが、私は彼の所在を把握することはできなかった。銀座の仲間たちとは、一切の交流を絶っている、という。なお、川辺るみ子の一人息子、莞司氏は、五十代の若さで、母の後を追うように、すでに鬼籍に入っていた。

秀の手元には、装飾も、何もほどこされていない、ただの黒い小さな塗り箱が残されている。

「これ、お返しにいただいたんです。エスポワールのママさんの……お弔いの」

秀は貴重品を入れる箱として使っている。開けると、中は目の覚めるような赤いビロード地だった。

「かわいそうに、ママさん。亡くなる前には、足も切らはったいう、かわいそうや。ずっと病院で誰にも会わんと……」

色あせることのない鮮やかな紅色が秀の呟《つぶや》きとともに私の胸をついた。

小説『夜の蝶』では、ふたりのマダムは若い盛りのうちに、自家用車で派手なカーチェイスを繰り広げて、同時に事故死する。しかし、実際にモデルとなった女ふたりは、銀座に店を持ち続け、新しい店々の追い上げを受けて時代の流れに負け、ともに老いの道を進み、それぞれの晩年に直面したのである。

『夜の蝶』で一際《ひときわ》華やかな注目を世間から浴びた時期、川辺は雑誌の取材で結婚観を聞かれて以下のように答えている。

「いつまでも、あの商売をしようという気はないんですが、私にできる仕事が、だんだん範囲が狭くなって行くような気がして……。私自身結婚したい、というより、結婚はすべきだと思う。その方が建設的でしょ」（「人物双曲線　銀座のマダム」『週刊朝日』昭

和三十二年五月十二日号）

「私はもう少し働いたら足を洗います」「どうしてもお嫁にいきます」「男にもっとあこがれているから、お嫁にいきます」（「マダムの見た戦後男」『文藝春秋』昭和三十二年二月一日号）

サロンの女王として銀座に君臨してきた川辺の、これはおそらく本心からの言葉であったろう。著名人たちに取り囲まれ、常に妻子ある男たちに口説かれる日常を過ごし、男たちの裏面を見る日々を送りながら、なお、「男の人に私、絶望してませんもの」と語り、「結婚するのが健全だと思うの」と言い切る。

同じ雑誌で、同様の質問をされて「いまのままで満足してます。普通の奥さんは、できまへんやろ」（『週刊朝日』昭和三十二年五月十二日号）と明るく笑う秀との落差はどうだろう。秀には、実生活で籍には入っておらずとも、夫婦生活を営む相手がいた。一方、川辺には、その時々に愛人はいても、生活をともに送る伴侶《はんりょ》はついに得られず老いの道をひた走り、病んだのである。

川辺の台詞《せりふ》は、まるで悲鳴のようだ。独り身の女として、夜の世界を泳ぐ不安と切なさが滲《にじ》んでいる。男勝りな川辺と、おとなしく可憐《かれん》なおそめ、と世間には言われたが、性根が本質的に太く剛毅《ごうき》であったのはむしろ、秀のほうではなかったか。

酒も川辺はかなり無理をして飲んでいたようである。呑《の》みっぷりがよく酒豪でならすイメージを保ちたかったのだろう。「本当は好きじゃないのよ」、「飲まないと緊張してお客様の前に出られないときもあるの」、そう店で女給にポロリと、打ち明けることもあったという。結果的には、その酒と酒場勤めの苦労に、川辺の身体と精神は破壊されてしまったのである。

川辺に逃げ場はなかったのだ。銀座で倒れられれば本望だったろう。しかし、それも叶《かな》わず、十年の闘病生活の末に亡くなり、愛した店は、川辺の死とともに姿を消した。

「結婚したい。いえ、結婚します」

黒い小箱を眺めていると『夜の蝶』のモデルとして、最も脚光を浴びた女ざかりの時期に川辺の語った言葉が耳元で蘇《よみがえ》るようだった。

大輪の花であった。夜の街に生きた、誰よりも華やかな人だった。銀座に生き、銀座を飾り、そして、銀座に殺された女だった。

客たちとの晩年

店をやめ家庭に入った秀であったが、古くからの常連客たちには相変わらず礼を欠かさなかった。皆が年をとり、次々と身体《からだ》を壊していく。秀は必ず見舞いに訪れ、あれこれと気を遣った。秀から預かった段ボール箱の中には、写真とともに、そうした秀の気遣いに対する礼状が何枚か紛れ込んでいた。

川口松太郎からの手紙も幾通かあった。震えるような筆跡で、訥々《とつとつ》とした言葉が綴《つづ》られている。中に消印が昭和五十四年の八月、軽井沢から投函《とうかん》されたものがあった。

「今日はお婿《むこ》さんが来てくれました。京都のおいしいもの、いつも　心にかけて　ありがとう　もうあんまり気をつかわないで下さい。

お店はやめましたね。時世もよくないし　小ぢんまりとした店をやるといいと思う

あなたの性格では大きなものは駄目、京都でも初めの仏光寺はよかったのに、おおきなものをやって失敗、東京も初めの小さいのがよかった。

人を多く使わないで　しんみりとしたお店をお作りなさい。

元気を落とさないで　よく考えて出直すのを待っていますよ

上羽秀様　　　　　　　　　　　　　　　川口松太郎」

川口は、さすがにすべてを見抜いていたのだった。秀の性格から、店の問題にいたるまで。

写真が何枚も同封された礼状もあった。送り主は銀座にある老舗《しにせ》・洋服店の会長である。文面から察するに病気見舞いとして秀が花を送ったらしい。よほど嬉《うれ》しかったのだろう。秀からもらった鉢植えを部屋のあちこちに移動させて、写真を撮っている。絵が趣味だったらしく、鉢植えをスケッチしたノートも写真には収められていた。

手紙から伝わってくる老人たちの喜び、そして孤独――。かつては、華やかに世間の

檜舞台《ひのきぶたい》にいた銀座の男たちの、それぞれの老後である。

「親父《おやじ》が老いて、寝たきりになって、それでも挨拶《あいさつ》に訪れてくれたのは、おそめさんだけでした。元気な頃は休日にバーのマダムやホステスさんたちが遊びに来ることもありましたが。出歩くこともできなくなった親父を見舞ってくれたのは、おそめさんだけでしたよ」

朝日新聞記者・門田勲の息子である門田浩さんは、そう語る。

秀の手元に、病床の門田を見舞った際の写真が残されている。脳梗塞《のうこうそく》をわずらい言葉も出にくくなった門田が、枕元《まくらもと》に佇《たたず》む秀に向かって両手を差し出し、うっすらと涙を浮かべている。颯爽《さっそう》とした風貌《ふうぼう》、カミソリのように切れる、と評された大記者・門田勲の老いの姿。傍らの秀もすでに若くはない。

思えば、木屋町仏光寺で出会ったとき、秀は二十代、門田は四十代だった。光り輝くばかりのふたりは、ともに年を重ねた。写真は、若き日のふたりをとどめ、また、それぞれの老いを写している。

「あの御方が泣かはった……。うちがお見舞いに伺ったとき、うちの顔見て、あの気の強い御方が、あの門田さんみたいなお人が……」

べらんめえ口調でいつも秀をからかった。情があつく、誰よりも剛毅《ごうき》だった。門田勲は、昭和五十九年、鎌倉で八十二歳の生涯を閉じる。

秀の見舞いは通り一遍でなく、口も利《き》けず寝たきりとなった病人の傍らで半日も過ごしたという。汚れ物があれば洗面所で洗い、意識もない病人の足や手をさすった。

作家・里見弴の子息であり、松竹映画プロデューサーとして小津安二郎作品を担当した山内静夫さんはいう。

「おそめさんは、親父だけじゃなく、むしろお袋に、ずいぶん気を遣ってくれましたよ。まだ、銀座でお店をなさっている頃ですが、突然、テレビをお袋に贈ってくれたことがありました。その頃、親父が、家を不在がちで、その噂《うわさ》がおそめさんの耳に入ったらしい。『奥さんがかわいそうや、テレビがあったら、夜長に気持ちが紛れるんじゃないか』と言ってね。その頃、親父はもう銀座の『おそめ』には、それほど行ってなかったと思いますよ。それなのに、そんな得にならぬことをして。うちのお袋の心情に深く共感するところがあったのでしょうか。お店をやめてからもよく気を遣ってくれて。だから、おそめさんがうちに見舞いに来てくれたときなど、お袋は涙を浮かべて喜んで。あんな風につき合ってくれた人は、ほかにいませんでした」

入院した里見弴のもとにも秀は見舞っている。秀が訪れたとき、里見は寝ていた。起こさぬようにと、ベッドの周りのものを片付けようとすると、突然、里見が目を覚まし、激しい声で、

「誰だっ」

と、問うた。

「先生、うちどす。おそめどす」

途端に、里見の声が和らいだ。

「おそめ……、おそめなのか、そうか来てくれたのか」

そう言いながら、また、すうっと老人は穏やかな眠りについたという。

その里見は昭和五十八年、九十四歳で亡《な》くなっている。

段ボール箱の中には、川口松太郎から妻の死を伝える手紙もあった。「寂しさは、日一日と深くなります」とあり、続いて、一句、震える筆跡で書かれている。

あわれなり生死に迷う老いの冬
私が、この手紙を見つけて秀に見せると、彼女は小さく呟《つぶや》いた。

「先生、かわいそうに、ほんまに、淋《さび》しかったんやろう思います。本当に、おかわいそうや」

川口は昭和六十年、この世を去った。同年には白洲次郎も亡くなっている。

多くの手紙の中に、比較的最近に送られたものが混じっていた。差出人の住所は東京である。この人もかつて「おそめ」に遊んだ人だったのだろう。

中には写真が一枚入っていた。店で撮った秀のスナップである。一筆箋《いっぴつせん》には短い言葉が添えられていた。「写真を整理してきたら古いものが出てきましたので、お送りします」

追伸として、続く言葉があった。

「今日もあなたはきっと綺麗《きれい》でせう」

秀は俊藤と穏やかな晩年を送りながら、時おり、急に街の灯が懐《なつ》かしくなることがあった。晩年の俊藤は秀が外で飲み歩くことを好まなかったという。しかし、秀は、その目を盗むようにしてタクシーに乗り、ひとりでバーに遊びに行った。バーで飲んでいると、カウンターの中に入りたいという強い衝動にかられることがあった。あっちのお客さんが暇そうだ、こっちのお客さんのグラスが空いていると、気にかかる。

酒場で遊んでも満たされぬ思い。もう一度、店をやってみたい、と思う。店への郷愁が捨てきれなかった。だから、外で酒が飲みたくなる。懐かしい酒場の灯の下で。

すっかり酔って帰ってくると、俊藤が怒って、ドアに鍵《かぎ》をかけてしまうことがあった。秀は呼び鈴を何度も押しながら、大声を張り上げる。

「しゅんどうこうじは男じゃないか、しゅんどうこうじは……」

「人生劇場」の替え歌だった。ドアの向こう側で息を潜めて様子を窺《うかが》っていた俊藤が、苦笑してドアを開ける。

「まったく、しゃあないやっちゃ、そんなに酔って」

秀は、そのまま玄関に倒れこむ。その小さな身体を俊藤が抱きかかえて、寝室まで運んでくれた。秀は、そんなとき、「おそめ」のためにふたりで働き、酔った自分を俊藤がやさしく介抱してくれた日々を懐かしく思い出すのだった。

帰郷

銀座を去った秀は、すっかり家庭の女になっていた。任侠《にんきょう》映画の人気と需要は最盛期を過ぎていたとはいえ、それでも俊藤は東映の仕事を請け負う一方で、映像プロダクションを立ち上げ、映画からVシネマ、テレビ番組の制作と休むことなく仕事を続けていた。秀は、今まで以上に俊藤に尽くした。後ろ髪を引かれる思いで、俊藤を残して店に出て行かなくてよくなったことを、秀自身は幸せと感じていたであろうか。

穏やかな数年が過ぎた。娘の高子は二回目の結婚で男の子をもうけ、秀ははじめて孫を腕に抱くことになった。

昭和も末になると、日本はバブルと後に呼ばれることになる未曾有《みぞう》の好景気に沸き始め、土地がおそろしいほどの高値をつけた。そうこうするうちに、秀たちが住まいとしていた青山のマンションも地上げの対象になった。

次々と住人が高額の立退《たちの》き料と引き換えにマンションを去っていった。次第に人の暮らす家よりも空き部屋のほうが多くなった。秀はうろたえたが、俊藤は容易に立ち退きに応じようとしなかった。地上げ屋たちも俊藤が相手ではチンピラを雇って嫌がらせをするわけにもいかなかった。

だが、その間にも、どんどんと住人が減っていく。秀は、人のいなくなったマンションに怯《おび》え、これ以上、ここに暮らせないと俊藤に訴えた。早く手放して、どこかに移り住みたい、と。俊藤も、そろそろ立ち退き時だと、見極めていた。

そのとき、すでに秀の頭には、懐《なつ》かしい京都の風景があった。

「京都、京都へ……。うちはやっぱり京都で死にたい」

若い頃は、東京が恋しくてならなかった。東京に行きたい、東京が好きだといって京都から銀座へと乗り込んだ日々があった。願いがかなって京都と東京を半々に暮らし、「飛行機マダム」と呼ばれ、「おそめ会館」を手放してからは、ずっと東京に暮らしてきた秀である。

しかし、還暦も過ぎ静かな余生を望むようになると、やはり故郷が恋しくてならなかった。京都でひとり住まいする高齢の母・よしゑのことも気がかりだった。

俊藤も、元々が神戸の出である。映画の仕事も減った今、東京にこだわる必要は彼にもない。むしろ、京都の撮影所に近いほうが何かと便利でもある。俊藤も京都へ住まいを移すことに異論はなかった。

こうしてバブルの絶頂期、ふたりは青山のマンションを売り払った。ふたりが住居とした秀名義の部屋は、二十億円近い値をつけて俊藤を喜ばせた。

「秀、お前は、ほんまにわいの福の神や」

俊藤は興奮して声高に叫んだ。

買い替えという形で新居を求めた。つまりは、新しい家の名義も必然的に上羽秀となる。その昔、三浦義一の示した配慮は、見事に結実したのだった。

ふたりは京都で土地を探した。岡崎がいい、と言ったのは秀だった。京都に育った秀にとって、川のせせらぎと大文字の送り火の二つが故郷の象徴である。

ほどなく平安神宮の鳥居を右に曲がった疎水《そすい》沿いに、広々とした土地を手に入れることができた。後のことはすべて俊藤が行った。

「この家を担保にしたら銀行がなんぼでも金貸しよる。それで秀と、死ぬまで遊び暮らすんや」

俊藤はそう周囲に吹聴《ふいちょう》した。家が豪華であればあるほど金が借りやすい、それが俊藤の言い分だった。もとより金銭感覚の麻痺《まひ》したふたりは、湯水のように金を使って新居を建てた。家の中には秀の希望でホームバーと能舞台、それに茶室が作られた。エレベーターも入れた。作りつけの和箪笥《わだんす》は指物師に特注した。特に秀がこだわったのが、二階にしつらえた能舞台である。橋掛かりがないだけで、能楽堂と寸分違《たが》わず、舞台袖《ぶたいそで》には「鏡の間」も、「装束の間」も作られた。舞台の中央、床下には壺《つぼ》も置かれた本格的な舞台。この普請《ふしん》だけでも億単位の金がつぎ込まれることになった。地下一階から地上四階まで、贅《ぜい》を尽くしぬいた屋敷ができた。

家の工事が終わる頃、庭師が飛び切りの逸品だといって苗木を運んできた。枝垂《しだ》れ桜だった。平安神宮に植わるのと同じ、紅枝垂《べにしだ》れの桜だった。

上羽秀の帰郷は、京都の住人たちの間で大きな話題となっていた。あの秀が、あの、おそめが帰ってくる。しかも、尾羽打ち枯らしての帰還ではない。岡崎の一等地に人が振り向く大豪邸を建てての帰郷だった。『夜の蝶《ちょう》』のモデルとして一世を風靡《ふうび》したものの、「おそめ会館」の失敗や、東京の店を閉めて、鳴りを潜めていた上羽秀の、それは鮮やかな凱旋《がいせん》であった。

平成元年、岡崎の屋敷はついに完成した。

クリーム色のタイルで覆《おお》われ、青銅の屋根をいただき、庭には枝垂れ桜が揺れる家。

屋敷の披露日には連日、大勢の人たちが招かれた。

祇園からも先斗町《ぽんとちょう》からも上七軒からも知り合いの芸妓たちが日ごとに招待され、一流の料亭から料理を取り寄せての饗宴《きょうえん》が延々と続いた。廓《くるわ》の住人だけでなく、親しい京都の商家の旦那衆《だんなしゅう》や、その夫人も招かれた。呼ばれた人たちは、誰もがタクシーから降り立ち、屋敷を見上げて、その豪壮さに息を呑《の》んだ。

冠木門《かぶきもん》の門柱には、表札が二枚並んだ。一枚が「俊藤浩滋」、もう一枚が「上羽」である。俊藤との複雑な内縁関係は、すでに人に知られたことであった。ふたりが籍の入った夫婦ではなく、女優となった純子をはじめとして俊藤とほかの女性の間に、多くの子どもがあることも。しかし、東映の大プロデューサーとなった俊藤は、その後も秀と別れることもなく今日にいたるまで実質的な夫婦として、ふたりはともに暮らし続けた。それを高らかに告げるかのように、並べられた表札だった。

舞台があり、バーがあり、俊藤と自分の表札が掲げられた豪壮な屋敷。岡崎に新築した家は秀のこれまでの生の軌跡を現していた。

「『夜の蝶』のモデル」、「空飛ぶマダム」と言われた頃が秀の女としての全盛の極みであったならば、岡崎に家を建てた頃もまた、人生の晩年に迎えた秀の二度目の全盛であったに違いない。人々が振り仰ぐ岡崎の家は秀が手に入れた幸福の象徴であり、それは俊藤と暮らす終《つい》の住処《すみか》でなければならなかった。

母・よしゑの死

秀が帰郷を決意した理由のひとつに高齢となった母・よしゑの存在があったことは先にも述べた。気丈な母・よしゑは、八十を超えても住み込みの手伝いをひとり置いて京都の黒谷に自活していたが、体調を崩して入退院を繰り返しがちになっていた。

秀はめっきり老いの兆《きざ》しが深まった母を、新居に同居させたいと考えていた。広い家であれば、折り合いの悪い俊藤と母が一緒に住んでも、そう気まずい思いはしないで済むはずである。実際、俊藤からも母の同居には同意を得ていた。

しかし、母・よしゑは、秀の帰郷を喜びながらも岡崎の家の完成を待つことができなかった。

亡《な》くなる間際《まぎわ》まで、よしゑは病室で、ひたすら秀の行く末ばかりを案じ続けたという。病に倒れ、入院したよしゑのもとを、姉と交互に掬子はたびたび見舞った。そのたびに母は、すがるような目を向けて掬子に訴えた。

「あんた、頼むえ、うちがいなくなったら秀のこと……、おそめのこと頼むえ」

いつも姉の秀ばかりを可愛がってきた母である。掬子は、少しつむじを曲げて母に言い返してやった。

「あのね、お母ちゃん。お母ちゃん心配しないでいいの。姉さんにはね、俊藤さんっていう、ちゃーんと、面倒見てくれはる立派なお人がおるの。せやから、お母ちゃん心配することおへんの」

途端に、よしゑの目がつり上がる。

「俊藤やて、あんな、あん男を信用したらあかん、わかってるやろ。あの男は、あん男は、今に秀を捨てよる。秀はなんもかも取られてしもうて、捨てられよる、そしたら、秀は乞食《こじき》になってしまうんや」

また始まった、とばかりに聞き流そうとする掬子の腕を摑《つか》んで、よしゑはなおも続けた。

「ええか、家や。あれが秀のもんでのうなったら……。あの家、あん家を俊藤に取られんように、秀から家がなくなりよったら、俊藤に捨てられよる、そしたら、秀は乞食や、乞食になりよる。あんた守ったってや、秀のこと、おそめのこと守ったってや……」

「考えすぎやで、お母ちゃん。捨てられよるって、お母ちゃん前々から言うてはったけど姉ちゃん『おそめ』やめてからかて今まで別れんと一緒にいはるやないか。お義兄《にい》さんに養うてもろうてはるやないか」

よしゑはそれでも強く頭を振った。

「あかん。俊藤に気許したら……絶対にあかん。約束してや、おかあちゃんの最後の頼みや、秀のことを。秀が乞食になってしまわんように」

病状が進み、意識が混濁するようになると、よしゑは錯乱状態の中で、うわ言を繰り返した。

「大変や、もうすぐ汽車がつきよる。秀が……おそめが帰ってきよる。迎えにいってやらな。ご飯作ってやらな、大変や、秀が帰ってきよる……」

時には、「おそめっ、おそめー」と、絶叫することもあった。

そんなある日のこと、めずらしく意識のはっきりとしたよしゑが、枕元《まくらもと》の掬子に秘密を打ち明けるように囁《ささや》いた。

「あのな、うち、決めたんや」

掬子は母に尋ねた。

「決めたて、お母ちゃん、何のことや」

よしゑは、穏やかな笑みを浮かべて掬子を見た。

「決めたんや、あんなあ、うち死んだら、まっさきに秀のこと、おそめのこと迎えに行くし……」

掬子は思わず、母の言葉を遮った。

「お母ちゃん、何いうてるのっ。あかん。そんなことしたらあかんっ。姉ちゃんは姉ちゃんで生きる権利あるの。お母ちゃんっ、あかんえ」

それでも、静かな声で繰り返した。

「迎えに来る、心配や……あん子残して、うちは……うちは……死なれへんもの」

死の間際まで、愛娘《まなむすめ》のことだけを思い続けた母だった。娘を愛し、それがゆえに強く俊藤を憎み続けた。昭和六十二年、よしゑは、こうして八十五年の生涯を閉じた。

よしゑは老いてからも、経済の自立を徹底して貫いた人であった。養女として育てられ、嫁《か》した先で、さんざんに苦労を味わったよしゑは、離婚してから後、自分で自分を養うことを目標にして生きてきた。人間が惨《みじ》めな思いをしないで生きるためには金が必要なのだ。そう思い定めたよしゑは、生涯において自分で稼ぎ、自分を養った。ふたりの娘はともに水商売の世界で名を成したが、その娘たちにも、よしゑは一度として金の負担をかけたことがなかったという。

晩年も、よしゑは思い切ったことをしている。銀閣寺のそばで、休憩客相手の旅館を経営したのだ。狭い京都の街で母がそんな商売を始めたとあって、「そんないやらしい商売しはって。なんで、そこまでしてお金もうけなあきまへんの」と秀はめずらしく母に食ってかかり、しばらく母と疎遠《そえん》になったという。

しかし、そう非難しながらも秀は、しばらくすると母が商売で貯《た》めた金を気軽に借りた。

よしゑはそんなとき、しっかりと利子を請求した。

「親子なのに、利子まで取らはって、お母ちゃんはほんまに、えげつない」

秀は掬子に、よくそう愚痴をこぼした。

しかし、よしゑが亡くなり、残された通帳を見て掬子はその真意を知った。

「お母ちゃん、ようもこれだけ残さはって」

よしゑは、その利子をも含めてすべて秀のために残したのだった。秀が路頭に迷わぬようにという一心から。死ぬまでそれを黙っていたのは、秀があてにして浪費に拍車がかからぬようにと考えたからだろう。いくら貯金や蓄財の大切さを説いても実行できない秀に代わって、よしゑは非難されても娘から利子を取り、財産を作って逝《い》ったのである。

「おそめの、あの金銭感覚はもうなおらへん。あんたや私と違うて、苦労知らずや。あればあるだけ使ってしまうんやさかい……。あんた、よう気をつけててや」

病床でつぶやき続けた母の声が、通帳を見る掬子の耳元に蘇《よみがえ》った。

「お母ちゃんは、ほんまにお姉ちゃんのことが心配だったんやな」

掬子は思わず涙を落としながら、ハッとした。この深い思い、母は姉を本当に道連れにするのではないだろうか。

不安な思いをかき消すことができず、掬子はよしゑが亡くなってからしばらく岡崎の秀のもとへ、まめに顔を出した。変わらぬ姉の姿を見て、そのつど安堵《あんど》した。

だが、ひとつだけ不思議なことがあった。

四十九日も迫ったある日、掬子は岡崎の家の応接間で、秀夫婦の会話を何気なく耳にした。

「たまらんわ。お前、昨日もやで」

俊藤が秀を前に顔をしかめていた。俊藤が言うには、ここのところ連日、夜中に秀が暴れるのだという。手を振り回して暴れ、その手が隣で寝ている俊藤の顔に当たるらしい。

「『引っ張らんといて』いうて叫びながら、暴れよる。お前、なんぞ、誰かに袖《そで》を引っ張られる夢でも見てるんか」

秀は黙って頭を振った。何も覚えていないという。

「とにかく、これじゃ身体《からだ》がもたへん。今日からしばらく、隣の部屋で寝ることにするさかい」

そう言って応接間を出て行く俊藤の後を追いすがるようにして、秀も出て行った。

誰もいなくなった応接間にひとり残された掬子の頭に咄嗟《とっさ》によしゑの言葉が蘇った。

「迎えにくる、秀を、うちが……」

病室での母の言葉、よしゑが秀を連れて行こうと、夜な夜な、その袖を引っ張るのであろうか。

そんな騒ぎも、四十九日が過ぎると自然と消えた。わずかな期間、夫婦の寝室を引き離したことで、よしゑの気持ちは治まったのであろうか。そう考えると掬子は、胸を撫《な》で下ろすと同時に、思わず苦笑するのだった。

はじめての結婚

よしゑに続き、明くる昭和六十三年には俊藤の実母が、この世を去った。九十八歳の大往生だった。俊藤と秀の関係が長く続いた原因のひとつには、この母が秀のことをほかの嫁のだれよりも、いたく好いたからだという。

「お前のお陰で、ほんまの親孝行いうもんができた」

実母を送ったとき俊藤に言われた礼の言葉を、秀は今でも、懐《なつ》かしく噛《か》み締めている。

ともに老母を見送り、岡崎での日々は穏やかに過ぎていった。俊藤は七十代に入っても映画プロデューサーとして現役であろうとし、平成に入ってからも十一年間で六本の映画を世に送り出している。

とはいえ、昔に比べればずっと俊藤が家にいる時間は長くなった。秀は相変わらず台所に立ち、俊藤の食事を用意することに忙殺された。毎日、新鮮な旬のものを仕入れた。俊藤の世話を焼くことがまた、秀にとっては喜びだった。三時間、四時間かけて作った料理でも酒を飲まない俊藤はあっという間に平らげてしまう。ふたりがともに向き合って食事をすることはまずなかった。俊藤が食事をする間、秀はひたすら給仕をする。俊藤が食べ終わってから、ひっそり、お手伝いさんとふたりで食事をする。それが昔気質《むかしかたぎ》な秀の流儀だった。

夕食が済むと、俊藤は自分の部屋へ引き上げる。そこで本を読み、テレビを見て過ごす。秀も、その部屋へ少し遅れて果物と菓子の盆を届けに行く。

熱中してテレビの画面を見入る俊藤の傍らに皿を置くと、入り口近くの椅子《いす》に秀は盆を抱えて腰掛ける。テレビを見るわけではない。テレビに食い入る、俊藤の後ろ姿をじっと見つめているのである。秀がまだ部屋にいることに俊藤が気づき、

「なんや、お前まだそんなとこにおったんか。うっとうしいやっちゃな」

と追い払われるまで、じっと息を潜めて過ごした。それは振幅の多い人生を歩んだふたりに訪れた、穏やかな晩年のひとときであった。

秀は長い人生のなかで多くの人と縁を持った。好意を寄せられた人も少なくはなかった。しかし、常に俊藤ひとりを選んできた。店よりも、芸事よりも、ほかの多くの男たち、女たちとの関係よりも、母よりも妹よりも、また娘よりも、いつも俊藤だけを選び取ってきた。逆に言えば、俊藤のことだけは手放せなかった、ということになる。

「あれだけひとりの男に惚《ほ》れきれるなんて幸せな人だと思う」

秀と俊藤の関係をよく知る女性たちは、決まってそう語る。

岡崎の豪邸には、今までになく俊藤の子どもたちがさかんに出入りするようになった。

純子も夫が南座に出る間、一ヶ月近く岡崎の家に滞在することがあった。歌舞伎役者の夫も、大勢の仲間を引き連れて立ち寄り、秀はそのたびに、皆をもてなした。

そんな日々のなかで、ふたりの間に一度だけ大きな波風が立った。

俊藤が突然、「結婚してくれ」と言い出したのである。

入籍、と切り出されたとき、秀はぼんやりと俊藤の顔を眺めた。

「籍って、なんのお」

「決まってるやないか。ワシとお前の籍や。結婚して籍を入れよう言うてるんや。俊藤秀になってくれ、そう言うてるんやないか」

秀は押し黙った。

「なんや、嬉《うれ》しいないんか」

俊藤の言葉に、秀がゆっくりと口を開いた。

「籍いうもん入れると、なんぞかわるんどすか。うちは今まででかましまへんのやけど」

秀には籍に対する思い入れが、特別になかった。一緒に暮らすか暮らさないか、それだけがすべてだった。今までも秀と俊藤は事実婚であって、戸籍上は百合子夫人が俊藤の妻であり続けたのである。秀が籍にこだわる女であれば、とっくに俊藤の前から去っているか、もしくは徹底して百合子夫人と争ったことだろう。秀は驚くほど世間の常識に無知なところがある。おそらくは「籍」というものの概念も、よくは把握していなかったのではないか。だからこそ秀は一貫して籍を求めたことはなく、俊藤もまた一度として百合子夫人と離婚するとは言わなかった。しかし、その百合子夫人と俊藤は、秀が青山のマンションを売り払い、京都に移り住む直前に離婚をしていた。

一度切り出されてからというもの、毎朝、俊藤との会話は籍のことで始まるようになった。

「どうして入ってくれへんのや」

「どうして入らなあかんのですか」

「一度でいいから俊藤秀になってほしいんや。俺の正式な女房になってほしいんや。それだけのことやないか」

「うちは今のまんまでかまいまへんのやけど」

毎日、同じことの繰り返しだった。自分が俊藤の姓を名乗っては、母・よしゑの墓を守る人間がいなくなってしまう。秀は、そう俊藤に訴えた。しかし、俊藤は納得しなかった。

秀は困り果てて掬子に電話をよこした。

「お父さんが、この頃、毎日、籍に入ってくれ言いますのや」

秀の一声を聞いた途端に、掬子の頭の中は白くなった。

「今さら籍に入ってくれやてっ、そないに義兄《にい》さん、言うてはりますの」

　掬子の耳に、にわかに、よしゑの言葉が蘇《よみがえ》ってきた。みんな、あん男のせいや。あの男に仏光寺も御池の土地も取られよった。あんた、守ってや、秀のこと守ってや……最後まで呪詛《じゅそ》のように繰り返した母の声、掬子は思わず大きな声で叫んでいた。

「あかんわ、お姉さん、うかつに籍に入ってしもうたら、ええか、今からうちが行くさかいに」

　岡崎に豪勢な家を建ててから程なく、バブルと言われた時代が去った。もはや家を担保にすれば死ぬまで遊び暮らせるという俊藤の目論見《もくろみ》は外れていた。

　ふたりに残った財産は、現在の住まいである岡崎の豪邸と、青山のマンションを売った際、手元に残った金がすべてだった。しかし、金使いの荒さから手元の金はみるみる減っていく。

　岡崎の家の名義は、上羽秀である。もし、秀に先立たれれば、籍の入っていない俊藤はどうなるのか。その頃、秀は医者に厳しく注意されるほど血圧が高かった。

「一度でいいから、正式な妻にしてやりたいんや。ワシの女房に、俊藤秀になってほしいんや」

　事情を聞いて駆けつけた掬子にも俊藤は同じことを繰り返した。しかし、掬子に義兄の言葉はむなしく響いた。

「おとうさん、毎日毎日、言わはって。なんでや、って。最近は、それで機嫌が悪うなってしまわはるんや」

秀は俊藤が去った台所で、掬子にそう呟《つぶや》いた。

数日後の早朝、掬子の家に一本の電話がかかった。俊藤からだった。

「秀がな、たった今、ワシと結婚するいうてくれたんや、だからな、あんた今すぐ来て保証人になってくれ。今すぐやでっ。頼むわ」

掬子は胸中にわだかまる思いを抱えたままに受話器を置くと、仏壇に向かって手を合わせた。何もできなかったという思いが胸のうちを去来する。

岡崎の家の応接間で前から用意されていたらしい婚姻届に、俊藤と秀がそれぞれ名前を書き込んだ。平成六年新郎七十七歳、新婦七十一歳の結婚である。すでにひとつの保証人の欄には俊藤側の親族が署名していた。ふたりに続いて掬子が保証人の署名を終えると、俊藤は婚姻届を引っつかんだ。

「そしたら今からすぐ、ワシ、これ出してくるからな。みんな待っといてくれ。今から役所行って、すぐに戻ってくるさかい」

何も今すぐでなくとも、と、掬子は止めたが、「善は急げや」と俊藤は自ら自動車を運転して出ていき約束どおり一時間もせぬうちに帰ってきた。

「祝杯や。みんなで、乾杯しよや。今日はわいらの結婚式や」

俊藤は、めずらしく興奮した様子で叫んだ。まだ、昼食にも早かったが、ビールの栓を抜き自ら酌をして回った。最後に自分のコップにも注ごうとする。

「えっ義兄さん、飲まはるの」

思わず掬子は、俊藤の顔を見た。下戸で一滴も飲めない義兄である。

「今日は、飲む。飲んでみるんや。新郎やで、三々九度いうもんあるやろ」

俊藤は、うちはしゃいだ。

「役所でえらいひやかされたんや」

俊藤はほんの一口つけたビールに酔ったのか、ひとりでしゃべり続けた。

「ワシ、こんなに嬉しいことないで。今まで生きてて今日は最良の日や。ほんまや秀」

顔はすっかり赤くなり、目元にはうっすらと光るものがあった。

「ありがとう秀、おおきに、ありがとう」

そう繰り返す俊藤の傍らで、ただ秀はいつもと同じように静かに佇《たたず》んでいた。その様子を目の当《ま》たりにして、掬子の心は再び揺れた。数十年に及ぶつき合いのなかで、こんなに無邪気に喜ぶ俊藤を見るのははじめてのことだったからだ。

「うちは義兄さんのことを悪う思いすぎてたんやろうか」

一瞬、よしゑのことを思い出したが、目の前にいる俊藤の姿がそれを遠ざけた。

「今でも思い出します。あんなに嬉しそうな義兄さんを見たのは私、はじめてでした。お酒に口つけて、あんな嬉しそうな、あんなはしゃいだ義兄さん、はじめて見ました」

だが、掬子さんは、そう語った後に続けた。

「せやけど、うちはこの話は高ちゃんも知ってるものだとばっかり思ってたんです。まさか高ちゃんに何にも相談せんと決めてるとは思わなかった」

俊藤も秀も高子には、ひたすらに婚姻の事実を隠し通した。話せば必ず反対されるとわかっていたからだろう。高子が母の入籍を知るのは、ふたりが婚姻してから数年後のことになる。たまたま、秀に付き添って病院に行った際、秀が保険証をなかなか見せようとしないので気づかされた。

「結婚……。どうして今頃。知らなかったのは子どもたちの中で私だけなの？」

最後まで家族の糸は、複雑にもつれ続ける。

俊藤浩滋の死

俊藤は平成五年以降、映画の製作からしばし遠ざかっていた。撮りたい映画はいくつもあった。しかし、俊藤の理想とする古典的な任俠《にんきょう》映画は、もはや時代遅れという理由で企画が通らなくなっていた。その一方で「極道の女たち」といったような、おおよそ現実にはありえない新しいタイプの任俠ものが世間では持て囃《はや》されていた。

「極道の女たち」が公開された直後、俊藤のところには、親しいその筋の関係者から「あんまりおれたちの世界をからかわんといてくれ」と苦情の電話があったという。時代は移り変わろうとしていた。だからこそ、俊藤は戦前に自分が実際に垣間見《かいまみ》た博徒《ばくと》社会の掟《おきて》や風俗、そこに生きる男たちの姿を、なんとかフィルムに残しておきたいという欲求に、強くかられた。

そんな俊藤に、久しぶりのチャンスがめぐってきた。俊藤は本格的な任侠映画の製作に取り組めることになった。関本郁夫監督、出演者は高嶋政宏、中井貴一、松方弘樹、高橋かおり、天海祐希、ビートたけし、加藤雅也ら。映画のタイトルは「残俠」。すでに八十一歳であったにもかかわらず、俊藤は連日、撮影現場に顔を出し、映画は完成した。

公開は平成十一年の二月。それに先立ち、映画の宣伝を兼ねて「俊藤浩滋を励ます会」が東京千代田区のパレスホテルにて行われた。今まで、自分自身が華やかな場に出ることは避けてきた俊藤である。だが、このときは映画公開の前宣伝を兼ねる気持ちから引き受けた。会場には数え切れぬほどのスターがつめかけ、俊藤の自伝も、この時期に合わせて出版された。「励ます会」の当日、促されて俊藤が壇上に登り、その傍らに秀も立った。皆がふたりに拍手を送った。それは俊藤に対するものであると同時に、俊藤を支え尽くし続けた賢夫人に対して送られるものであった。

大プロデューサーになった夫、その妻。今では、彼女こそが夫を支え、夫を映画の世界に送り出したのだということを知る人も少なかった。かつて嬌名《きょうめい》を謳《うた》われ、「夜の蝶《ちょう》」という言葉まで生み出した「おそめ」という女はもはや存在しなかった。今、生きているのは俊藤秀、日本映画界の大物プロデューサーに長年連れ添った糟糠《そうこう》の妻だった。

「残侠」を手がけて一定の成果を得たことにより、俊藤は再び駆られたように映画の製作に取り組むようになった。翌々年の平成十三年には、リメーク版の「修羅の群れ」に着手、だが、その最中、俊藤は体調を崩す。

検査の結果、胃癌《がん》が発見された。手術をするべきか否《いな》か、俊藤の決断は早かった。すでに頭には次作品の企画があった。まだ死ぬわけにはいかない。撮りたい映画があった。手術さえ受けて、癌細胞を綺麗《きれい》に除去してしまえば寿命はずっと伸びるに違いない。そう信じての決断だった。簡単な手術だと説明を受けてもいた。

手術を控えた俊藤は、京都で入院した。入院中、その付き添いを務めたのは二度目の結婚に破れて岡崎の家にふたりの子どもとともに戻り、両親と同居していた高子だった。

秋の日射《ひざ》しが柔らかく入り込む病室で、日中、秀が顔を出すまでの時間を俊藤と高子はふたりきりで過ごした。親子でありながら、こんな水入らずの時間を持つのは、はじめてのことだった。

「私は父がずっと嫌いだったから」

高子はそう振り返る。

母親違いの兄弟たちが入り乱れるなかに、高子は育った。母が「空飛ぶマダム」と言われるようになってからは、両親ともに留守がちで祖母の手元で育てられた。祖母のしゑからは、俊藤への恨み言を絶え間なく聞かされ、成長するに従って娘らしい潔癖感が芽生えると、父への反感は一層、強くなった。俊藤もそれを察知したのか、祖母の傍らに育った、この娘を敬遠した。

俊藤に高子とほぼ同年の娘がもうひとりいたことも、ふたりの親子関係に微妙な影を落とした。義姉が女優としてデビューし、父の関心と愛情をすべて独り占めするようになると、俊藤と高子の関係はますます冷えていった。

結婚し、子どもを出産して、年を重ねて五十を過ぎても、父に対する高子の思いに大きな変化はなかったという。祖母から聞かされ続けた父への呪詛《じゅそ》のような言葉が折に触れて思い出された。父は油断のならぬ人、という思いが消えぬのは上羽の血が流れる証《あかし》のようなものだった。

離婚して岡崎の家に子どもをふたり連れて帰ってきてからも、高子と俊藤の間はどこかよそよそしかった。ところが、それに反してふたりの息子は、祖父を深く敬愛した。ものの考え方が柔軟で、幅広い知識を持ち、頭が切れるようにするどく、しかも人への思いやりが深い。「おじいちゃんってすごい人だね」、興奮して母に告げる息子たちの言葉を高子は複雑な思いで聞き流した。

そんな高子と俊藤の関係を、俊藤の病は一変させた。病室でふたりだけの時間を過ごし、身体《からだ》の自由が利《き》かなくなった父と向き合うようになって、高子は自然と優しい感情が湧《わ》き出るのを感じた。俊藤も静かに高子の思いを受け入れた。ずっと前から、こうしたかったような気がした。

「お互いに病気を眼前にして素直になれたのだと思うんです。父が病気になってくれたから、てらいなく、やさしく接することができた」

そう高子は振り返る。

俊藤は病室に早くから遅くまで付き添う高子に、よく話しかけた。穏やかな口調で、ときには甘えるように高子に用事を頼んだ。優しく身体をさすられて「ありがとうな」と、つぶやいた。

今でも思い出すのは、午後の陽だまりのなかでの俊藤の問いかけである。

「なあ、ママのこと、お前、どない思う……」

「どないって」

高子がベッドに近づくと、俊藤は天井を見つめたまま続けた。

「ママはあんな奴《やつ》やろ。浮き世離れした、世間のこと知らん、疑いもせんで人についてくる、そんな女や。せやしママには今までどおり、そのまんまで暮らさしてやりたいんや。のんきに好きなことだけ見てられるように。そのためにはワシが、頑張らな、もっと稼いでやらな。金の心配させんように。あいつに、死ぬまでのんきに暮らさせてやるように。だから、ワシは、ワシは、まだ死ぬわけにいかんのや……」

穏やかな時間の中で聞いた父の言葉が今も耳にこだまする。

「あの病院で過ごした一ヶ月間だけです。私と父が本当に親子だったのは。あの一ヶ月間がなかったら私と父は親子になれないままだったと思う」

優しい言葉をかけ、いたわりあう。今さらと思えることが病という媒介によって、照れくささささえも押し流してくれるのが有難かった。もしかしたら、私は長い間、父という人を誤解していたのではないか。しかし、高子がそう思った矢先、突如として短い親子の時間は終わる。

九月二十一日に受けた胃癌の手術は成功し、術後の経過は良好だった。にもかかわらず、俊藤の容態が急変したのである。

「これで寿命が九十歳まで延びたんや」。俊藤が喜んで見舞い客にそう語った直後だった。俊藤は突然、嘔吐《おうと》し意識を失った。

高子は、慌《あわ》てて病院から秀に連絡を入れた。「早く、おかあちゃん早く来てや、お父さんが大変なんやっ」。電話口で叫んだ。しかし、秀は高子の声に驚きもしなかった。事情が飲み込めないのである。手術は成功したと聞かされて安堵《あんど》したばかりのことだ。

「大変」と言われる理由が秀にはわからなかった。あれこれと俊藤の喜びそうなものを用意して、病室に向かおうとしている母に高子は苛立《いらだ》ち、「とにかく早く」と叫んで電話を切った。

秀は間もなく病室にやってきた。だが、そのとき、すでに俊藤は意識がなかった。ベッドの傍らから人工呼吸器を取り付けられた俊藤の顔を覗《のぞ》き込んで、秀は不思議そうに問いかけた。

「おとうさん、どないしはったの」

返事をしない、目も開けない俊藤を見て、秀はきょとんとしていた。

俊藤の意識は十月に入っても戻らなかった。容体はいよいよ悪化し、親族が病室に集められた。

皆が見守る中、夜が更《ふ》けていった。

時計の針が零時を回り、日付が変わった。俊藤は朝の光を浴びることなく逝《い》った。平成十三年十月十二日午前零時二十五分。俊藤浩滋、八十四年の生涯だった。

秀は病室で息を引き取る夫の姿を見ても、皆がすすり泣くなかで、ひとり表情を失い能面のような端正な顔を見せていた。涙は一粒も流さなかった。まるで死、というものが理解できない少女のように、見ようによっては落ち着いていた。

皆が慌ただしく往《ゆ》き来《き》するなかで秀は俊藤の枕元《まくらもと》に腰掛けて動かなかった。夫の顔をつくづくと見つめた。やがて、小さな歌声が病室に響いた。

「しゅんどうこうじは男じゃないか……、しゅんどうこうじは男じゃないか……」

消え入りそうな低い声で、秀は何度も何度も同じ節を歌い続けた。俊藤浩滋は男じゃないか、俊藤浩滋は男じゃないか……。

まるで読経《どきよう》のような秀の声は、病室に響き人々の嗚咽《おえつ》を誘った。秀はそんな周囲を一切見ることなく、俊藤の顔だけを見つめながら、涙ひとつこぼさずに歌い続けた。

歌声は朝日が昇るまで続いた。


俊藤の死はスポーツ新聞から一般紙にいたるまで大きく報じられた。大物プロデューサー、任侠映画の生みの親、女優・純子の父の死として。執り行われた葬式には、大勢の芸能人たちが弔問に訪れ、テレビで放映されもした。

葬儀委員長は東映の盟友・岡田茂会長が務めた。死亡記事の黒枠の中には、喪主として秀の名が「俊藤秀」と書かれて並んだ。式場では芸能記者に囲まれて「五十七年間連れ添えて幸せでした」と、ただ一言だけ語った。秀は俊藤の亡骸《なきがら》を葬儀場に置き去りにするのは嫌だといい、通夜の夜、岡崎の家へ棺《ひつぎ》を運んだ。翌日、葬儀が終わると、今度は「家よりも長い時間を過ごした撮影所を見せてあげたい」という純子の提案により、霊柩車《れいきゆうしや》は東映太秦《うずまさ》撮影所を一周して火葬場に向かった。撮影所では、大道具にいたるまでの人が整列して、霊柩車に向かい頭を下げた。

俊藤の葬儀のために、続々と喪服に身を包んだ者たちが京都駅に降り立った。芸能人も数多く詰めかけた。何百人という参列者がいた。だが、親族席にいた高子はふいに一般席に並んで腰かけるふたりの男客の姿に目を吸い寄せられ、思わず隣にいた義兄に小さな声で尋ねた。

「義兄《にい》さん、あの、あそこの席にいてはる人やけど」

義兄は驚いて高子を振り返った。

「お前……、やっぱり、わかるか」

高子は静かに続けた。予期していたことでもあった。

「義兄さん、知ってはったの」

「ああ」

一般者の席に列している姿が、痛ましかった。高子は、義兄に呟《つぶや》いた。

「それなら四十九日には、声をかけてあげてください」

四十九日は、何百人という参列者を迎えた葬式と違って、親族だけでひっそりと執り行われた。

葬儀の式で出会った男性客ふたりも、その席にいた。

秀には、誰も当日まで、その事実を知らせていなかった。

「あの方たち、どちらはん……」

身内ばかりが集まる席に、見知らぬ顔を見つけて秀が小さな声で高子に問うた。高子は一瞬、口ごもったが、わざと、あっさりした口調で返した。

「誰って、顔みたらわからんか、お母ちゃん」

秀はしばらく押し黙っていた。だが、やがて、ゆっくりとその口が動いた。

「ほんまに、ほんまやなあ……」

目を細めるようにして、言葉が続いた。

「ほんまに……。おとうさんに、よう似てはる……」

秀は俊藤との縁を言うとき、さだめ、という言葉を好んで使う。

ダンスホールで「踊っていただけませんか」と俊藤に声をかけられた、その出会いも、さだめ、なら、俊藤が旅立った後に、こうして義理の子どもたちに出会ったこともまた、さだめである、と言いたいのだろうか。

「女の人もいっぱい……。子どももいっぱい……せやけど、しゃあない、さだめです」

と秀はいつでも繰り返す。

だが、ときに大きな秘密を打ち明けるように、こう続けることもあった。

「でもね、高ちゃんが皆の中で一番下……」と。

私は、秀には子どもを産む機会が何度もあったのではないかと想像している。しかし、それをそのつど自らの意思で叶《かな》えずにきたのではなかったか。

高子を産んでから後、「おそめ」のマダムになった秀には、母になるという選択はもはや許されてはいなかったはずだ。ひたすら女として俊藤と向き合うことを秀自身が強く望んだ面もあっただろうが、何よりもバーのマダムという務めがそれを許さなかったのではないか。秀に出産の機会は与えられず、そうして得た金銭は俊藤がほかの女性との間にもうけた子どもたちを養うことに少なからず割かれてきた。

それも秀の口を借りれば、「さだめ」ということになるのだろうか。

上羽家の墓

秀は俊藤が亡《な》くなってから、台所に立たなくなった。好きなときに寝て、高子の用意した食事に手をつけると、一日、ただ、ぼんやりと過ごすようになった。気晴らしにと外に連れ出されても、あまり気が晴れた様子も見せない。

ただ唯一《ゆいいつ》、手放さぬ習慣は、毎朝の身だしなみにかける時間と酒だった。毎日、時間をかけて、顔を洗い、柘植《つげ》の櫛《くし》で丁寧にくしけずり、髪を結いあげる。三十代の頃から、もう、ずっと同じ髪型を守っている。酒の銘柄も、その頃から変わらずオールド・パーを愛飲している。

濃い水割りが秀は何よりも好きだ。お酒だけが秀の唯一の趣味だと言っていい。一緒にグラスを交わした人の多くがすでに鬼籍に入ってしまった。秀は水割りを飲みながらぼんやりと思う。あの人がいた、この人がいた、と。ときおり、夢うつつに懐《なつ》かしい人の面影が目の前に現れることもあった。

特に夜中、ひとりで酒を飲んでいると、いろいろな人の顔が見えてくる。秀は張り切って水割りを作りサービスし、しばらく会話する。俊藤が現れることもあった。だが、しばらくして見回せば、皆の姿は消え、自分ひとりが残されている。

翌日、テーブルの上にたくさん並んだグラスを見て、高子は驚く。秀を問い詰めると、

「大勢お客さんがお見えやして、出してあげたんや、せやけど、皆さん急にいなくならはった」と秀は言う。血圧の薬と、お酒を併用することで生じる幻覚だろうと、医者は高子に告げた。

高子は俊藤の死後、家の一階を改装して喫茶店にした。収入を得るための選択であり、母と息子ふたりを抱えて、新しい生活を切り開かなくてはという思いからだった。思いがけず秀はこれをとても喜んだ。どうせなら喫茶店ではなくバーにしたらどうかとも言

った。なつかしい「おそめ」の記憶があった。しかし、閑静な住宅街で昼に観光客が通るばかりの岡崎では、バーは難しく、結局、喫茶店「かふぇ　うえば」を開いたのだった。

喫茶店は、繁盛《はんじょう》した。けれども、高子は間もなく、莫大《ばくだい》な固定資産税と維持費を、どうあがいても捻出《ねんしゅつ》できないことを知る。岡崎の豪邸は、電気代だけで月に数十万とかかる家だった。

「お父さんは、いったい、どうやってこの家の経費を捻出していたのかしら」

ふいに病室での会話が思い出された。

「ママはああいう人やからな。あんじょう、具合よく、楽しく過ごさせてやりたいんや」

高子は浮き世離れした秀に、俗世の苦労はかけまいとした父の苦労をはじめて肌身に知ったように思った。俊藤に代わって秀を支える立場になり、父への認識は変わっていった。父は父なりに、なんとか秀に金の苦労をかけまいと、常に頭を絞っていたのではなかったろうか。今、父と話したかった。

万策つきて高子が岡崎の家を手放すことを決意したのは、一周忌が済んでからのことだった。秀には、いくら状況を説明しても真意が伝わらなかった。ただ、晩年を俊藤とともに暮らした、この家を出ることへの強い反発がすべてだった。家を手放さなくてはならないという現実が、秀の精神と肉体に与えた打撃は大きかった。

やがて重なる説得に、ようやく秀は首を縦にふった。しかし、ひとつだけ、どうしても頼みたいことがあるという。

「どうか、お舞台と桜と、この二つだけ壊さんと大事にしてくれはる人にお譲りしてほしい」

更地にしてマンションにしたい、という買い手はあった。しかし、秀はそれだけは嫌だという。この舞台と桜の命だけは、なんとか守ってあげたい。相場のたとえ半額であろうとも、そういう人に譲ってほしいと繰り返した。

個人の家として、この贅沢《ぜいたく》な家を求める人を探すのは難しかった。だが、もし、この能舞台と桜が無残に取り壊されると知ったなら、母は本当におかしくなってしまうだろう。高子は必死に相手を探した。時間はかかったが、秀の言い分を守ってくれる買い手がようやく見つかった。ある企業家が特別な客を接待するための施設として購入したいという。秀は、ようやく安堵《あんど》の色を見せた。

俊藤が亡くなってからというもの、秀は遺品に一切、手をつけようとしなかった。お金や自分の持ち物など、いくらでも気前よく人にやってしまうのに、俊藤が残していったものは、何ひとつとして処分しようとしないのである。「俊藤浩滋」の表札もそのままだった。引っ越しに先立ち、高子に注意されて、俊藤のシャツを一日握りしめていたこともあった。

だが、その秀が何の執着もなく、むしろ真っ先に手放したものがある。

籍、である。

晩年、俊藤の強い希望によって、ふたりは結婚し、秀は上羽秀から俊藤秀となった。しかし、俊藤が亡くなると間もなく、秀は再び俊藤の戸籍を離れて上羽の姓に戻った。

それは生前、結婚するに際して俊藤にも了解を得ていたことであった。

母・よしゑにはふたりの娘しかいない。妹の掬子は小さなときに母・よしゑの籍を離れて、本家の養女となっている。つまりは母・よしゑの墓を守れるのは秀しかいないということになる。だから、死んだら上羽に戻り、上羽の墓に入るというのが秀の考えだった。

もとより、そこには俊藤の家に対する遠慮もあったことだろう。自分自身が生きている間、墓参を欠かすつもりはないが、墓はあくまで俊藤家のものである。俊藤姓の子どもを産んでいない自分が入るべきではないと秀は考えたのではないだろうか。

秀の家の仏壇には、俊藤の遺影に並んで今も小さな骨壺《こつつぼ》が供えられている。中には、言うまでもなく俊藤浩滋の遺骨の一部が納められている。秀は死んだら、その骨壺とともに上羽の墓に入るつもりでいる。

「ほんとうは、あの骨壺を先に上羽の墓に入れといてもいいんですけれどね。うちのお母さんと、義兄《にい》さん、えらい仲悪かったさかい。ふたりきりにはできん、言うて姉は自分が死んで墓に入るときまで義兄さんの骨、ああして仏壇に置いてますのや」

そう笑いながら教えてくれたのは、妹の掬子さんだった。

自分は上羽でいい。長い人生の大半を名乗った上羽の墓へ入ればいい。その際、小さな骨壺に納めた俊藤の骨を一緒に持っていければそれでいい。きっと、それも秀のいう「さだめ」に従った生き方ということなのだろう。

百合子夫人もすでに故人である。亡くなる前の数年間は、よく秀のもとに電話をかけてきたという。孫たちのいる家から離れて暮らすことになり、百合子夫人は急にぼんやりとした寂しさを感じるようになったのだろうか。しきりに秀に寂寥《せきりょう》を訴え、いつまでも電話を切ろうとしなかった。歳月は、ひとりの男を間にし、心に血を流した女ふたりの関係をも変えていた。

俊藤と晩年になって離婚した百合子夫人はやはり生前に自分自身の墓所を求め、そこに眠った。百合子夫人といい、秀といい、結局、俊藤と深く契《ちぎ》りを結んだふたりの女は、ともに俊藤が眠る墓所には一片の骨をも納めぬ道を選んだのだった。

上羽家の菩提寺《ぼだいじ》は、西陣の街にある。秀たちが引っ越しの準備に追われるようになった初秋のある日、私は掬子さんの案内で、お参りをさせてもらった。国産の高級車を掬子さんは、すいすいと運転する。秀とはわずか一歳違い、来年には傘寿《さんじゅ》を迎える人だとは、とても思えなかった。私が見事なハンドル捌《さば》きを褒めると、

「飛行機の運転手にはなれまへんでしたけど、お陰さんで車の運転は大好きです」

と掬子さんは笑った。西陣の街に近づくと、車のハンドルを握りながら指差して教えてくれる。

「そこにクリーニング屋はん、ありまっしゃろ。そこが昔、上羽の家があった場所ですわ。その裏の、今なんや市の施設になってます大きい建物が、うちの通った小学校のあったところです」

かつて機《はた》の音が響いたこの街も、今ではすっかり様変わりしている。

掬子さんが大きくハンドルを切って、木立の生い茂る寺の境内へと車を入れた。ピタリと車を駐車場に止める。私は再び、掬子さんの運転の腕前に感嘆し、同時に家で身体《からだ》を休めている秀のことを思った。今日の墓参に秀も誘うつもりであったが、身体の調子が悪いため見送られたのである。

私が運転の腕前を繰り返し褒めると、

「でもね、しっかりしてるのと、しっかりしてへんのと、どっちがどっち幸せかは、わかりませんよ。しっかりしてへんほうが、人さんにかまわれて幸せかも知れまへんも

の」

そう、掬子さんは独り言のように呟《つぶや》き、ふふっと笑った。

上羽家の菩提寺は、私の想像よりもずっと大きな古刹《こさつ》であった。石畳を踏みしめて奥深くの墓所に入った。上羽家の墓は、その中でも、さらに奥まった場所にある。

「ここと、ここですわ。うちは本家のほうですから、こっち入ります。うちの母は、そちらにおりますのや」

掬子さんが途中に立ち寄った花屋で、花束を四つ買った理由を私はようやく理解した。一度、上羽の家を出て嫁に行ったよしゑは、分家という扱いになる。そのため本家の墓とは別に、新たに自分の墓所を求めたのだった。逆に、よしゑの手元を離れて、母の養家に養子として入った掬子さんは本家の唯一の嫡流《ちゃくりゅう》ということになる。上羽、と彫られた二つの墓の間には、いくつか他家の墓が並んでいた。西陣に十数代続いたという上羽家の古い墓石を見ながら、私は誰かに聞いた言葉を思い出していた。

「上羽の女は、なんや男に苦労する家や。逆にいうたら女が強い、いうことやろか」

確かに掬子さんも、秀も、そして高子さんも結局は上羽の姓に戻ってしまった。この家が、この墓が、墓守として彼女たちを引き寄せてしまったのであろうか。

掬子さんは二つの墓に花や供物《くもつ》の酒、丸餅《まるもち》を供えると線香に火をつけ、母、よしゑの眠る墓前に、まず、ひざまずいた。

「お母ちゃん、あんたの一番大切にしてはった姉ちゃんなあ、最近、あきまへんのや。調子、悪うてな。だいぶおかしいなってまっせ。身体も頭も、これ以上、進まんようにあんじょう頼みます。まだ、連れていかんといてくださいや。頼みます」

掬子さんは、そう言い終えると般若心経《はんにゃしんぎょう》を唱え始めた。読経《どきょう》は朗々として、ほかに訪れる人もいない静かな墓地に響き渡った。掬子さんの後ろに立ち、私は手を合わせた。

そして、そのとき、はじめて奇妙なことに気づかされた。

墓石が綺麗《きれい》に左側に寄せられ、右半分が空いているのだ。空地に分厚くむした苔《こけ》が、この夏の暑さにやられたのか茶色く変色して無残にめくれ上がっている。

私は掬子さんの読経が終わるのを待って、思わず尋ねた。

「あの、どうして……、どうして墓石がこんなに片方に寄せられているのでしょうか」

「ああ、それは」

掬子さんは、こともなげに言った。

「姉が入る場所だからです。母が、『秀は絶対、ここに入るのや。うちの隣に入るのや』そないに言うて、こないに、わざわざ姉のぶん空けておいたのですわ」

私は、あらためてぽっかりと空いた半畳ほどの隙間《すきま》を見つめた。

いつか、秀が入ることになる、ここがその場所だというのか。

「行きましょうか。お墓いうのは日がくれるまでいてはいかんと言いますさかい」

遠くで野鳥がつんざくような悲鳴を上げて、飛び立つ音が聞こえた。

掬子さんが私を促す。しかし、私の心はとらわれ続けていた。

墓所を出る間際《まぎわ》、私は思わず後ろを大きく振り返った。立ち並ぶ墓石の中で、まっすぐに上る線香の一筋が、その場所を教えてくれる。

「さだめです」

まるで、秀の声が、どこからともなく聞こえてくるようだった。

立ち上る白い煙は、私の目に遠くにじんで見えた。

終章　流れの人よ

その後、秀は、思い出深い岡崎の家を出て、白川通りを北に上った住宅地に越した。新しく移り住んだ家は、静かな住まいだった。躑躅《つつじ》や松の木の植えられた中庭は、苔《こけ》の色も鮮やかである。エレベーターで移動する豪壮な家よりも、この優しげな新居のほうが、かえって老いた秀には、ふさわしいように私には思われた。

「終《つい》の住処《すみか》にはいいでしょう」

高子さんも、そう言って笑った。

実際、新しい家に落ち着いた秀の表情は、どことなく穏やかだった。周囲は引っ越しに伴う、秀の落胆を心配していたが、終わってみれば杞憂《きゆう》に済んだようである。

木のぬくもりのする家で、高子さん、お孫さんに囲まれて暮らす。その落ち着いた暮らしぶりは、傍目にも、心地よさそうに見えた。

「せやけど、ここでは、お店ができないんですよ……」

奥まった住宅地にある住まいである。岡崎の家で喫茶店をしたようには、いかない。秀は、ただひとつ、それだけを嘆いていた。

「もう一度、お店が開きたい……」

なぜか心身の衰えが進むにつれて、秀は、さかんに、そう口にするようになっていた。秀と知り合って、どれほどの夏が、冬が過ぎたことだろう。俊藤の三回忌もいつのまにか終わってしまった。それなのに、私の取材は思った以上に、はかどらなかった。外堀を埋めるような作業が続いていた。しかも、多くの証言者がすでに鬼籍に入ってしまっている。

「おそめ」と秀の面影を訪ねて、私は幾度となく街をさまよった。しかし、夜の銀座ですれ違うのは、着崩した着物姿で、携帯電話を片手に闊歩《かっぽ》する女たちだった。メディアに露出する銀座の女も、同様である。恥も知らず、居丈高に男の品定めをしてみせる。

それでも、縁はあった。

その人は、中学を卒業すると、すぐに銀座の寿司屋《すしや》に小僧で勤めたのだという。親元を離れ、辛《つら》いことの多い修業時代、客である、おそめを知った。有名なクラブのママだと教えられた。子ども心に、なんて儚《はかな》げで、綺麗《きれい》な人だろう、と思った。

銀座という場所柄、いろいろな女たちがやってくる。だが、おそめのような人は、ほかにいなかった。宝石ひとつ付けぬ簡素な身なり、白い素顔。まるで大げさでない。それでいて、人を強く惹《ひ》きつける。その、立ち居振る舞いの美しさ――。

出前を届けると「ご苦労様。ありがとうね」と労《ねぎら》い、いつも、そっと心づけを渡してくれた。後日、桶《おけ》を取りに行くと、それはいつでも驚くほど綺麗に清められていた。あんなに桶を大切に扱ってくれる人はいなかったと、今でも思う。食い散らかしたままに返す人も少なくない銀座の街である。お客を伴って店へ来たときと、出前を届けた際に見せる地金の差に驚かされることも多い。しかし、おそめだけはいつも変わらなかった。親方の目がない、むしろ客もいぬところで出前の小僧に、いっそう優しかった。

そんなおそめに報いたくて、帰省した際、山を駆け回り、泥だらけになって山芋を掘ったことがあった。おそめがカウンターで「とろろが好き」と話しているのを小耳に挟んだからだった。山芋を、そっと届けた。あのときの嬉《うれ》しさ、晴れがましさ——。

それから半世紀近い時が流れ、今、その人は親方として自分の店を銀座の並木通りから入った路地に構えている。

「金太郎ちゃん、金太郎ちゃん」

おそめに、そう呼ばれたのは、まん丸とした顔に、赤いほっぺをしていたからだった。

「おそめさんに、本当にお世話になって。小僧なんかに優しくしてくれる人、いなかったですよ。当時は、あんなに有名なクラブのママで……。誰よりも優しくて、誰よりも……」

秀が岡崎から一乗寺へと住まいを変えて一年が経《た》った。秋、私は時代祭りに合わせて、京都へ行った。この数年、どれほど、東京と京都を往復したことだろう。月に一度、週に一度のこともあった。観光らしい観光はしなかった。ただ、秀のもとを訪れて帰った。それだけで十分だった。

時間があれば高瀬川沿いの小道を歩いた。

川に沿って、木屋町仏光寺の家、秀が生まれ育った三条小橋近くの界隈《かいわい》、それに御池《おいけ》通りに面した「おそめ会館」の跡地を見て回る。御池通りから仏光寺まで三十分もかからない。秀に縁深い場所は、すべてこの高瀬川によってつながっている。

何度か道を往《ゆ》き来《き》するなかで、私はその看板に気づいた。岸辺に揺れる柳の由来を紹介していた。まっさきに飛び込んできたのは「銀座」の文字である。

それによれば、ここに植えられた柳は東京銀座から平成八年、寄贈されたものという。昭和初期、銀座の煉瓦街《れんがかい》に植えられた柳は京都から植樹されたものという説がある。これは里帰りの柳であり、さらには、「銀座」という地名そのものも京都を発祥にしているのだ、と、そこには書かれてあった。

不思議な符合に私は、打たれた。高瀬川の川面《かわも》を撫《な》でるように柳の木がそよぐ。その場所は、秀の生まれた三条小橋から少しも離れてはいなかった。

何ひとつ、欠けてもおそめという女は誕生しえなかったはずである。俊藤という男と一緒にならなければ、おそめとしての大成はなかったであろう。気に添わぬ相手を旦那《だんな》として持つことがなければ、そのまま祇園《ぎおん》の女として生涯を送ったかもしれない。母のよしゑが、離縁されなければ、そのまま木屋町の商家の娘として育ち、それなりの家庭に嫁《か》していたであろうか。母が、舅《しゅうと》に情欲の目を向けられることがなければ、祖母の糸が「何になりたいの」と問い続けなければ……。上羽秀がおそめになることは、生まれる前からの「さだめ」であったと柳は語るようである。

時代祭りの行列は、三条小橋から大橋へと進む。この日、あたりは人で溢《あふ》れていた。私は柳の木を背に小橋の袂《たもと》から、祭りを眺めた。

行列は、明治から古代へと遡《さかのぼ》る。鼓笛隊や幕末の志士に扮《ふん》した一陣に続いて、女たちの列があった。和宮《かずのみや》が、玉瀾《ぎょくらん》がいた。女流歌人で祇園に茶屋を営んだという梶《かじ》の姿もあった。

ひときわ高い歓声が上がって、平安の婦人列がやってきた。馬にまたがる巴御前《ともえごぜん》の登場。この女行列のみ毎年、芸妓《げいこ》たちが務める慣いである。白塗りがさすがにしっくりと顔に馴染《なじ》んで美しい。和泉式部《いずみしきぶ》がいた、常盤御前《ときわごぜん》がいた。清少納言に紫式部、小野小町の姿もあった。

水の流れのように続く女たちの列。その一人ひとりに、おそめがいた。巴の強さにも、和宮の運命にも、式部の才気にも、小町の優美さにも、私はおそめの面影を見た。

行列の先頭に、きっとおそめは連なっている。脈々と続く、女たちの流れ、その中に、上羽秀という女は生まれ、おそめとして生きたのである。

平安行列が去ったとき、ポケットの中で携帯電話が鳴った。

「ごめんなさい。今どちらにいらっしゃるのかしら……」

高子さんからだった。

「三条ですが、何か」

「そう、そうですよね。いいんです。いえ、母がね、あなたがいらしたのに、急に見えなくなってしまった、なんていうものだから」

「あの、そちらには夕方に伺う約束で」

「ええ、いいのよ。母が、間違えているだけ。気にしないで」

だが、私は電話を切ると、すぐに秀の家に向かった。

叡山《えいざん》電車を降りて、歩く。秀の家の手前で、小さな用水路を渡るとき、先ほどまで見つめていた高瀬川の流れが急に思い出された。秀が今まで暮らしてきた京都の住まいは、すべて川のほとりにあった。岡崎の家の前にも白川の疎《そ》水《すい》が流れていた。今は、この水路がその流れということになるのだろうか。そう思うと、切なかった
家を訪ねると、離れに、秀がいた。いつも通りの優美な姿、無邪気な笑顔を見せて、私に問う。

「ああ……、心配しました。どこに行ってはったの……おとうさん、いてはりましたよ。おとうさん……」

おとうさん、とは亡《な》くなった俊藤のことだった。テーブルの上には、水割りのグラスが二つ。中の氷が解けて、グラスはすっかり濡《ぬ》れていた。「CLUB OSOME」の飾り文字、その昔、「おそめ」で使われていたグラスである。

私は、できることなら「おそめ」の最後の客になりたかった。

私たちは、いつもふたり並んで座る。秀と私は、ともに言葉少なく、ただ、酒を飲むだけだった。そんなときでも秀は座布団《ざぶとん》には決して座らず、私だけに使わせ、自分は膝《ひざ》頭《がしら》をつけて崩れることがない。

「ほんに、きれいやね」

秀が呟《つぶや》く。壁の飾り棚の中に、目を向けている。中には外国土産でもらったウイスキーの瓶が並べられていた。アクセサリーや腕時計を買ってきても、すぐに人にやってしまう妻にあきれて、俊藤も外国に行くと、もっぱら酒を土産にしたという。

光を集めて輝く瓶を見つめながら秀が独り言のように続ける。

「ほんに……、お店がやれたら楽しいやろう思います」

私は、秀の横顔を見た。

「小さなお店を、やりたいです。人さんに喜んでもらえるような……」

気に入った女の子をひとりだけ置いて、カウンターだけの小さな店をもう一度やりたい。お金は安うにして。儲《もう》けようとせんと、人さんに喜んでもらえるようなお店を。

「最初の仏光寺のみたいな……あんな店が、もう一度してみたい、そう思います」

銀座の女性たちの中には、もう店はこりごりだと語る人が少なくない。あの頃には帰りたくない、思い出したくないという人さえいる。

だが、秀は違った。昔から、何よりも店が好きだったのだ。一番好きな時間は、と聞かれて「店にいるとき、遊んでいるよう」と答えた人である。

遊びをせんとや、たわむれせんとや、それが、おそめだった。


日が暮れて、私たちは、ふたりで近くの割烹《かっぽう》へ行った。行きつけの店には、オールド・パーが置かれている。

秀は酒だけは一滴も残さない。私とふたり、応接間で飲んでいても絶対に飲み残すことがなかった。いつでも視線をグラスの中に落としながら、喉《のど》をそらせて綺麗に飲み干す。「エスポワール」の川辺るみ子もそうだったと聞く。酒は一滴も残さない。テーブルからテーブルへと移る際には必ずグラスを干した。それが銀座の流儀だったという。

私は、当初、秀にいろんなことを聞きたいと思っていた。なぜ、馬車馬のように働いたのか。飛行機で往復する日々の中、何を考えていたのか。あるいは、歳《とし》を重ねていくことが恐ろしくはなかったか、と。

だが、結局は何も尋ねなかった。

流れるように生きた人だ。流れに身を任せ、それでいて自分の思いを遂げて十全に自分を生かし、生きた人である。時にはまるで受身に。時にはまるで周囲を振り回して。

「あっという間ですよ。ほんにあっという間……。お陰さんで楽しゅうに過ごしました。もうすぐです。もうすぐ」、いつだったか、秀は、そう嬉しそうに呟いたことがあった。

食事を終えて、店の外で高子さんの車を待った。家まで歩いて五分もかからない。それでも、秀には、もはや歩ききれぬ距離となっている。

私は秀に腕を貸し、白川通りを見つめていた。絶え間なく往き来する自動車のライトが、光る川のように見える。

ふいに秀の呟きが聞こえた。

振り向くと、見上げる秀の視線とぶつかった。秀の口元が再び、ゆっくりと動いた。

ワカリマシタカ……

秀が上目遣いで私を見ていた。

わかりましたか……うちのこと、わかりましたか、そう問われたのだろうか。

　私は、秀の瞳《ひとみ》を見つめながら、ただ黙って頷《うなず》いた。

　ワカリマシタ、と心の中で答えていた。あなたが、どんな生を送ってきたのか、どんな、さだめを生きたのか、ほんの少し、わかりました。そう、答えたかった。

　その時、秀の視線が突然、何かに驚くように横に流れた。

「ああ、そこ……」

　ほんの二、三メートル先を指差して、小さく声を上げる。

「皆さんが、大勢いてはる……こっち見てませんか」

　しかし、そこには車よけのフェンスがあるだけで、通り過ぎる人影もない。

「見えまへんか、お人がいっぱい並んで、こっちを、皆さんが見てませんか……」

　私は、

「いいえ、誰も……」

　と言いかけて、思わず口をつぐんだ。

　見えない、だが、見えていないのは、私のほうではないのか。こみ上げる思いが口をつく。

「皆さんが、あんまり、懐《なつ》かしくて、あんまり、ご心配で……。皆さんが、お会いしたくて、だからきっとそこに……」

　あとは、声にならなかった。

秀が心配そうに眉根《まゆね》を寄せて、私の顔を覗《のぞ》き込んだ。やがて、その顔に少しずつ静かな笑みが、広がっていった。私に預けていた手が、離されるのを感じた。秀が、からだの向きを変えて、私の顔を正面から見つめる。頭がゆっくりと下げられていった。小さな髷《まげ》が私の眼下に、ぼやけて見えた。

車のクラクションが鳴った。白い光が近づいてくる。秀が、面をあげた。

私たちの視線が絡《から》み合う。

そのとき、その瞳の中に、私は彼女の全盛の輝きを、はっきりと見つめていた。

あとがき

秀との出会いは序章に書いたとおりで、私は意味もなく京都にふらりと遊びにいく日常の中で、偶然にその名を知ったのだった。

『夜の蝶《ちょう》』のモデル、「空飛ぶマダム」と言われた人だと聞いて興味を抱き、会いに行った。はじめて彼女を見たとき、頭の中に描いていた女性像と、あまりにかけ離れた風姿の人であることに、まず驚いた。すでに高齢だったということもある。だが、その点を考慮しても、この女《ひと》がその昔、飛行機に乗って二都を往復し、夜の世界に名を轟《とどろ》かせた人だとは到底、想像しえなかった。その大きな落差に、まず、私は興味を駆り立てられたのだった。目の前にいる老女の生の過程を知りたくなった。思い出話を聞かせてくれないかと秀に切り出したのは、本人の口から、その数奇な生涯を聞けると信じ込んでのことであった。

秀と家族の方は、はじめ私の申し出に戸惑ったらしい。できれば断りたいとも思ったようだ。だが、東京から出てくる私の申し出をなんとなく断りにくかったこと。それに、ちょうど夫・俊藤浩滋《しゅんどうこうじ》を失い、秀が、老いによるさまざまな衰えに直面させられていた時期であったことから最終的に承諾された。夜になると秀が亡《な》き夫の幻影に話しかける。かかりつけの医者に「ご本人に昔話をさせてあげるのが、一番良い薬になるでしょう」と言われた矢先の、私の申し出であったとは後から聞いた。

実は取材を始めた当初、私はとても気軽に考えていた。秀が語る思い出を聞き書きのような形でまとめようと考えていたのだ。しかし、その段になって、大きな誤算に私は気づいた。まず秀は大変に口数の少ない人だったのである。自分自身について、あるいは物事について論評することを好まない。秘密は墓場まで、という人でもある。その上、歳月は、彼女の記憶を、想像以上に朧《おぼろ》なものにしていた。私は急遽《きゆうきよ》、方針を大きく変えた。彼女自身へのインタビューに重きを置くことを取りやめ、代わりに彼女を知る人たちを探し、同時に、本、雑誌、さまざまなものを洗い、おそめと呼ばれた女をたぐり寄せようとしたのである。

結果として私がしたことは、花そのものに色や形を尋ねるのではなく、その花を見た人々に、それぞれの思いと印象を尋ねる作業になったと言える。はじめは、秀の寡黙《かもく》さを正直なところ無念に思う気持ちもなくはなかった。だが、俗に「兎《うさぎ》について知りたければ、兎自身に尋ねるのではなく、兎を追う狩人《かりうど》に尋ねよ」という。私は秀の記憶だけに頼るのではなく、秀を知る人々の口からそれぞれの思い出や印象を聞き、私自身の考察を加えて、上羽秀、という女《ひと》について書き記せたことを、今、振り返って、幸せなことであったと思う。秀が、今日、巷《ちまた》に溢《あふ》れているような、著名人との交際を自慢めいた口調で語り、あるいは自分の身上をたっぷりと語り聞かせるような人であったなら、私は彼女にこれだけ惹《ひ》かれるはずもなかった。

とはいえ、取材を進める過程で、上羽秀という女の人生の軌跡がおぼろげながらわかった頃から、私は、これがどれだけ大変な作業になるのかを改めて悟り、逡巡《しゅんじゅん》することも多かった。

原稿用紙に向かってからは、深い責任を感じずにはいられなかった。私が書こうとする、このことが、どれだけ秀を含めて今を生きる人たちに影響を与えることになるのか。本書に登場する人の大半は故人である。だが、故人であれば許されるということは何ひとつない。むしろ故人であればこそ反論する機会も相手には与えられていないのである。人の生を描くことの圧倒的な重みに、私はたびたび、押しつぶされそうになった。

ご家族の方々も、私がこのように大きく秀と秀を取り巻く人々の人生を調べ始めたことに戸惑いがあったことと思う。実際、そうした声もたびたび伺った。私自身、取材、執筆を進めるなかで、秀の過去を探り、あからさまにしてしまうことを心苦しくも思った。秀ばかりでない、周辺の方々、本書に登場するすべての方に対しても同じ思いだった。

ご親戚《しんせき》の方々、秀を心から好く周囲の方々の中からは、当然ながら本書の出版に強く反対する声も上がった。「もう済んだこと、それを今さら明らかにすることに、何の意味があるのか」、「秀自身がこのような内容の本が出版されることを望んでいると思うのか」、「洗いざらい書かれる側の立場は」等、いずれも、私の胸に深く共鳴する御言葉の数々だった。

秀はこれまで、『夜の蝶』においてモデルだとされたことをも含めて、さまざまな筆の被害にあっている。「空飛ぶマダム」として週刊誌に騒がれ、時代の寵児《ちょうじ》とされた時代も確かにあった。しかし、ジャーナリズムは自らの手で勝手に偶像を作り上げては、また、容赦なく叩《たた》き潰《つぶ》す。さまざまな風評を立てられ、事実でない報道をされ、嘲笑《ちょうしょう》の聞こえるような記事を書かれた。また、街の噂《うわさ》も同様である。嫉妬《しっと》に根ざしたデマの数々。秀は、あまりにも無防備だった。皆が自らを防衛するために群れて連帯を取り結ぶなかで、いつも離れたところにいた。秀は他者の目を気にして、取り繕うようなことのできぬ人である。だからこそ、女社会の中では、常に孤立しがちで、それが故《ゆえ》に誤解され、とんでもないデマを流されることも多かった。

何よりも『夜の蝶』の影響が大きかったのだと思う。小説の中で描かれた、やり手のマダムのイメージがいつのまにか実物の秀の上に、ピタリと貼《は》り付けられてしまっていた。そうでなくても、京都と東京を飛行機で往復してバーを経営した女と聞けば、（私もそうであったように）人に驕慢《きょうまん》で凄腕《すごうで》の玄人を想像させがちである。実際のおそめと、描かれたおそめとの違い。さまざまな根も葉もないデマ、誤解、そんなものをひとつずつ剝《は》がしていきたいという思いは私の中で強くなり、やはり、どうしても書きたいという思いへと繫《つな》がっていった。

文中にも紹介したが白洲《しらす》正子《まさこ》は、懇意にしていた銀座の女給、「むうちゃん」をモデルとして書かれた大岡昇平の『花影』を読み、作中の女と、実際の「むうちゃん」とのあまりの落差に怒りを覚えて手記を発表している。私も白洲同様、なんとか間違った色絵の具を塗りつけられてしまった上羽秀という女を奪回したいという気持ちに駆られていたのである。しかし、私のそんな思いと行動もまた、彼女と彼女の周辺の人々を、あるいは彼女と関わりのあった人々を、傷つけることになりかねない。大きなジレンマを感じ、取りやめるべきかと思うこともあった。だが、そのたびに、どうか許してはしいと念じつつ書いた。

注意深く書き進めたつもりではあるが、もし仮に、本書に誤記や、事実認識の誤りがあったとしたならば、だから、それはすべて私ひとりの責任である。

本書を書くにあたっては、多くの方々に並々でないご支援を賜った。

元読売新聞社記者でエッセイストの乳井昌史さん、日刊現代・下桐治さんには、初期の段階からご相談に乗っていただき、取材先をご紹介いただくなどさまざまな便宜を図っていただいた。朝日新聞社記者・河谷史夫さんには、筆を持つ立場の先輩として多くのご助言を賜った。文章上の表記、取材上の注意点をはじめ、執筆後もどれだけ相談に伺ったかしれない。同じく朝日新聞社・門田浩さんには奥様とともに執筆を応援していただき、さまざまな困難に直面するたびに励ましていただいた。

元松竹映画プロデューサーの山内静夫さんには生き生きとした証言と細やかなご配慮を、日刊現代・青柳茂男さんにもさまざまな気遣いを頂戴《ちょうだい》した。私に、「おそめさん」の存在を教えてくれた友人の岡本かほるさんには感謝の言葉もない。また、京都花柳界の方々、銀座の古いマダムたちにも、この場を借りて御礼申し上げたいと思う。

思えば、本書を書く過程において、右にお名前を挙げた方々に限らず、どれだけの出会いを賜ったかしれない。途方にくれるたびに、助けてくださる方々にめぐり会った。信じられぬ出会いの数々だったと思う。その昔、「おそめ」に集った方々の御霊《みたま》が、見守り、励まし、導いてくれたように思えてならない。

本書は平成十八年、洋泉社から刊行されたが、直後から想像を超える書評を賜り、何よりも多くの読者に迎えられたことが、嬉《うれ》しかった。

「おそめ」は確かに私の手から生まれたものであるかもしれない。しかし、作品は生まれ落ちた瞬間から、ひとつの生命体として人格を持ち、ひとりで歩み始めるものだとはじめて知った。作者もまた、遠くから静かに見守るだけだ。

この度、新潮文庫に収められることになった。
どこまでも、ひとり歩んでいって欲しい。

参考文献一覧

京都に関して

林屋辰三郎『京都』（岩波新書、一九六二年）

依田義賢『京のおんな』（駸々堂出版、一九七一年）

菊池昌治『写真で見る京都今昔』（新潮社、一九九七年）

京都新聞社編『まち　ひと　100年の肖像』（京都新聞社、二〇〇〇年）

新創社編『京都時代MAP幕末・維新編』（光村推古書院、二〇〇三年）

京都映像資料研究会編『古写真で語る京都』（淡交社、二〇〇四年）

演劇界に関して

升本喜年『人物・松竹映画史　蒲田の時代』（平凡社、一九八七年）

三田純市『上方喜劇　鶴家団十郎から藤山寛美まで』（白水社、一九九三年）

『松竹百年史　本史』（松竹、一九九六年）

『松竹百年史　演劇資料』（松竹、一九九六年）

祇園・花柳界に関して

小原章輔『祇園抄』（麹町出版、一九七九年）

早崎春勇『祇園よいばなし』（京都書院、一九九〇年）

杉田博明『祇園の女　文芸芸妓磯田多佳』（新潮社、一九九一年）

佐野美津子『祇園　女の王国』（新潮社、一九九五年）

三宅小まめ・森田繁子『〈聞き書き〉祇園に生きて』（同朋舎発行、角川書店発売、二〇〇〇年）

山本雅子『お茶屋遊びを知っといやすか』

（廣済堂出版、二〇〇一年）

銀座に関して

木村荘八『銀座界隈』（東峰書房、一九五四年）
織田昭子『マダム』（三笠書房、一九五六年）
高見順編『銀座』（英宝社、一九五六年）
大岡昇平『花影』（新潮文庫、一九六三年）
巌谷大四『戦後・日本文壇史』（朝日新聞社、一九六四年）
坂口三千代『クラクラ日記』（文藝春秋、一九六七年）
巌谷大四『文壇紳士録』（文藝春秋、一九六九年）
津村節子『銀座・老舗の女』（東京書房社、一九七〇年）
柴田錬三郎『大将』（講談社、一九七〇年）
銀芽会編『銀座わが街—四百年の歩み—』（白馬出版、一九七五年）
原田宏『銀座故事物語』（新人物往来社、一九七五年）
安藤更生『銀座細見』（中公文庫、一九七七年）
奥野健男『小説のなかの銀座』（砂子屋書房、一九八三年）
梶山季之『虹を摑む』（角川文庫、一九八三年）
野中花『昭和・奇人、変人、面白人』（青春出版社、一九八三年）
巌谷大四『懐しき文士たち　昭和篇』（文春文庫、一九八五年）
松本清張『幻華』（文藝春秋、一九八五年）
山口洋子『銀座が好き』（求龍堂、一九八五年）
吉行淳之介編『酒中日記』（講談社、一九八八年）
伊藤精介『銀座　名バーテンダー物語』（晶文社、一九八九年）
『銀座が好き　銀座百点エッセイ』（求龍堂、

一九八九年）
武田勝彦・田中康子『銀座と文士たち』（明治書院、一九九一年）
大下英治『銀座らどんな物語』（講談社、一九九二年）
松本幸輝久『銀座GINZAの物語』（三信図書、一九九二年）
金森幸男『銀座・エスポワールの日々』（日本経済新聞社、一九九三年）
佐々木久子『わたしの放浪記』（法藏館、一九九五年）
山口洋子『ザ・ラスト・ワルツ―「姫」という酒場』（双葉社、一九九六年）
池田弥三郎『銀座十二章』（朝日文庫、一九九七年）
野口孝一『銀座物語』（中公新書、一九九七年）
粕谷一希『中央公論社と私』（文藝春秋、一九九九年）
岩本隼・國安輪『銀座の女、銀座の客』（新潮社、二〇〇〇年）
森下賢一『銀座の酒場　銀座の飲《や》り方』（角川ソフィア文庫、二〇〇一年）
「ポルトパロール」編集部編『銀座大好き』（銀座タイムス社発行、中央公論事業出版発売、二〇〇一年）
大村彦次郎『文壇挽歌物語』（筑摩書房、二〇〇一年）
正井泰夫監修『昭和30年代　懐かしの東京』（平凡社、二〇〇一年）
松崎天民『銀座』（ちくま学芸文庫、二〇〇二年）
野坂昭如『文壇』（文藝春秋、二〇〇二年）
久世光彦『女神』（新潮社、二〇〇三年）
石丸雄司著・銀座コンシェルジュ編『私の銀座風俗史』（ぎょうせい、二〇〇三年）
勝又康雄著・田中見世子編『銀座の柳物語』（銀座の柳物語制作委員会発行、小学館スクウェア発売、二〇〇三年）
福富太郎『昭和キャバレー秘史』（文春文庫

PLUS、二〇〇四年）
巌谷大四『東京文壇事始』（講談社学術文庫、二〇〇四年）
荻原魚雷編『吉行淳之介エッセイ・コレクション1　紳士』（ちくま文庫、二〇〇四年）
峯島正行『さらば銀座文壇酒場』（青蛙房、二〇〇五年）
ブルーガイド編『東京懐かしの昭和30年代散歩地図』（実業之日本社、二〇〇五年）

おそめの客、及び周辺人物に関して

白洲正子『いまなぜ青山二郎なのか』（新潮文庫、一九九九年）
KAWADE夢ムック『白洲正子』（河出書房新社、二〇〇〇年）
青柳恵介『風の男　白洲次郎』（新潮社、一九九七年）
コロナ・ブックス『白洲次郎』（平凡社、一九九九年）
KAWADE夢ムック『白洲次郎』（河出書房新社、二〇〇二年）
馬場啓一『白洲次郎の生き方』（講談社文庫、二〇〇二年）
北康利『白洲次郎　占領を背負った男』（講談社、二〇〇五年）
門田勲『古い手帖』（朝日新聞社、一九七四年）
磯田勉編『川島雄三乱調の美学』（ワイズ出版、二〇〇一年）
藤本義一『川島雄三、サヨナラだけが人生だ』（河出書房新社、二〇〇一年）
マキノ雅弘『マキノ雅弘自伝　映画渡世・天の巻』（平凡社、一九七七年）
マキノ雅弘『マキノ雅弘自伝　映画渡世・地の巻』（平凡社、一九七七年）
高岡智照尼『花喰鳥（上）』（かまくら春秋社、一九八四年）
正延哲士『伝説のやくざ　ボンノ』（幻冬舎アウトロー文庫、一九九八年）

フィルムアート社編『小津安二郎を読む』（フィルムアート社、一九八二年）
貴田庄『小津安二郎　東京グルメ案内』（朝日文庫、二〇〇三年）
貴田庄『小津安二郎の食卓』（ちくま文庫、二〇〇三年）
安川良子『黒幕といわれた男―山段芳春の素顔』（洛風書房、二〇〇四年）
湯浅俊彦・一ノ宮美成・グループ・K21『京都に蠢く懲りない面々』（講談社＋α文庫、二〇〇四年）
猪野健治『日本の右翼』（ちくま文庫、二〇〇五年）

おそめと文学作品

川口松太郎「夜の蝶」『川口松太郎全集第16巻』（講談社、一九六九年）
大佛次郎『帰郷』（新潮文庫、一九五二年）
大佛次郎「風船」『大佛次郎自選集　現代小説7』（朝日新聞社、一九七二年）
大佛次郎「宗方姉妹」『大佛次郎自選集　現代小説5』（朝日新聞社、一九七三年）
川端康成『美しさと哀しみと』（中公文庫、一九七三年）
瀬戸内晴美『京まんだら（上）（下）』（講談社文庫、一九七六年）
河野仁昭『川端康成　内なる古都』（京都新聞社、一九九五年）
河野仁昭『京都文学紀行』（京都新聞社、一九九六年）
河野仁昭『京おんなの肖像』（京都新聞社、一九九七年）

映画界に関して

佐藤忠男『日本映画の巨匠たち　I』（学陽書房、一九九六年）
俊藤浩滋・山根貞男『任侠映画伝』（講談社、一九九九年）

笠原和夫・荒井晴彦・絓秀実『昭和の劇』（太田出版、二〇〇二年）
笠原和夫『映画はやくざなり』（新潮社、二〇〇三年）
山内静夫『松竹大船撮影所覚え書―小津安二郎監督との日々』（かまくら春秋社、二〇〇三年）
山平重樹『任侠映画が青春だった』（徳間書店、二〇〇四年）
山根貞男・米原尚志『「仁義なき戦い」をつくった男たち―深作欣二と笠原和夫』（NHK出版、二〇〇五年）

参考文献雑誌・新聞一覧

・銀座に関して

「旧銀座有名バー・マダム告知板」『アサヒグラフ』一九四九年一月二十六日号
「追い込み銀座夜曲」『週刊読売』一九五四年十一月二十八日号
三鬼生「私の雑記長」『財界』一九五五年十二月号
「一週間毎に銀座にあらわれる〝お染さん〟」『三信通信』一九五六年一月十九日号
「日航機のご常連」『週刊新潮』一九五六年四月二十二日号
川邊るみ子・池島信平・扇谷正造「色模様銀座八丁」『小説公園』一九五六年五月一日号
「マダムの見た戦後男―銀座酒場マダムの哀歓―」『文藝春秋』一九五七年二月号
「株界〝デパート〟バー　対談　大塚正夫・田中正佐・上羽秀・阿部直之助」『週刊サンケイ』一九五七年二月十日号
「人物双曲線　銀座のマダム」『週刊朝日』一九五七年五月十二日号
「〝バー政治〟に舞う〝夜の蝶〟妖しく描く銀座マダムの生態」『日本観光新聞』一九五七年五月十三日
「ルポ　銀座の酒場」『週刊読売』一九五七年

六月九日号
東郷青児「美人地帯を行く⑨銀座のマダムたち」『週刊朝日別冊』一九五七年六月二十八日号
「お島ちゃんにおそめさん　対談　やなぎ島田正雄・おそめ上羽秀」『酒』一九五七年六月号
「京マチ子のマダム勉強　銀座のバーで・大映『夜の蝶』」『毎日新聞』（夕刊）一九五七年七月三日
「マダム・スター『夜の蝶』を語る」『東京タイムズ』一九五七年七月二十七日
「注文などおまへん『夜の蝶』をみて語る上羽秀さん」『東京毎夕新聞』一九五七年七月三十日
『夜の蝶』銀座のマダム座談会」『週刊読売』一九五七年八月十一日号
「フンイ気生かした色彩　大映『夜の蝶』」『週刊読売』一九五七年八月十一日号
「話題の女性　上羽秀　京美人東京を席巻」『東京タイムズ』一九五七年八月二十四日
菊岡久利「盛り場文壇盛衰記―銀座界隈の巻―」『小説新潮』一九五七年九月号
「〝夜の蝶〟のモデル」『毎日新聞』（京都版）一九五八年九月十三日
「白い手に気をつけろ」『週刊漫画ＴＩＭＥＳ』一九五七年九月十八日号
「洋酒もたのし」『花柳界』一九五七年十一月号
「私にとって魅力ある男性・上羽秀　門田勲」『婦人公論』一九五七年十一月号
佐々木久子「夜の銀座に君臨する地方マダム」『日本』一九五八年一月号
「天かける〝夜の蝶〟の妖しさ　対談・田村泰次郎・上羽秀」『内外タイムス』一九五八年二月五日
「ほころぶ『〝梅の素顔〟二輪　対談・市川松蔦・上羽秀」『内外タイムス』一九五八年二月十二日
「踊る『夜の蝶』」『毎日グラフ』一九五八年

六月十五日号
「お酒があって人生は楽しい　対談・上羽秀織田昭子」『たから』一九五八年十月号
「空の旅、女レコード・ホルダー」『週刊女性』一九五八年十一月十六日号
「バーマダムの贈り物」『サンデー毎日』一九五八年十一月三十日号
西村みゆき「酒場の診断書　クラブ・おそめの巻」『酒』一九五九年一月号
「銀座で成功した一流バーのママさんたち」『週刊平凡』一九五九年一月五日号
「林房雄のさろん対談⑬ゲスト川辺るみ子さん」『週刊女性』一九五九年二月二十二日号
「新女将論」『週刊文春』一九五九年五月十一日号
「ライバル　エスポワールとおそめ　上」『夕刊タイムズ』一九五九年十月十四日
「ライバル　エスポワールとおそめ　下」『夕刊タイムズ』一九五九年十月十五日
「札束乱れ飛ぶ銀座」『週刊サンケイ』一九五九年十二月十三日号
「銀座マダムの魅力と計算」『週刊漫画TIMES』一九五九年十二月二十三日号
「京おんな、銀座でうける〝お染〟」『京都新聞』一九五九年十二月二十四日
「女の『偉さ』にシットする　モンテン二千枚買った川辺るみ子」『週刊新潮』一九六〇年一月十一日号
「訴えられた銀座の淑女たち〝夜の蝶〟スカウト戦線の内幕」『週刊サンケイ』一九六〇年八月二十二日号
「『引抜料』『支度金』という〝カネ〟」『週刊サンケイ』一九六〇年八月二十二日号
「夜の蝶のバイブルを書いた男」『週刊コウロン』一九六〇年十月十一日号
「日本一のバーを作ったマダム」『日本』一九六〇年十一月号
「おそめ限界説への抵抗＝上羽秀さんの味わったマダムの現実とは＝」『週刊新潮』一

九六〇年十二月十二日号
「銀座の夜を演出する私　女ひとり…はなやかなネオンにもやす野心」『女性自身』一九六一年六月六日号
「銀座のバーを手入れ　米人ブローカーら逮捕」『朝日新聞』一九六一年十一月二十八日
「米人ら二人を逮捕　洋酒密造　銀座のバー手入れ」『毎日新聞』一九六一年十一月二十八日
「『おそめ』から事情きく」『毎日新聞』（夕刊）一九六一年十二月六日
「『おそめ』のマダム出頭　ニセスコッチ事件重要参考人で取り調べ」『朝日新聞』（夕刊）一九六一年十二月六日
「〝おそめ〟経営者ら三人調べる」『読売新聞』（夕刊）一九六一年十二月六日
「隠された『おそめ』への敵意　東京進出七年目の偽洋酒事件」『週刊新潮』一九六一年十二月十一日号
「高級酒場と偽スコッチの危険な関係」『週刊文春』一九六一年十二月十一日号
「ニセウイスキーとマダム、バーテンダーとお客　そのすべてへの教訓」『週刊朝日』一九六一年十二月十五日号
北川岩三郎「当世酒場気質を嘆く」『中央公論』一九六二年二月号
「死と対決した〝ガン博士〟おそめのマダムと気が合う」『観光新聞』一九六三年五月二十九日
「歳末銀座胸算用」『アサヒグラフ』一九六三年十二月二十七日号
「夜の銀座の美しき支配者たち」『国際写真情報』一九六四年一月号
「銀座で成功した一流バーのママさんたち」『週刊平凡』一九六四年一月五日号
「銀座のバー評判記　現代ホステス論」『銀座百点』一九六四年五月号
「〝水原野球〟スムーズに球団（東映）顧問になった俊藤氏」『サンケイスポーツ』一九

六四年十月三十日
「一流バー、クラブのマダムと呼ばれる人の暮らしと意見」『週刊女性』一九六五年二月二十四日号
「銀座ホステスを叱る！　作家・井上友一郎氏が投げた波紋」『週刊現代』一九六五年二月四日号
「銀座美人マダム20傑写真展騒動記」『平凡パンチ』一九六五年三月十五日号
三鬼陽之助「バー社長への直訴状」『文藝春秋』一九六五年四月号
「誌上　キャバレー博物館」『平凡パンチ』一九六五年六月二十八日号
上羽秀「能の魅力」『教育日本新聞』一九六五年十一月十一日
「義仲寺の昭和再建」『教育日本新聞』一九六五年十一月十一日
「〝天女〟になったおそめのマダム」『週刊読売』一九六五年十二月十九日号
近藤啓太郎「銀座マダムへの喧嘩状」『アサヒ芸能』一九六六年十一月二十日号
上羽秀「お能と私」『教育日本新聞』一九六七年五月一日
三好淳之「銀座高級バーは三年後に滅びる」『現代』一九六七年八月号
村島健一「一流バーなるものの正体」『酒』一九六七年八月号
津村節子「川辺るみ子さん─銀座の女性─」『銀座百点』一九六七年九月号
「銀座のバーはなぜ高い」『酒』一九六七年十月号
「虚飾の女　マダム稼業のウラオモテ」『週刊大衆』一九六七年十二月七日号
「始まった『夜の蝶』の徴税戦争」『週刊新潮』一九六八年二月二十四日号
「バークラブ全国一流マダム88人の私生活」『アサヒ芸能』一九六八年四月七日号
「ホステス志願の女性諸君へ」『女性自身』一九六八年十二月二日号
「空翔けるマダム『おそめ』の二流バーへの

転落」『週刊新潮』一九六九年二月八日号
「同じ釜の飯　エスポワール学校の卒業生たち」『小説新潮』一九六八年六月号
木村和代「年内に銀座高級バー三百店がつぶれる」『勝利』一九六八年六月号
「時代の流れにはさからえず近く引退を　夜の銀座に君臨した『おそめ』のマダム上羽秀さん(46)」『主婦と生活』一九六九年五月号
「一流マダムが築いた血みどろの勢力地図」『アサヒ芸能』一九七〇年十一月二十六日号
「佐藤首相より稼ぐ銀座マダム千万長者の9人」『週刊ポスト』一九七一年五月二十一日号
「ついにきたギンザ女給史最悪の事態!!」『サンデー毎日』一九七二年一月三十日号
「大国ニッポンの夜の象徴〝銀座ホステス〟売春史」『週刊ポスト』一九七二年二月四日号
「脱ホステス時代―『ホステス人国記』慰労会―」『銀座百点』一九七二年二月号
「銀座ホステス〝売春〟の大企業との密着ぶり」『週刊ポスト』一九七二年二月二十五日号
「銀座に大淘汰時代が！　マダムは泣いている　不況ばかりが原因じゃない高級バー商法の嫌われ方」『週刊文春』一九七二年二月七日号
「組織の女ボスが告白『銀座高級売春の実態』」『アサヒ芸能』一九七二年四月十三日号
「銀座『夜の蝶』の長者番付」『週刊新潮』一九七二年七月八日号
「『女給の歌』が銀座に流れた頃」『噂』一九七二年十二月号
「銀座のクラブR開店の衝撃」『週刊読売』一九七三年十一月三日号
「〝年収2200万円〟銀座ホステス50人の全私生活」『週刊大衆』一九七三年十一月一日号

日号

「ついに警官まで出動した銀座ホステス引抜き騒動」『週刊文春』一九七三年十一月五日号

「この大不況下あの『銀座5億円クラブ』に客が入っている不思議」『アサヒ芸能』一九七三年十二月二十日、二十七日合併号

「日本一支度金クラブ『ロマネスク』の馬脚」『週刊新潮』一九七四年一月二十四日号

「銀座のスカウトが話しているホステス界の『ヒドイ話』」『週刊新潮』一九七四年二月二十一日号

「行方不明続出！　あの一流マダム88人の激しい5年間」『アサヒ芸能』一九七四年六月二十七日号

「銀座マダム　ベスト・テンを選ぼう」『週刊文春』一九七四年十月二十一日号

宮崎竜太「都の女シリーズ銀座篇①世につれ歌につれ銀座おんな風土記」『新評』一九七六年三月号

宮崎竜太「都の女シリーズ銀座篇②世につれ歌につれ銀座おんな風土記」『新評』一九七六年四月号

「銀座特集」『朝日新聞』一九七六年十月二日

福山隆一郎「華やかなる開店　閉店　銀座の蝶は何処へゆく」『新評』一九七七年十二月号

「夜の蝶さえ羽折れて」『東京新聞』一九七八年三月十九日

「あの田中角栄、川端康成も常連だった　銀座高級クラブ『おそめ』休業のてんまつ」『週刊ポスト』一九七八年三月三十一日号

「CLUB　銀座の〝赤線化〟を誘う『強制同伴制度』の悲喜劇」『週刊新潮』一九八〇年二月七日号

「CLUB　客層の良さを誇る　銀座・芸者バーの隆盛」『週刊新潮』一九八〇年六月十二日号

「CLUB〝夜の蝶〟三十三年目『エスポワール』の化粧直し」『週刊新潮』一九八一

年二月五日号
「小佐野賢治も常連だった夜の御三家『エスポワール』の招待客」『週刊宝石』一九八一年十二月五日号
「総理・文豪・財界大御所が群れた銀座〝夜の女帝〟あのエスポワール川辺るみ子はどこに消えた？」『週刊文春』一九八二年二月四日号
「CLUB　大阪『ラモール』を支えた歴代ママたちの余生」『週刊新潮』一九八二年二月十一日号
「CLUB　銀座の海軍酒場『ヨーソロ』五月二十七日の賑わい」『週刊新潮』一九八三年六月九日号
粋川太郎「続・銀座ネオン街これだけ暴けば殺される⑨昭和文壇裏面史を彩った名物ママたち」『政界往来』一九八六年十二月号
「銀座エスポワール昔がたり　対談　矢口純金森幸男」『東京人』一九八八年五月号
「総理、文豪、財界大物が群れ集った『エスポワール』ママ川辺るみ子の死」『週刊文春』一九八九年二月九日号
「CLUB　闘病十年で力尽きた銀座『エスポワール』ママ」『週刊新潮』一九八九年二月十六日号
中野忠良「一杯の酒　或る日ある時」『ゼンボウ』一九九〇年十二月号
「CLUB　銀座『おそめ』の衣鉢を継ぐ高松『お染』の三十六年」『週刊新潮』一九九四年十一月十七日号
「老舗の履歴書①三十間堀のボルドー」『東京人』一九九七年八月号
八巻昇「銀座名物ボーイが見た『昭和遊び人』列伝」『新潮45』一九九九年五月号
「文壇酒場と文壇の関係　野坂昭如・坪内祐三」『文学界』二〇〇二年六月号
「蔦の館そのまま銀座の老舗バー」『朝日新聞』二〇〇四年九月五日
「ひとりのクラブママが駆け抜けた半世紀」『エコノミスト』二〇〇五年四月十二日号

・客に関して
河谷史夫「昭和の名記者の面影」『朝日新聞日曜版』二〇〇一年十一月十一日
「『戦後強くなったのは靴下と女』門田勲氏死去」『朝日新聞夕刊』一九八四年十月二十七日
中川暢子「兄ミチオ・イトウの帰朝」『婦人サロン』一九三一年五月一日号
伊藤道郎「黒い自叙伝」『婦人公論』一九三一年六月号
伊藤道郎「黒い自叙伝　二」『婦人公論』一九三一年七月号
伊藤道郎「黒い自叙伝　三」『婦人公論』一九三一年八月号
「伊藤道郎自叙小傳　上」『サンデー毎日』一九四九年四月十七日号
「伊藤道郎自叙小傳　中」『サンデー毎日』一九四九年四月二十四日号
「美しくなる教室　伊藤道郎氏の語る美学」『週刊新潮』一九五六年十二月十日号
「日本が世界に誇れる舞踊家伊藤道郎の死」『週刊平凡』一九六一年十一月二十二日号
「伊藤道郎、その花やかな生涯」『週刊朝日』一九六一年十一月二十四日号
「伊藤道郎の秘めたる平和工作」『サンデー毎日』一九六一年十二月十日号
「伊藤熹朔の死」『銀座百点』一九六七年六月号
「梅若猶義逝く」『能楽タイムズ』一九七二年八月号
「マキノ雅弘『藤の引退は惜しいとは思わない』」『週刊朝日』一九七二年三月二十四日号
「マキノ雅裕の映画玉手箱」『週刊明星』一九七九年六月十日号
「マキノ雅裕の映画界内緒ばなし　藤純子」『週刊文春』一九八二年七月二十九日号
南部僑一郎「映画界重役論―城戸四郎と白井信太郎―」『人物評論』一九三三年十月号
「黒幕三浦義一とは何者か？」『真相』一九五

○年十一月号
大井廣介「現代怪物履歴書　三浦義一」『新潮別冊』一九五一年一月十五日号
「今をときめく室町将軍―三浦義一という残党右翼」『人物往来』一九五三年五月号
「異彩面談　平林たい子・三浦義一」『週刊読売』一九五三年七月十二日号
「知能的右翼の典型三浦義一―縦横の裏面策動―」『真相』一九五四年八月号
三鬼陽之助「黒幕・三浦義一と児玉誉士夫」『文藝春秋』増刊一九五六年二月五日号
「よろず相談所〝室町将軍〟―三浦義一とその背景」『財界』一九五九年十月十五日号
「三浦義一の死」『週刊新潮』一九七一年四月二十四日号
「ポスト〝フィクサー〟の全人脈を追う」『新評』一九七六年八月号
「我が色ざんげ　吉川英治・川口松太郎・武原はん」『オール読物』一九五四年三月号
「極道五十年　女はこわい　川口松太郎・岩田専太郎対談」『サンデー毎日別冊』一九七二年四月二十五日号
「CLUB　閉店した銀座のクラブ『眉』のママの男と金」『週刊新潮』一九八五年十月十七日号
「墓碑銘　銀座の社交場として一時代『眉』のママ、長塚マサ子さん」『週刊新潮』二〇〇三年十月三十日号

・映画・演劇界に関して

「藤純子は恋人の欲しいお年ごろ」『週刊大衆』一九六五年十一月二十五日号
「ヤクザ映画で育った〝義経の妻〟」『週刊文春』一九六五年十二月十三日号
「成人式を迎える静御前」『週刊平凡』一九六六年一月二十日号
「〈藤純子〉党集まれ！」『プレイボーイ』一九六九年九月十六日号
「尾上菊之助　藤純子はなぜ結婚をためらう！」『微笑』一九七一年十一月十三日号
「藤純子の婚約で青くなった東映」『週刊現

代』一九七一年十一月[redacted]

「尾上菊之助と藤純子がついに結婚」『週刊平凡』一九七一年十一月二十五日号

「藤純子婚約で〝衝撃の告白〟をする男たち」『週刊ポスト』一九七一年十一月二十六日号

「名門・音羽屋が〝嫁〟藤純子を迎えるまで」『週刊新潮』一九七一年十一月二十七日特大号

「父親を苦境に追い込んだ藤純子」『平凡パンチ』一九七一年十一月二十九日号

「藤純子さんと息子菊之助の婚約に寄せて…」『女性セブン』一九七一年十二月一日号

「藤純子の持参金なんと一億円」『週刊女性』一九七一年十二月四日号

「僕だけが知っている藤純子　前編」『週刊女性』一九七二年一月十五日号

「藤純子引退記念映画空前の大ヒット!」『週刊明星』一九七二年三月十九日号

「妻藤純子の〝復帰説〟も流れた菊五郎襲名の楽屋裏」『週刊サンケイ』一九七二年十二月十五日号

「密会現場をスッパ抜かれた藤純子さんと東映の腹のさぐり合い」『週刊ポスト』一九七四年六月十四日号

「実父・俊藤氏の大作映画出演をめぐって藤純子が悩む複雑な胸のうち」『週刊明星』一九七五年七月十三日号

「父親の復帰をかけてギャング映画に…藤純子とうとう返り咲き」『週刊小説』一九七五年七月十八日号

「藤純子〝銀幕復帰説〟三度目の真偽」『週刊ポスト』一九七五年七月十八日号

「お竜さん、助太刀する?」『週刊読売』一九七五年七月十九日号

「藤純子カムバック説の複雑な動き」『平凡パンチ』一九七五年七月二十八日号

「悩める皇后スター高倉みゆき」『週刊平凡』一九六〇年五月十一日号

「『二号を女優にしたのだ』」『週刊新潮』一九

六〇年六月五日号
「高倉みゆき謎の失踪二週間」『週刊平凡』一九六〇年八月三十一日号
「高倉みゆき失踪事件の真相」『週刊明星』一九六〇年九月四日号
「歌手として再起する高倉みゆき」『週刊平凡』一九六〇年十月二十六日号
「もてあそばれた女優の青春　高倉みゆきさんの告白的半生」『女性自身』一九六〇年十二月二十一日号
「愛憎に追われたこの一年—高倉みゆきさんの男難と金難—」『週刊新潮』一九六〇年十二月二十六日号
「曾我廼家明蝶　一週間自叙伝〈私の歩いた道〉から」『放送朝日』一九六四年十一月号
石濱恒夫「明蝶色ざんげ」『現代』一九六七年十月号
「私のイタ・セクスアリス　曾我廼家明蝶(上)」『週刊読売』一[illegible]十二日号
「私のイタ・セクスアリス　曾我廼家明蝶(下)」『週刊読売』一九七三年九月二十九日号
「墓碑銘　曾我廼家明蝶がすべてだった妻・黒木ひかるさんの半生」『週刊新潮』二〇〇四年九月三十日号

・文壇に関して
川口松太郎「文士劇由来記」『オール讀物』一九五四年二月号
田辺茂一「昭和文壇放蕩横丁史」『小説中央公論』一九六一年四月号
「裏から覗いた文士劇の名優たち」『週刊文春』一九六二年十二月十日号
巖谷大四「〝文士劇〟の元祖」『文藝春秋』一九七四年十二月号
「国際ペン大会裏ばなし」『サンデー毎日』一九六七年十月六日号
「国際ペン大会終る」『新潮』一九六七年十一月号

・**俊藤浩滋に関して**
「大物俳優が〝アニさん〟と慕う映画界最後のゴッドファーザー俊藤浩滋66才」『週刊宝石』一九八二年九月十一日号
俊藤浩滋「田岡一雄と東映やくざ映画」『現代』一九九五年一月号
富司純子「母、家顧みぬ父に耐えて、耐えて」『スポーツニッポン』二〇〇三年一月四日号
・**祇園花柳界に関して**
「元祇園芸妓が告白する伝統花街の知られざる内幕」『アサヒ芸能』一九七七年四月十四日号

取材協力者について

上羽秀さんのご親戚、花街関係者、銀座関係者、演劇、映画関係者と多岐にわたり、百名近い方々にお話を伺いました。当初、お名前の一覧表を作る予定でしたが、匿名を希望される方も多く、編集部と相談の結果、全員のお名前を伏せさせていただくことに致しました。

この場を借りてご協力くださいました皆様に厚く御礼申し上げます。

美しく　そして　悲しく

山内静夫

「おそめさん、いま、どうしてます？」

今年に入って、初めての寒さがきた、松がとれて数日後のある日、半年ぶり位に著者の石井妙子さんに会った私は、真っ先にそう問いかけた。

一瞬、石井さんの表情が曇った。しばらくお会いしてませんけど、お歳《とし》ですから、やはり老化が進んでいるみたいで、そのことばには寂しさが籠《こも》っていた。石井さんの中にあるおそめさんへの想《おも》いの深さを、その想いが少しも薄れていないことを知った。そして、石井さんがおそめさんを書くために費した時間の長さを、改めて思い起した。

私が石井妙子さんと初めて会ったのは、今から五年前、二〇〇四年の春である。鎌倉《かまくら》のある出版社の開く花見のパーティがあり、そこで石井さんから、おそめさんのことを書くため目下取材中だということを聞いた。五、六十人も集まる賑《にぎ》やかな宴席だったが、石井さんの和服姿は一際《ひときわ》目立って、何となくこの人がおそめさんを書くというのは、いかにもピッタリという気がした覚えがある。私が、おそめさんのお店に行っていたというので、話を聞きたいと言われ、私のいる鎌倉文学館に見えたり、その後私が数年前からおつきあいしているNさんというもの書きの飲み仲間と石井さんも親しいということも解《わか》って、会う機会がふえ、いまでも年に四、五回は居酒屋で気楽に呑《の》む仲間のひとりなのである。

何しろ五十年も前のことである。それでなくても記憶力に全く自信のない私は、あまり石井さんのお役にたったとは思わないが、四ヶ所あった「おそめ」という名のお店のすべてに行ったことのある私は、当然ながら実際に「おそめ」の店を見ていない石井さんからみれば、取材で得たことに就いての多少は裏づけにはなったかもしれない。昭和三十年代と言えば、映画が百年ちょっとの歴史の中で最高に華やいでいた時期だったから、当時は監督やシナリオライターとの打合せの後とか、出演の俳優の仲間達と、銀座、新宿などで毎晩のように飲み歩いていた頃である。「おそめ」の最初の店である京都の木屋町のお店へは、何年頃だったか忘れたが、その頃私が一番よく一緒に飲み歩いていた高橋貞二と、どこかでさんざん飲んだ挙句に行ったおぼえがある。カウンターだけのほんとに小さなバアで、おそめさんの顔しか印象にない。「おそめ」の東京進出は昭和三十年、銀座三丁目で、そこもそんなに大きなお店ではなかったが、京都風の店の作りや、京都以来のお客さん、特に文壇の一流作家たちがお客とあって話題を呼び、一寸《ちょっと》したブームになった。勢いは止らず、二年後にはクラブ「おそめ」となって、店の大きさも含め銀座のトップに躍り出た。そして最後の京都へ戻っての御池通りの豪華なビルの店、まさしく高度成長期に乗ったサクセスストーリーそのもののようであったが、私はいまそのことにふれたいとは思わない。どの店も、時代とともに店のスタイルは変っていったが、そこにあるおそめという存在は終始変らなかった。私ごとだが、昭和三十年と言えば、私がはじめて小津安二郎監督の「早春」という映画でプロデューサーとして一本立ちをした年だ。私は大正十四年生れで、昭和の年号と同じ年齢だから、言わば働き盛り、遊び盛りでもあった。「おそめ」に出入りするのは勲章であった。おそめさんは、私より二歳年上であるが、私の目には、はるか年上の、人生のすみずみまで知りつくしているように見えた。私のような若僧の客でも、変らぬ笑みを浮かべて声をかけてくれるやさしさがあった。仏像が光背を背負っているように、おそめさんが動く先ざきをスポットの光が追うような、存在それ自体にえも言えぬ輝きがあった。一流ということばがあてはまった。しかし、長い人生には光もあれば影もある。私はいま、こうして書いている間も、五十年前のおそめさんの顔が頭に浮かぶ。懐かしい。すてきな人だった。まさに稀有《けう》の人だったと思う。

おそめさん、本名は上羽秀。石井さんの書いた「おそめ」を読んで、私はこの一人の女性に二つの人生の輪を見た。人生の大半を、おそめと呼ばれて過してきたひとりの女性の生きざまは、彼女の持って生れてきたもの、うちは大きいなったら女優さんか、舞《まい》妓《こ》はんになりたい、と小さい頃から言っていたという自分自身の意志を抱いて、ひたすらに歩き、そうした華やかな人生をつくりあげて、しかもその世界の頂点を極めた姿だけで十分な一生ではないか。然《しか》し、この本に書かれた上羽秀というもう一人の女性の人生の輪を知って、この二つの輪が、チエの輪のようにくっついたり離れたりしながら、幸せを呼んだり、悲しみを引き起したりしていく姿を知って、人間のもつ運命《さだめ》というものの深さを感じざるを得ないのだ。チエの輪は、解《と》けて二つの離れた輪にならない限り、キッチリ重なって一つの輪にはならない。上羽秀さんの、あるいはおそめさんのと言ってもよいが、その二つの人生のどちらが光で、どちらが影かは一概には言い切れない。

京都木屋町の大きな石炭問屋の娘として生れた秀は、両親、祖父母の溢《あふ》れる慈愛の中で育つが、祖父の、秀の母親よしゑに対する道ならぬ愛欲をきっかけに崩壊していく。しかもその罪が、理不尽にもよしゑひとりにしわ寄せされ、夫からも許し難い仕打ちを受け、家を出る。秀はそれでも、母よしゑに引き取られて暮すことになる。秀は一つ違いの妹の掬子《きくこ》とは別々に成育されるが、事情が変っても秀の気持は変らず、小学校を卒業すると、ひとりで上京、新橋の花柳界に入り、見習いとなって芸者になるべく修業をする。前に書いたように、こういう複雑な過去が単純に影の部分と言っている訳ではない。秀の気持は、全くと言っていい程揺れてはいない。先が見えていると言ってもいい程、秀は自分の将来をじっと見据えたまま生きていった。ただ、おそめとなってからの人生の中で、東京の、銀座のド真ン中に単身乗りこんで、数え切れぬ厭《いや》がらせや反発に動ぜず、じっと自分の道を生き抜いた信念というか、度胸のよさは、こうした幼い日からの数々の現実の中で、いつとはなしに培《つちか》われたもの、そんな気がしてならない。

私には忘れられないことがある。

作家川口松太郎さんは、「夜の蝶《ちょう》」という小説で、おそめを一躍有名にしたことで知られているが、元来小説のみならず演劇、映画、更には映画会社の経営まで、極めて幅広い才能の持ち主であるが、若い頃から私の父里見弴《とん》の崇拝者で、父の晩年までなにくれとなく気遣って下さった。父の誕生日の七月十四日には、殆《ほとん》ど毎年鎌倉の父の家へ、東京からわざわざ料理一切持ちこんで祝って下さるのだが、その折に「おそめ」のメンバー五、六人を、勿論《もちろん》ママを頭《かしら》に連れてくるのが習わしだった。そういう時に、おそめさんはよく私の母と親しく話をしていた。私の母は、大阪の芸妓《げいぎ》の出で、十九歳で父の許《もと》へ嫁いで来たのだが、小説家として別の仕事場をもって暮してきていた父とは、人生の殆どが別の生活で、五人の子供が成長した後は、ひとり暮しの、信仰に頼るだけの寂しい境涯だった。多分おそめさんには、それが他人事《ひとごと》と思えなかったのだ。自分の母よしゑのことも含め、同じ関西の育ちで、家庭的には裏切られ、自分を頼るしか術《すべ》のなかった老齢の女、自分のいまの豊かさと較《くら》べて、おそめさんの心に響くものがあったに違いない。何日かたって、母の家に新型のテレビが届いた。おそめさんから、いや上羽秀さんからというべきだろうか、あんなに嬉《うれ》しい顔をした母を私は忘れない。母には、おそめさんという人の心が嬉しいのである。この、心のやさしさは何だろう。勝者の論理であろう筈《はず》がない。華やかに、周囲《まわり》から羨望《せんぼう》の眼で見られていたおそめという名の女の心の中にひそむ悲しみ――悲しみとはやさしさだ――ではないだろうか。酒場という世界、そこに生きる女性は勿論、客も同様に、虚飾に満ちた虚構の世界だ。その中で、おそめという女性のもつ透明感、純粋さを感じたのは、私だけだろうか。母が逝《い》って今年三十七回忌を迎えるが、母の心の中に、おそめさんへの感謝が、美しいかたちで残っているに違いないと思っている。

石井妙子さんは、私は、おそめと呼ばれる女に絡《から》め取られていたのかもしれない、と書いている。五年以上の歳月をかけて、あらゆる資料を蒐集《しゅうしゅう》し、おそめという人間そのものを追いつづけていれば、絡め取るか取られるか、何れかになることは間違いない。石井さんは、今でも絡め取られたままでいるのではないだろうか、いや、絡め取られた心地よさの余韻の中にいるのかもしれない。

私はこの「おそめ」のラストシーンが好きだ。

・・・・・・

ふいに秀の呟《つぶや》きが聞えた。

「わかりましたか、うちのこと、わかりましたか」と。

石井さんは黙って頷く。

その時、秀の視線が突然横に流れた。

「見えまへんか、お人がいっぱい並んで、こっちを、皆さんが見てませんか」と。

秀の前には、石井さんがひとりいるだけ。周囲は車のライトの光と、クラクションの音だけ。見えないものが見えているおそめ。

石井さんの心に、いいようのない悲しみがこみ上げてきた。

京都の夜。おそめの人生の多くが刻まれたその街の夜の中の、おそめ上羽秀の孤独な姿が、通りすぎる車のライトの光に一瞬照らされて消える。

ステージの幕がおりるように——。

（平成二十一年一月、鎌倉文学館館長）

この作品は平成十八年一月洋泉社より刊行され、
文庫化に際し、大幅に加筆修正された。

新潮文庫の新刊

永井荷風著
つゆのあとさき・カッフェー一夕話
天性のあざとさを持つ君江と悩殺されてけ翻弄される男たち……。にわかにもつれ始めた男女の関係は、思わぬ展開を見せていく。

村山治著
工藤會事件
北九州市を「修羅の街」にした指定暴力団・工藤會。警察・検察がタッグを組んだトップ逮捕までの全貌を描くノンフィクション。

C・フォーブス
村上和久訳
戦車兵の栄光
―マチルダ単騎行―
ドイツの電撃戦の最中、友軍から取り残されたバーンズと一輌の戦車。彼らは虎口から脱することが出来るのか。これぞ王道冒険小説。

C・S・ルイス
小澤身和子訳
ナルニア国物語2
カスピアン王子と魔法の角笛
角笛に導かれ、ふたたびナルニアの地を踏んだルーシーたち。失われたアスランの魔法を取り戻すため、新たな仲間との旅が始まる。

黒川博行著
熔果
五億円相当の金塊が強奪された。堀内・伊達の元刑事コンビはその行方を追う。脅す、騙す、殴る、蹴る。痛快クライム・サスペンス。

筒井ともみ著
もういちど、あなたと食べたい
名脚本家が出会った数多くの俳優や監督たち。彼らとの忘れられない食事を、余情あふれる名文で振り返る美味しくも儚いエッセイ集。

おそめ

伝説の銀座マダム

新潮文庫 い-95-1

平成二十一年四月一日発行
令和七年一月二十五日十刷

著者 石《いし》井《い》妙《たえ》子《こ》

発行者 佐藤隆信

発行所 株式会社新潮社
郵便番号 一六二―八七一一
東京都新宿区矢来町七一
電話 編集部(〇三)三二六六―五四四〇
読者係(〇三)三二六六―五一一一
https://www.shinchosha.co.jp

価格はカバーに表示してあります。

乱丁・落丁本は、ご面倒ですが小社読者係宛ご送付ください。送料小社負担にてお取替えいたします。

印刷・錦明印刷株式会社　製本・錦明印刷株式会社

ISBN978-4-10-137251-8 C0123